イラストで見る 保健体育

全単元・全時間の授業のすべて

中学校 3 年

高橋修一・森 良一・石川泰成 編著

東洋館出版社

はじめに

人工知能、ビッグデータ、IoT 等の技術の急速な進展、高度化とともに、あらゆる産業や社会生活の在り方そのものが劇的に変わる「Society5.0」時代の到来が予測されています。また、急激な少子高齢化が進み、成熟社会を迎えた我が国には、一人一人が持続可能な社会の担い手として、質的な豊かさを伴った個人と社会の成長につながる新たな価値を生み出す力が期待されています。こうした社会背景等のもとに、学校教育では社会の変化に主体的に関わり、感性を豊かに働かせながら、他者と協働して新たな価値の創造に挑む生徒の育成が求められています。

平成29年改訂の学習指導要領では、これまでも育成を目指してきた「生きる力」が、教育課程全体を通して育成する資質・能力として「知識及び技能」「思考力、判断力、表現力等」「学びに向かう力、人間性等」の３つの柱で再整理されました。学習指導においては「何のために学ぶのか」を加え、具体化した３つの資質・能力の目標・内容を相互に関連付けた授業展開が求められることでしょう。

また、生涯にわたり能動的に学び続けるための資質・能力を身に付けるためには、「どのように学ぶのか」にあたる、学びの質を高めるための授業改善の取組、いわゆる「主体的・対話的で深い学び」に向けた授業改善の推進が求められています。学習指導要領解説には６点にわたり留意事項が示されていますが、ここではその一部を抜粋して以下に示すことにします（下線は筆者）。

- **１回１回の授業で全ての学びが実現されるものではなく、単元や題材など内容や時間のまとまりの中で、学習を見通し振り返る場面をどこに設定するか、グループなどで対話する場面をどこに設定するか、児童生徒が考える場面と教師が教える場面をどのように組み立てるかを考え、実現を図っていくものであること**

生徒の資質・能力の育成に向けて、授業実践を行う先生方には、今後一層、カリキュラム・マネジマントや単元を設計、デザインする力の向上が期待されると言えそうです。

さて、本書では、学習指導要領改訂の背景や趣旨等を踏まえ、まず、中学校保健体育科、３年間の指導計画モデルを提示することといたしました。また、それに基づく全学年、全分野、領域における「単元の指導と評価の計画」を示します。さらに、具体的な学習活動、学習カード等を示し、教員の指導や生徒の学習活動がイメージしやすいようにしたことを特徴としています。どれも、確かな専門的知見や豊かな実践経験をもとにご執筆いただいた事例です。どのページからでもご覧いただき、皆様の実践がより質の高いものとなり、「生涯にわたって心身の健康を保持増進し豊かなスポーツライフの実現」に向けた実践の一助となれば幸いです。

最後になりましたが本書発行に当たり、ご自身の研究成果や実践をまとめてくださった執筆者の皆様、本書刊行の機会を与えていただきました東洋館出版社に心よりお礼申し上げます。

令和４年３月吉日　　石川　泰成

本書活用のポイント

各単元のはじめに新学習指導要領に基づく指導・学習の見通しを示し、それ以降のページは、各時間の授業の展開、学習活動の進め方、指導上の留意点がひと目で分かるように構成している。

武道

13 柔道

18時間

単元の目標

(1)次の運動について、技を高め勝敗を競う楽しさや喜びを味わい、伝統的な考え方、技の名称や見取り稽古の仕方、体力の高め方などを理解するとともに、基本動作や基本となる技を用いて攻防を展開することができるようにする。

ア　柔道では、相手の動きの変化に応じた基本動作や基本となる技、連絡技を用いて、相手を崩して投げたり、抑えたりするなどの攻防ができるようにする。 知識及び技能

(2)攻防などの自己や仲間の課題を発見し、合理的な解決に向けて運動の取り組み方を工夫するとともに、自己の考えたことを他者に伝えることができるようにする。 思考力、判断力、表現力等

(3)武道に自主的に取り組むとともに、相手を尊重し、伝統的な行動の仕方を大切にしようとすること、自己の責任を果たそうとすること、一人一人の違いに応じた課題や挑戦を大切にしようとすることなどや、健康・安全を確保することができるようにする。 学びに向かう力、人間性等

単元計画（指導と評価の計画）

1～3時（導入）	4～8時（展開①）	9～13時（展開②）	14～18時（まとめ）
単元の学習内容を知り、基本動作や基本となる技（既習の技）を振り返る。	【固め技】相手の動きの変化に応じた基本動作と基本となる技を身に付ける。	【投げ技】相手の動きの変化に応じた基本動作と基本となる技を身に付ける。	連絡技を用いて、相手を崩して投げたり、抑えたりするなど攻防をする。
1～3　学習の進め方と自分の状態を知ろう POINT：既習の学習を振り返り、自分の状態を知り、学習を進めていく上での安全を確認する。 **[主な学習活動]** ○集合・あいさつ ○単元の目標や学習の道筋の確認 ○安全の確認（安全点検や約束事項） ○準備運動・補助運動 ○基本動作の振り返り ・姿勢、組み方、進退動作、崩し、体さばき ・受け身 ○基本となる技 ・投げ技、固め技 ○簡易な攻防 ○整理運動 ○学習の振り返り	**4～8　相手の動きの変化に応じた固め技を身に付けよう** POINT：この段階では、相手の動きが速くなるため、その変化に対応することができるように取り組む。 **[主な学習活動]** ○集合・あいさつ ○今日の学習の流れを確認 ○準備運動・補助運動 ○固め技 ・上四方固め ○固め技の連絡 ・「取」は相手の動きの変化に応じながら、けさ固め、横四方固め、上四方固めの連絡 ○攻防 ○整理運動 ○学習の振り返り	**9～13　【投げ技】相手の動きの変化に応じた投げ技を身に付けよう** POINT：学習指導要領解説では、投げ技の例示で4つ表記されているが、生徒の既習技や学習状況を考慮して取り扱う技の精選を図る。 **[主な学習活動]** ○集合・あいさつ ○今日の学習の流れを確認 ○準備運動・補助運動 ○投げ技（例：小内刈り・釣り込み腰など） 「取」は技をかけて投げ、「受」は受け身をとる。 ○投げ技の連絡 2つの技を同じ方向にかける。 2つの技を違う方向にかける。 ○攻防 ○整理運動 ○学習の振り返り	**14～18　連絡技を用いて相手を投げたり抑えたりしよう** POINT：自由練習や簡易な試合で連絡技を用いて攻防を展開していく。 **[主な学習活動]** ○集合・あいさつ ○今日の学習の流れを確認 ○準備運動・補助運動 ○投げ技では、生徒の技能の程度や安全を十分に配慮した上で、連絡技を用いた自由練習や簡易な試合を行う。 ○固め技では、抑え込む時間を15秒～20秒程度にするなど技能の上達や安全を十分に配慮した上で、連絡技を用いた自由練習や簡易な試合を行う。 ○整理運動 ○学習の振り返り
[評価計画] 知①② 態①	[評価計画] 技③ 思①② 態②	[評価計画] 技①② 思③ 態③	[評価計画] 知③ 態④

単元の評価規準

知識・技能		思考・判断・表現	主体的に学習に取り組む態度
○知識 ①武道を学習することは、自国の文化に誇りをもつことや、国際社会で生きていく上で有意義であることについて、言ったり書き出したりしている。 ②武道では、攻防に必要な補助運動や練習を繰り返し行うことで、結果として体力が高まることについて、言ったり書き出したりしている。 ③試合の行い方には、簡易な試合におけるルール、審判及び運営の仕方があることについて、学習した具体例を挙げている。	○技能 ①投げ技において、「取」は技（授業で取り扱う技）をかけて投げ、「受」は受け身をとることができる。 ②投げ技の連絡において、2つの技を同じ方向にかけることができる。また2つの技を違う方向にかけることができる。 ③固め技の連絡において、相手の動きの変化に応じながら連絡を行うことができる。また相手を仰向けに返して抑え込みに入ることができる。	①自己や仲間の技術的な課題やその課題解決に有効な練習方法の選択について、自己の考えを伝えている。 ②相手を尊重するなどの伝統的な行動をする場面で、よりよい所作について、自己や仲間の活動を振り返っている。 ③健康や安全を確保するために、体調や環境に応じた適切な練習方法等について、振り返っている。	①相手を尊重し、伝統的な行動の仕方を大切にしようとしている。 ②仲間と互いに合意した役割について自己の責任を果たそうとしている。 ③一人一人の違いに応じた課題や挑戦を大切にしようとしている。 ④禁じ技を用いないなど、健康・安全を確保している。

13　柔道
176

単元計画
177

10 創作ダンス
11 ゴール型 サッカー
12 ネット型 バレーボール
13 柔道
14 健康と環境
15 長距離走
16 ネット型 テニス
17 ベースボール型 ソフトボール
18 剣道

単元・領域・運動種目等・配当時数

年間指導計画をベースに、領域・運動種目等・配当時数を示している。

単元の目標

単元の目標は「知識及び技能」「思考力、判断力、表現力等」「学びに向かう力、人間性等」ごとに示している。体育分野では、学習指導要領「2 内容」を踏まえ、第3学年の目標を全て記述した上で、他の単元で指導し評価する部分については、( ) で示している。

単元の評価規準

単元を通して何を評価するのか、「知識・技能」「思考・判断・表現」「主体的に学習に取り組む態度」の三観点ごとに、評価規準を記載している。各項目の丸数字は、単元計画（指導と評価の計画）の「評価計画」欄の丸数字に対応している。

単元計画（指導と評価の計画）

単元の指導時数及び展開の流れを表で示している。それぞれの展開ごとに、具体的な学習内容や活動の概要を示している。また、評価計画も示し、それぞれの展開で三観点の何を評価するかが理解できるようになっている。

本時案

体育分野と保健分野

下記は体育分野の授業展開を示している。保健分野は板書例をもとに４段階で授業を展開している。

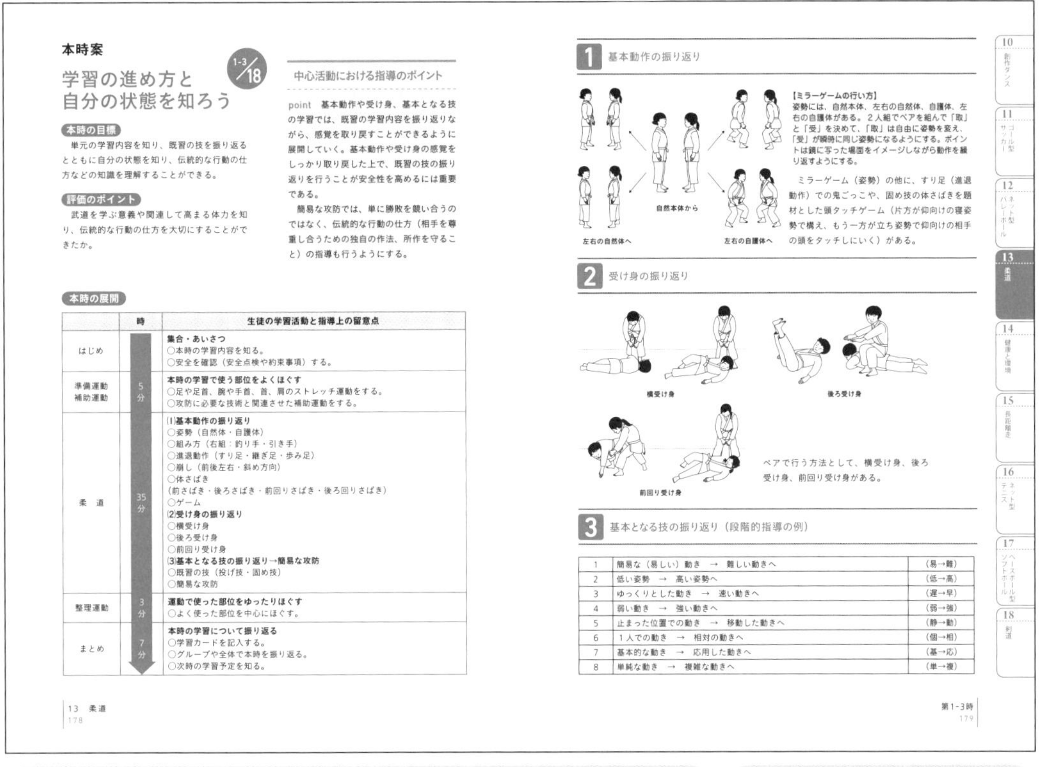

本時案

1-3/18

学習の進め方と自分の状態を知ろう

本時の目標

単元の学習内容を知り、既習の技を振り返るとともに自分の状態を知り、伝統的な行動の仕方などの知識を理解することができる。

評価のポイント

武道を学ぶ意義や関連して高まる体力を知り、伝統的な行動の仕方を大切にすることができたか。

中心活動における指導のポイント

point　基本動作や受け身、基本となる技の学習では、既習の学習内容を振り返りながら、感覚を取り戻すことができるように展開していく。基本動作や受け身の感覚をしっかり取り戻した上で、既習の技の振り返りを行うことが安全性を高めるには重要である。

簡易な攻防では、単に勝敗を競い合うのではなく、伝統的な行動の仕方（相手を尊重し合うための独自の作法、所作を守ること）の指導も行うようにする。

本時の展開

	時	生徒の学習活動と指導上の留意点
はじめ	5分	**集合・あいさつ** ○本時の学習内容を知る。 ○安全を確認（安全点検や約束事項）する。
準備運動 補助運動		**本時の学習で使う部位をよくほぐす** ○足や足首、腕や手首、首、肩のストレッチ運動をする。 ○攻防に必要な技術と関連させた補助運動をする。
柔　道	35分	**⑴基本動作の振り返り** ○姿勢（自然体・自護体） ○組み方（右組：釣り手・引き手） ○進退動作（すり足・継ぎ足・歩み足） ○崩し（前後左右・斜め方向） ○体さばき （前さばき・後ろさばき・前回りさばき・後ろ回りさばき） ○ゲーム **⑵受け身の振り返り** ○横受け身 ○後ろ受け身 ○前回り受け身 **⑶基本となる技の振り返り→簡易な攻防** ○既習の技（投げ技・固め技） ○簡易な攻防
整理運動	3分	**運動で使った部位をゆったりほぐす** ○よく使った部位を中心にほぐす。
まとめ	7分	**本時の学習について振り返る** ○学習カードを記入する。 ○グループや全体で本時を振り返る。 ○次時の学習予定を知る。

13　柔道
178

1 基本動作の振り返り

【ミラーゲームの行い方】
姿勢には、自然本体、左右の自然体、自護体、左右の自護体がある。２人組でペアを組んで「取」と「受」を決めて、「取」は自由に姿勢を変え、「受」が瞬時に同じ姿勢になるようにする。ポイントは鏡に写った場面をイメージしながら動作を繰り返すようにする。

ミラーゲーム（姿勢）の他に、すり足（進退動作）での鬼ごっこや、固め技の体さばきを題材とした頭タッチゲーム（片方が仰向けの寝姿勢で構え、もう一方が立ち姿勢で仰向けの相手の頭をタッチしにいく）がある。

2 受け身の振り返り

ペアで行う方法として、横受け身、後ろ受け身、前回り受け身がある。

3 基本となる技の振り返り（段階的指導の例）

1	簡易な（易しい）動き　→　難しい動きへ	（易→難）
2	低い姿勢　→　高い姿勢へ	（低→高）
3	ゆっくりとした動き　→　速い動きへ	（遅→早）
4	弱い動き　→　強い動きへ	（弱→強）
5	止まった位置での動き　→　移動した動きへ	（静→動）
6	１人での動き　→　相対の動きへ	（個→相）
7	基本的な動き　→　応用した動きへ	（基→応）
8	単純な動き　→　複雑な動きへ	（単→複）

第1-3時
179

本時の目標・評価のポイント

本時の目標は、単元の目標・内容からこの時間に全ての生徒が達成を目指す目標を精選して示している。また、評価のポイントは、その授業で「本時の目標」を達成するための評価の視点を示している。

中心活動における指導のポイント（体育分野）

本時の中心となる活動を指導する際、「技能面でどのようなことがポイントとなるか」「グループなど環境をどう構成していくか」「タブレット端末等をどのように活用するか」など、指導上の留意点や配慮事項を示している。

本時の展開

授業の流れに沿って、本時の展開が、時系列に示されているので、本書を活用するとき具体的な授業の流れをイメージできる。

これを参考に生徒の学びを深めるための授業を展開してほしい。

展開に関わるイラスト・学習カード等の解説

イラストは、コピーして生徒に提供が可能である。資料によっては拡大して添付したり、情報ツール（タブレット端末等）と併用したりすることで、対話的な学びに役立てることができる。アイコン表示のある学習カード等はダウンロードすることができる（ダウンロードの方法はP.253参照）。

イラストで見る全単元・全時間の授業のすべて

中学校体育 3年

もくじ

9　現代的なリズムのダンス　118

ダンス　9時間

10　創作ダンス　132

ダンス　9時間

11　ゴール型：サッカー　140

球技　18時間

12　ネット型：バレーボール　164

球技　18時間

13 柔道

武道　18時間

14 健康と環境

保健　８時間

15 長距離走

陸上競技　６時間

16 ネット型：テニス

球技　18時間

17 ベースボール型：ソフトボール

球技　18時間

第 3 学年における指導のポイント

中学校保健体育
新学習指導要領のポイント

豊かなスポーツライフの実現と生涯にわたる心身の健康の保持増進を目指して！

1 中学校　保健体育科の改訂の概要

今回の中学校保健体育科の改訂においては、心と体を一体として捉え、生涯にわたる心身の健康の保持増進や豊かなスポーツライフの実現を重視して目標や内容の改善が図られました。具体的には、生涯にわたって運動やスポーツに親しみ、スポーツとの多様な関わり方を場面に応じて選択し、実践することができるよう、「知識及び技能」「思考力、判断力、表現力等」「学びに向かう力、人間性等」の育成を重視するとともに、個人生活における健康・安全についての「知識及び技能」「思考力、判断力、表現力等」「学びに向かう力、人間性等」の育成を重視して改善が図られています。

保健体育科の目標については、「知識及び技能」「思考力、判断力、表現力等」「学びに向かう力、人間性等」を育成することが明示されました。これは、「幼稚園、小学校、中学校、高等学校及び特別支援学校の学習指導要領等の改善及び必要な方策等について（答申)」(中央教育審議会　平成28年12月21日）において、学校教育法第30条２項の規定を一層明確化するため、全ての教科等において資質・能力の３つの柱を踏まえ、各教科等に共通した目標の示し方としたためです。

体育分野の内容構成については、育成を目指す資質・能力を明確にするとともに、豊かなスポーツライフを実現する資質・能力を育成する観点から、運動に関する「知識及び技能」、運動課題の発見・解決等のための「思考力、判断力、表現力等」、主体的に学習に取り組む態度等の「学びに向かう力、人間性等」に対応した内容が示されています。

また、児童生徒の発達の段階を踏まえて、学習したことを実生活や実社会に生かすとともに運動の習慣化につなげ、豊かなスポーツライフを継続することができるよう、小学校、中学校、高等学校を通じた系統性を踏まえて、指導内容の体系化が図られています。なお、領域については、従前通り「体つくり運動」「器械運動」「陸上競技」「水泳」「球技」「武道」「ダンス」及び「体育理論」の計８つで構成されています。

保健分野の内容構成については、「保健の見方・考え方」を働かせて、保健に関する資質・能力を育成する観点から、健康に関する「知識及び技能」、健康に関する課題の発見・解決等のための「思考力、判断力、表現力等」に対応した内容が示されています。また、従前の内容を踏まえて「健康な生活と疾病の予防」「心身の機能の発達と心の健康」「傷害の防止」及び「健康と環境」の４つの内容で構成されています。

2 体育分野における改訂のポイント

(1) 体育分野で育成を目指す資質・能力

今回の改訂では、『中学校学習指導要領（平成29年告示）解説　保健体育編』には、体育分野の改訂のポイントとして、次の４点が示されています。

・体育分野においては、育成を目指す資質・能力を明確にし、生涯にわたって豊かなスポーツライフを実現する資質・能力を育成することができるよう、「知識及び技能」、「思考力、判断力、表現力等」、「学びに向かう力、人間性等」の育成を重視し、目標及び内容の構造の見直しを図ること。

・「カリキュラム・マネジメント」の実現及び「主体的・対話的で深い学び」の実現に向けた授業改善を推進する観点から、発達の段階のまとまりを考慮し、各領域で身に付けさせたい具体的な内容の系統性を踏まえた指導内容の一層の充実を図るとともに、保健分野との一層の関連を図った指導の充実を図ること。

・運動やスポーツとの多様な関わり方を重視する観点から、体力や技能の程度、性別や障害の有無等にかかわらず、運動やスポーツの多様な楽しみ方を共有することができるよう指導内容の充実を図ること。その際、共生の視点を重視して改善を図ること。

・生涯にわたって豊かなスポーツライフを実現する基礎を培うことを重視し、資質・能力の三つの柱ごとの指導内容の一層の明確化を図ること。

体育分野の内容については、前述の通り「知識及び技能」「思考力、判断力、表現力等」「学びに向かう力、人間性等」で示されています。特に、「学びに向かう力、人間性等」については、生涯にわたる豊かなスポーツライフの実現に向けた体育学習に関わる態度に対応した、公正、協力、責任、参画、共生及び健康・安全の具体的な指導内容を示していることから、これらを確実に指導して評価することが必要となるのです。

指導内容については、小学校段階との接続及び高等学校への見通しを重視し、系統性を踏まえた指導内容の見直しが図られていることや、豊かなスポーツライフの実現を重視し、スポーツとの多様な関わり方を楽しむことができるようにする観点から、体力や技能の程度、性別や障害の有無等にかかわらず、運動やスポーツの多様な楽しみ方を共有することができるよう、共生の視点を踏まえて指導内容が示されています。学習指導要領解説を踏まえ、指導内容を再度確認してください。

また、指導と評価の一体化を一層推進する観点から、全ての指導内容で「例示」が示され、指導内容が明確化されています。明確になった指導内容を確実に身に付けさせるために、指導と評価の機会や方法を十分検討することが重要となります。

なお、生涯にわたって健康を保持増進し、豊かなスポーツライフを実現する資質・能力の育成を重視する観点から、健康な生活と運動やスポーツとの関わりを深く理解したり、心と体が密接につながっていることを実感したりできるようにすることの重要性が改めて示されるとともに、体育分野と保健分野の関連を図る工夫の例が新たに示されています。

⑵ 体育分野における学習評価の考え方

観点別学習状況の評価は目標に準拠した評価であることから、学習指導要領の内容に則って設定することが重要です。また、観点別学習状況の評価を円滑に進めるためには、①内容の取扱いを踏まえ３年間を見通した年間指導計画を作成すること、②学習指導要領を踏まえ「内容のまとまり」ごとに指導事項をバランスよく配置すること、③明確化された指導内容の「例示」から「全ての単元の評価規準」を作成すること、④当該単元の「単元の評価規準」を作成すること、⑤指導と評価の計画を作成することなどの手順を踏むことが重要となります。

体育分野の「知識・技能」の「知識」の評価においては、主に学習ノート等に記述された内容から評価を行うことから、指導から期間を置かずに指導した時間に評価材料を収集することや、生徒の発言等の観察評価によって得られた評価情報を加味して評価の妥当性、信頼性を高める工夫が考えられます。また、「技能」の評価においては、学習指導要領に示された「技能」の内容について指導し評価することが大切です。なお、技能の獲得には一定の学習機会が必要となることから、指導後に一定の学習期間を置いて評価期間を設けるなどの工夫が必要となります。

「思考・判断・表現」の評価については、知識及び技能を活用して課題を解決する等のために必要な思考力、判断力、表現力等を身に付けているかどうかを評価するものであることから、習得した知識や技能をもとに思考・判断・表現しているかを記載できる学習カード等を工夫することや、思考・判断・表現することができる場面を設定することが大切です。また、主に学習ノート等に記述された内容から評価を行うことから、指導から期間を置かずに指導した時間に評価材料を収集することが必要となります。

「主体的に学習に取り組む態度」の評価については、学習指導要領に示された「学びに向かう力、人間性等」の内容について確実に指導すること、指導した内容を実践しようとしているかを評価できる活動を工夫することが大切です。また、態度の育成には一定の学習機会が必要となることから、指導後に一定の学習期間を置いて評価期間を設けるなどの工夫が必要となります。

なお、１単位時間の評価規準の数については、教師が無理なく生徒の学習状況を的確に評価できるように評価規準を設定し評価方法を選択すること、「技能」と「主体的に学習に取り組む態度」は観察評価が中心であり、同時に評価を行うことが困難であるため同一時間には設定しないことなどにも留意しましょう。

3 保健分野における改訂のポイント

⑴ 保健分野で育成を目指す資質・能力

今回の改訂では、『中学校学習指導要領（平成29年告示）解説　保健体育編』には、保健分野の改訂のポイントとして、次の３点が示されています。全ての教科等で「知識及び技能」「思考力、判断力、表現力等」「学びに向かう力、人間性等」の３つの資質・能力の育成を目指すこととなりましたが、保健分野においても、１つ目に「知識及び技能」「思考力、判断力、表現力等」「学びに向かう力、人間性等」の３つの資質・能力に対応した目標や内容に改善されたことが明確にされました。

『中学校学習指導要領（平成29年告示）解説　保健体育編』

・保健分野においては、生涯にわたって健康を保持増進する資質・能力を育成することができるよう、「知識及び技能」、「思考力、判断力、表現力等」、「学びに向かう力、人間性等」に対応した目標、内容に改善すること。
・心の健康や疾病の予防に関する健康課題の解決に関わる内容、ストレス対処や心肺蘇生法等の技能に関する内容等を充実すること。
・個人生活における健康課題を解決することを重視する観点から、健康な生活と疾病の予防の内容を学年ごとに配当するとともに、体育分野との一層の関連を図った内容等について改善すること。

このことを踏まえて、保健分野においても、次のように目標が示されています。

中学校学習指導要領保健体育　保健分野　１目標

⑴個人生活における健康・安全について理解するとともに、基本的な技能を身に付けるようにする。
⑵健康についての自他の課題を発見し、よりよい解決に向けて思考し判断するとともに、他者に伝える力を養う。
⑶生涯を通じて心身の健康の保持増進を目指し、明るく豊かな生活を営む態度を養う。

保健分野の内容に関しては、これまで知識を中心とした内容構成になっていたものに、新たに思考力、判断力、表現力等の内容が示されました。現在及び将来の生活における健康に関する課題に直面した場合などに、的確な思考・判断・表現等を行うことができるよう、健康を適切に管理し改善していく思考力、判断力、表現力等の資質・能力を育成することが求められていることから、全ての内容のまとまりにおいて、思考力、判断力、表現力等の内容が位置付いたわけです。

また、今回、「知識及び技能」というくくりで技能の内容も示されました。しかし、全ての内容のまとまりに示されているのではなく、保健体育という教科の特性を踏まえて、「心身の機能の発達と心の健康」と「傷害の防止」の内容のまとまりだけに示されています。

なお、保健分野においては、「学びに向かう力、人間性等」については、目標に示されていますが、内容としては示されていません。これは、他教科も同様です。

解説の改訂のポイントの最後に関連して、「健康な生活と疾病の予防」については、これまで第３学年で指導されることとなっていましたが、個人生活における健康に関する課題を解決することを重視する観点から、この内容を学年ごとに配当することとされました。つまり、保健分野の中核となる内容として、全ての学年で学習することとなったのです。そのことを踏まえて、本書を参考に単元構成をしてください。

⑵　保健分野における学習評価の考え方

今回の学習評価は、学習指導要領の目標が、新しく「知識及び技能」「思考力、判断力、表現力等」「学びに向かう力、人間性等」の３つの柱で示されたので、評価の観点も連動して「知識・技能」「思考・判断・表現」「主体的に学習に取り組む態度」に変更されました。

保健分野の「知識・技能」の評価については、新しく示された「技能」を具体的にどのように評価するのかが、ポイントとなります。学習指導要領に示された保健の技能の内容は、「ストレス対処」「応急手当」の２つです。これらの内容は知識と一体として示されており、評価においても、それらの内容を理解し技能を身に付けている状況を評価することになります。例えば、ストレス対処は「リラクセーション等の方法が心身の負担を軽くすることを理解するとともに、それらの方法ができる」と「技能」のみを評価するのではないことに留意します。

保健分野の「思考・判断・表現」については、健康課題の解決能力の育成を目指す上で、最も注目すべき観点となります。個人生活における健康・安全に関する内容について科学的に思考し、判断するとともに、それらについて筋道を立てて他者に表現できているか、生徒の実現状況を評価することになります。今回の学習指導要領解説では、「思考力、判断力、表現力等」の内容について、課題発見、課題解決、表現に分けて例示がされてあるので、単元の流れに沿って評価にも活用することができます。

「主体的に学習に取り組む態度」は、内容に位置付いていないため、目標を踏まえて評価することになります。具体的には、「知識及び技能」「思考力、判断力、表現力等」の獲得に粘り強く取り組んだり、自らの学習を調整しようとしたりする側面を評価します。そのため、従来の「関心・意欲・態度」のように単元のはじめのほうに位置付くのではなく、粘り強さや調整の状況が把握できる後半に位置付くことになります。生徒が保健の学習に自主的に取り組んでいる状況に、課題解決に向けての粘り強さや、解決方法の修正等の姿を見取っていくことに留意しましょう。

生涯にわたる豊かなスポーツライフの実現に向けて!!

1 〔体育分野〕

まず、体育分野の内容は「運動に関する領域」(「A体つくり運動」「B器械運動」「C陸上競技」「D水泳」「E球技」「F武道」「Gダンス」)と「知識に関する領域」(「H体育理論」)です。さらに、運動に関する領域では、(1)知識及び技能(「体つくり運動」は知識及び運動)、(2)思考力、判断力、表現力等、(3)学びに向かう力、人間性等を共通の内容として示し、知識に関する領域では、「ア知識」として、内容のまとまりごとの指導内容を示した上で、(ア)、(イ)、(ウ)に具体的な指導内容を示しています。また、「イ思考力、判断力、表現力等」「ウ学びに向かう力、人間性等」を内容として示しています。体育分野の領域及び領域の内容については、解説P.43の表により分かりやすく整理されているので参照してください。

次に、運動に関する領域の共通の内容について、第１学年及び第２学年の内容と比較しながら、その違いを浮き彫りにしてみたいと思います(特に下線部に留意してください)。

(1) 知識及び技能(「体つくり運動」は知識及び運動)

○知識

知識に関する指導内容は、第１学年及び第２学年では、各領域における「運動の特性や成り立ち」、「技術(技)の名称や行い方」「その運動に関連して高まる体力」「伝統的な考え方」「表現の仕方」などが示されています。第３学年では、各領域における「技術(技)の名称や行い方」「体力の高め方」「運動観察の方法」「伝統的な考え方」「交流や発表の仕方」などが示されています。

○技能

第１学年及び第２学年では、小学校第５学年及び第６学年までの学習経験を踏まえ、運動を豊かに実践することを目指して、主に、各領域の基本的な技能や動きを身に付け、記録や技に挑戦したり、簡易な試合や発表をできるようにしたりすることが示されています。

第３学年では、生涯にわたって運動を豊かに実践することを目指して、選択した領域の基本的な技能や動きを身に付け、記録や技に挑戦したり、簡易化されたルールの制限を次第に正規に近付けるなどして試合をしたり、発表したりできるようにすることや、運動やスポーツの多様な関わり方を場面に応じて選択し、実践することができるようにする、と示されています。これは、選択の開始時期であること、また、高等学校への接続が考慮されています。

(2) 思考力、判断力、表現力等

第１学年及び第２学年では、基本的な知識や技能を活用して、学習課題への取り組み方を工夫できるようにし、自己の課題の発見や解決に向けて考えたことを、他者に分かりやすく伝えられるようにすることが示されています。第３学年においては、これまで学習した知識や技能を活用して、自己や仲間の課題に応じた解決として示されている点に留意します。

また、第１学年及び第２学年では、「体の動かし方や運動の行い方に関する思考力、判断力、表現力等」、「体力や健康・安全に関する思考力、判断力、表現力等」及び「運動実践につながる態度に関する思考力、判断力、表現力等」の視点が示されていますが、第３学年では、運動を継続して楽しむための自己に適した関わり方を見付けるなど、「生涯スポーツの設計に関する思考力、判断力、表現力等」についての育成が加えられていることに留意します。

(3) 学びに向かう力、人間性等

第1学年及び第2学年では、公正に取り組む、互いに協力する、自己の役割を果たす、一人一人の違いを認めようとするなどの意欲を育てることを示しています。第3学年では公正に取り組む、互いに協力する、自己の責任を果たす、参画する、一人一人の違いを大切にしようとするなどの意欲を育てることを示しています。

また、第1学年及び第2学年では、各領域に積極的に取り組むことを示していますが、第3学年においては、各領域に自主的に取り組むことを示しています。これは、義務教育の修了段階を踏まえ、分野の目標である「生涯にわたる豊かなスポーツライフの実現」を見据えたものとなっています。

以上の点について確認するとともに、各領域の学習指導においては、これらの指導内容を個別に取り扱うのではなく、それぞれが相互に密接に関連していることに留意する必要があります。また、体育理論の内容と関連を図ることで、指導が一層充実することになります。

2 〔保健分野〕

保健分野の指導内容に関する改訂の主なポイントは、次の3点です。

①「知識及び技能」の内容として、心の健康や疾病の予防に関する健康課題の解決に関わる内容が充実されるとともに、ストレス対処や心肺蘇生法等の技能に関する内容等が明確に示された。
②保健分野においては、個人生活における健康課題を解決する能力を育成することができるよう、「思考力、判断力、表現力等」の内容が全ての内容のまとまりに示された。
③「健康な生活と疾病の予防」については、これまで第3学年で指導されることとなっていたが、個人生活における健康に関する課題を解決することを重視する観点から、この内容を各学年に配当することとされた。

これらを踏まえて、4つの内容のまとまりを9つの単元として設定し、各学年ともおおよそ16時間ずつ、合計48時間程度の授業をすることとなります。具体的な単元と指導すべき学年等を表1に示しました。なお、各学年の内容の詳細については、学年ごとの〔保健分野〕における指導のポイントで説明します。

表1　保健分野の単元の設定例

内容のまとまり	単元設定例	学年	時数
(1)健康な生活と疾病の予防	健康の成り立ちと疾病の発生要因・生活習慣と健康	1	4
	生活習慣病などの予防	2	4
	喫煙、飲酒、薬物乱用と健康	2	4
	感染症の予防	3	4
	健康を守る社会の取組	3	4
(2)心身の機能の発達と心の健康	心身の機能の発達	1	5
	心の健康	1	7
(3)傷害の防止	傷害の防止	2	8
(4)健康と環境	健康と環境	3	8

(国立教育政策研究所『「指導と評価の一体化」のための学習評価に関する参考資料　中学校保健体育』東洋館出版社　2020年を一部改変)

個別最適な学びと協働的な学びに向けた授業改善へ！

1　主体的・対話的で深い学びに向けた授業改善

(1)「主体的・対話的で深い学び」とは何か

中央教育審議会答申（2016）では「『主体的・対話的で深い学び』の実現とは、特定の指導方法のことでも、学校教育における教員の意図性を否定することでもない」と示しています。ここからは、教員の創意工夫による授業づくりの意図とは別に、特定の授業方法や指導法等が存在し、それを身につけることではないことがわかります。さらに、答申では「『主体的・対話的で深い学び』の実現とは、以下の視点に立った授業改善を行うことで、学校教育における質の高い学びを実現し、学習内容を深く理解し、資質・能力を身に付け、生涯にわたって能動的（アクティブ）に学び続けるようにすることである。」と示しています。つまり、生涯にわたり能動的に学び続けることを目的に、ある視点に立ち、質の高い学びの実現に向けた授業改善を行う、教員の営みと捉えることができるでしょう。では、保健体育の授業においてはどのような視点を用いて授業改善を進めることになるのでしょうか。

(2) 保健体育科の「主体的・対話的で深い学び」に向けた授業改善の視点と留意点

保健体育科の授業改善の視点は学習指導要領解説に示されています（下線は筆者）。

- 運動の楽しさや健康の意義等を発見し、運動や健康についての興味や関心を高め、課題の解決に向けて粘り強く自ら取り組み、学習を振り返るとともにそれを考察し、課題を修正したり新たな課題を設定したりするなどの主体的な学びを促すこと。
- 運動や健康についての課題の解決に向けて、生徒が他者（書物等を含む）との対話を通して、自己の思考を広げ深め、課題の解決を目指して学習に取り組むなどの対話的な学びを促すこと。
- 習得・活用・探究という学びの過程を通して、自他の運動や健康についての課題を発見し、解決に向けて試行錯誤を重ねながら、思考を深め、よりよく解決するなどの深い学びを促すこと。

生徒に３つの資質・能力を偏りなく育成することを目的に、保健体育科の特質に応じた効果的な学習指導の実現に向けて、地道な授業改善に取り組むことが求められています。また、解説では、授業改善を進めるに当たっての留意点を以下の通り示しています。

ア　児童生徒に求められる資質・能力を育成することを目指した授業改善の取組は、既に小・中学校を中心に多くの実践が積み重ねられており、特に義務教育段階はこれまで地道に取り組まれ蓄積されてきた実践を否定し、全く異なる指導方法を導入しなければならないと捉える必要はないこと。

イ　授業の方法や技術の改善のみを意図するものではなく、児童生徒に目指す資質・能力を育むために「主体的な学び」、「対話的な学び」、「深い学び」の視点で、授業改善を進めるものであること。

ウ　各教科等において通常行われている学習活動（言語活動、観察・実験、問題解決的な学習など）の質を向上させることを主眼とするものであること。

エ　１回１回の授業で全ての学びが実現されるものではなく、単元や題材など内容や時間のまとまりの中で、学習を見通し振り返る場面をどこに設定するか、グループなどで対話する場面をどこに設定するか、児童生徒が考える場面と教員が教える場面をどのように組み立てるかを考え、実現を図っていくものであること。

オ　深い学びの鍵として「見方・考え方」を働かせることが重要になること。各教科等の「見方・考え方」は、「どのような視点で物事を捉え、どのような考え方で思考していくのか」というその教科等ならではの物事を捉える視点や考え方である。各教科等を学ぶ本質的な意義の中核をなすものであり、教科等の学習と社会をつなぐものであることから、児童生徒が学習や人生において「見方・考え方」を自在に働かせることができるようにすることにこそ、教師の専門性が発揮されることが求められること。

カ　基礎的・基本的な知識及び技能の習得に課題がある場合には、その確実な習得を図ることを重視すること。

2 〔体育分野〕における ICT 端末活用のポイント

(1) ICT 端末の導入に向けて

「Society5.0」時代の到来が予測される中、子供たちが情報や情報技術を受け身で捉えるのではなく、主体的に選択し活用していく力が求められています。学習指導要領では、情報活用能力を言語能力、問題発見・解決能力と並ぶ「学習の基盤となる資質・能力」の１つと位置付け教科横断的に育成することを求めています。そのため、各教科等における指導に当たっては、各教科等の特質に応じた適切な学習場面の設定や学習活動の工夫・充実を検討する必要があります。また、情報活用能力を発揮させる学習指導の工夫が、各教科等における主体的・対話的で深い学びへ向けた授業改善を加速するものとして期待されています。

(2) 体育分野での活用のポイントと留意点

体育分野では、豊かなスポーツライフを実現するための資質・能力の育成を目指しています。そのため、ICT の活用に関しても、３つの資質・能力の何を育成するものなのか、そのねらいや利活用の目的、効果等を十分検討した上で導入することが重要となります。

具体的には、学習に必要な情報の収集やデータの管理・分析、課題の発見や解決方法の選択などにおける ICT 活用が考えられます。また、生徒や学校の実態に応じ、個別学習やグループ別学習、繰り返し学習、学習内容の習熟の程度に応じた学習、生徒の興味・関心等に応じた課題学習、補充的な学習や発展的な学習などの学習活動を取り入れたりするなど、個に応じた指導の充実や、子供たちの基盤的な学力の定着に向けた学習指導への効果が期待されています。さらに、１人１台の ICT 端末の活用により、体育分野の授業を授業時間や運動場や体育館という場を超えて、いつでも、どこでも学習者のペースで活用できる可能性をも秘めています。

また、「教育の情報化に関する手引（追補版）」（令和２年６月　文部科学省）では、中学校保健体育の授業において、①生徒の学習に対する興味・関心を高める場面　②生徒一人一人が課題を明確に把握する場面等における ICT の効果的な活用が示されていますので、参考にしてください。 なお、運動実践での活用に際しては、運動学習への従事時間が損なわれないよう留意しましょう。そのため、補助的な手段として活用するとともに、効果的なソフトやプログラムの活用等を検討する必要があります。運動場や体育館等で手軽に用いることができること、操作等に時間を要しないこと、短時間で繰り返し活用できるようにする準備等も重要となります。また、ICT を活用する場面と活用しない場面を判断し、効果的な組み合わせを検討することが重要です。中央教育審議会答申（2021）では、「令和の日本型学校教育」を構築し、全ての子供たちの可能性を引き出すための個別最適な学び（個に応じた指導と学習の個別化）と協働的な学びを実現するためには ICT は必要不可欠であるとし、学校教育での ICT の一層の活用について、強い期待を示しています。

第３学年〔保健分野〕における
指導のポイント

保健の見方・考え方を働かせた学習を目指して！

1 主体的・対話的で深い学びの視点からの授業改善と単元の指導のポイント

保健分野では、「知識及び技能」「思考力、判断力、表現力等」「学びに向かう力、人間性等」の３つの資質・能力を育成するため、単元などの内容や時間のまとまりを見通しながら、次の３つの視点で「主体的・対話的で深い学びの視点からの授業改善」を進めることが大切です。

- 健康の意義等を発見し、健康についての興味や関心を高め、課題の解決に向けて粘り強く自ら取り組み、学習を振り返るとともにそれを考察し、課題を修正したり新たな課題を設定したりするなどの主体的な学びを促すこと。
- 健康についての課題の解決に向けて、生徒が他者（書物等を含む）との対話を通して、自己の思考を広げ深め、課題の解決を目指して学習に取り組むなどの対話的な学びを促すこと。
- 習得・活用・探究という学びの過程を通して、自他の健康についての課題を発見し、解決に向けて試行錯誤を重ねながら、思考を深め、よりよく解決するなどの深い学びを促すこと。

これらの視点からの授業改善は、全ての単元で推進する必要がありますが、それぞれの単元の内容に即した指導のポイントと関連させることでより具体的、効果的になります。それでは、第３学年の各単元の指導のポイントについて確認しましょう。

⑴「感染症の予防」の指導のポイント

新型コロナウイルス感染症の流行で、この内容の重要性が見直されています。感染症を予防するには、「消毒や殺菌等により発生源をなくすこと」「感染経路を遮断すること」「栄養状態を良好にしたり、予防接種の実施により免疫を付けたりするなど身体の抵抗力を高めること」が有効であることを理解できるようにするのですが、１つの対策をすればよいわけではありません。今回、学習指導要領で示された保健の見方・考え方を踏まえて、「リスクを軽減」するためにどのようにすればよいのか考えることができるように指導することがポイントとなります。そのためには、感染症の特徴に応じて、予防法を組み合わせるなどの工夫をし、できるだけリスクを軽減するための方法を考えることができるように指導することが大切になります。

また、感染症にかかった場合は、疾病から回復することはもちろん、周囲に感染を広げないためにも、できるだけ早く適切な治療を受けることが重要であることを理解できるようにすることが加わったことに留意して指導する必要があります。

⑵「健康を守る社会の取組」の指導のポイント

中学校では、個人生活に関わる内容が中心となりますが、本単元では義務教育最後の学年として、社会生活との関わりについて指導することになる重要な内容です。具体的には、地域には保健所、保健センター、医療機関などを教材として健康の保持増進や疾病の予防には、健康的な生活行動など個人が行う取組とともに、社会の取組が有効であることを理解できるように指導することがポイントとなります。

⑶「健康と環境」の指導のポイント

本単元では、今回の中央教育審議会で重視された「健康情報」に関する内容が取り上げられています。環境に関する様々な情報がある中で、健康という視点でそれらを見ることができるようにすることが大切です。具体的には、「健康と環境」の学習を通して、健康情報を適切に選択し、健康と環境についての思考力、判断力、表現力等を育成する視点から、新たに、健康と環境に関する情報から課題を発見し、その解決に向けて思考し判断するとともに、それらを表現することができるように指導することがポイントとなります。

2 〔保健分野〕における学習カード活用のポイント

保健分野は、個人生活における健康課題を解決することを重視しています。そのための中心となる資質・能力は「思考力・判断力・表現力等」です。その育成のためには、健康課題を発見し、よりよい解決に向けて思考したり、様々な解決方法の中から適切な方法を選択するなどの判断をしたりするとともに、それらを他者に表現する活動を設定することが大切です。

また、「思考・判断・表現」の評価に当たっては、生徒が思考・判断したことをできるだけ可視化し評価したいので、学習カードやノートなどの記述が中心となります。学習カードを作成する際には、評価する観点に応じた項目を設定し、思考の過程が分かるような項目を工夫すると効果的です。

さらに、他のグループの発表を聞き、自分のグループで考えた課題解決方法と比較することで、新たな課題を発見したり思考が深まったりすることが考えられます。このように、生徒が考えたことを段階的に記入させるなど、学習カードの内容項目を工夫することがポイントとなります。

例えば、「健康を守る社会の取組」の「健康の保持増進や疾病予防の役割を担っている保健・医療機関とその利用」の内容では、まず、保健所、保健センター、病院の役割についてまとめる欄を設けます。次に、教師から例示された場面でどの保健・医療機関を利用するのかを考える欄を設けます。さらに、その機関を選んだ根拠や選択した適切な理由を考えて書く欄を設けるとよいでしょう。

3 〔保健分野〕における「見方・考え方」と指導のポイント

保健分野においては、新たな健康課題の出現や、様々な健康情報の入手が容易になるなど、環境が大きく変化している中で、生徒が生涯にわたって正しい健康情報を選択したり、健康に関する課題を適切に解決したりすることができることにつながる指導が求められます。その際、注目すべきなのが「保健の見方・考え方」です。「保健の見方・考え方」は、学習指導要領解説で「個人及び社会生活における課題や情報を、健康や安全に関する原則や概念に着目して捉え、疾病等のリスクの軽減や生活の質の向上、健康を支える環境づくりと関連付けること」と説明されています。つまり、保健の授業で学習する原則や概念を根拠としたり活用したりして、「疾病等のリスクの軽減」「生活の質の向上」「健康を支える環境づくり」を目指して、情報選択や課題解決に自主的に取り組むことができるようにするのです。

例えば、感染症の予防の学習では、「消毒や殺菌等により発生源をなくすこと」「感染経路を遮断すること」「身体の抵抗力を高めること」という３つの予防対策を学んだとします。これらを例えば新型コロナウィルス感染症を教室で予防するために活用する場面を設定し、解説で新しく示された「病原体の種類によって感染経路が異なること」などに触れながら、できるだけ感染症の「リスクを軽減」するためにどのようにすればよいのか考えることができるようにします。

保健体育科「年間指導計画例」（全学年）

下記の表は、本シリーズにおける全学年の保健体育科の年間指導計画例です。「体育理論」「体つくり運動」については、本書ではまとめて記載していますが、この表にある通り、実施時期がそれぞれ異なる点に注意してください。また、第３学年では、領域の選択があるので、学校や生徒の実態に合わせて、指導を行ってください。

<table>
<tr><th rowspan="2">学年</th><th colspan="3">週＼月　4</th><th colspan="4">5</th><th colspan="4">6</th><th colspan="2">7</th><th colspan="3">9</th></tr>
<tr><th>1</th><th>2</th><th>3</th><th>4</th><th>5</th><th>6</th><th>7</th><th>8</th><th>9</th><th>10</th><th>11</th><th>12</th><th>13</th><th>14</th><th>15</th><th>16</th></tr>
<tr><td rowspan="2">第1学年</td><td>オリエンテーション</td><td>体育理論
〔1〕</td><td colspan="4" rowspan="2">陸上競技〔12〕
短距離・リレー〔6〕
ハードル走〔6〕</td><td colspan="5">球技・ゴール型〔10〕
（バスケットボール・サッカー選択）
バスケットボール</td><td colspan="5">水泳〔10〕
（クロール・平泳ぎのいずれかを含む2泳法以上選択）
クロール・背泳ぎ</td></tr>
<tr><td colspan="2">体つくり運動〔4〕</td><td colspan="4">保健(1)(ア)健康の成り立ちと疾病の発生要因／(イ)生活習慣と健康〔4〕</td><td>体育理論
〔1〕</td><td colspan="5">保健
(2)(ア)(イ)心身の機能の発達
〔5〕</td></tr>
<tr><td rowspan="2">第2学年</td><td rowspan="2">体つくり運動〔3〕</td><td colspan="4">陸上競技〔8〕
（跳躍種目選択
走り幅跳び・走り高跳び）
走り高跳び</td><td colspan="6">球技・ネット型〔12〕
（バレーボール・バドミントン選択）
バドミントン</td><td colspan="5">水泳〔10〕
（クロール・平泳ぎのいずれかを含む2泳法以上選択）
平泳ぎ・バタフライ</td></tr>
<tr><td>体育理論
〔1〕</td><td colspan="4">保健　(1)(ウ)
生活習慣病などの予防
〔4〕</td><td colspan="4">保健　(1)(エ)喫煙、飲酒、薬物乱用と健康〔4〕</td><td colspan="2">体育理論
〔2〕</td><td colspan="4">保健</td></tr>
<tr><td rowspan="2">第3学年</td><td rowspan="2">体つくり運動〔3〕</td><td colspan="9">陸上競技・器械運動選択〔18〕
（器械運動選択者は、１種目から４種目選択）
マット運動・平均台運動・跳び箱運動
（陸上競技は、競走種目と跳躍種目より選択）
短距離走・リレー／走り幅跳び</td><td colspan="6" rowspan="2">水泳・ダンス選択〔18〕
水泳：４泳法・複数の泳ぎ・リレー
（水泳の選択者で実技ができない期間は、練習計画等の作成等）

ダンス：現代的なリズムのダンス・創作ダンス</td></tr>
<tr><td>体育理論
〔1〕</td><td colspan="4">保健　(1)(オ)感染症の予防
〔4〕</td><td colspan="4">保健(1)(カ)健康を守る社会の取組〔4〕</td></tr>
</table>

※選択単元については、下線種目を本書において採用している。

9	10				11				12		1			2			3	
17	18	19	20	21	22	23	24	25	26	27	28	29	30	31	32	33	34	35
武道〔9〕 （柔道・剣道のいずれかを選択） 柔道							**器械運動〔16〕** （跳び箱、鉄棒、平均台より1選択） マット運動〔9〕・跳び箱運動〔7〕								**球技・ネット型〔10〕** （バレーボール・テニス選択） バレーボール			
保健 ⑵(ウ)(エ)心の健康〔7〕							**体育理論〔1〕**	**陸上競技〔6〕** 長距離走						**体つくり運動［4］**				
球技・ベースボール型〔12〕 ソフトボール						**ダンス〔18〕** 創作ダンス⑼ フォークダンス⑼								**球技・ゴール型〔12〕** （ハンドボール・サッカー選択） ハンドボール				
⑶傷害の防止〔8〕				**体つくり運動［2］**				**陸上競技〔6〕** 長距離走						**体つくり運動〔3〕**				
球技・武道選択①〔18〕 （球技選択者は選択②で再度選択。もしくは武道を選択する） 球技：ゴール型　サッカー 球技：ネット型　バレーボール 武道　柔道									**体つくり運動〔4〕**		**球技・武道選択②〔18〕** （選択①で武道選択者は、球技の選択も可） **球技：**ネット型　テニス **球技：**ベースボール型　ソフトボール 武道　剣道								
保健 ⑷健康と環境〔8〕								**陸上競技〔6〕** 長距離走								**体育理論〔3〕**		

体育理論

1 文化としてのスポーツの意義

4時間

単元計画（指導と評価の計画）

1時（導入・4月）	2時（展開①・2・3月）
第1・2学年の学習を振り返り、第3学年での学習に見通しをもつ。	スポーツは、文化的な生活を営みよりよく生きていくために重要であることを理解する。
1　体育理論の学習を授業などで生かそう POINT：第1・2学年の体育理論の学習を振り返るとともに、第3学年の学習への見通しをもつ。 **[主な学習活動]** ○スポーツの多様な楽しさ、関わり方、楽しみ方を振り返る。 ○第2学年の運動やスポーツの意義や効果と学び方や安全な行い方を振り返る。 ・第1・2学年の振り返りは、グループごとにテーマを与えて行った後、全員で共有することも考えられる。 ・既習内容が自分の生活の中でどのように生かしてきたかについても振り返る。 ○体育理論の授業を生かすための具体例を考える。 ・選択制授業でのルールの工夫やスポーツへの関わり方、運動の行い方など、それぞれの視点でどのように生かしていくかを考え、クラスで共有する。 ○第3学年の学習に見通しをもつ。 ・スポーツには文化的な意義があることについて学習することを把握し、第3学年での学習につなげる。	**2　スポーツの文化的意義は何だろう？** POINT：スポーツは、様々な文化的な意義をもち、生きがいのある豊かな人生を送るために必要なものであることを押さえる。 **[主な学習活動]** ○人々がスポーツをする理由を考える。 ・ライフステージごとに考えることで、様々な理由があることに気付く。 ○人々がスポーツを行う理由を整理する。 ・生徒から出てきた理由について、タイトル名を伏せたまま、教師が「健やかな心身」「豊かな交流」「伸びやかな自己開発」で分類し、生徒にそのタイトルを考えさせてもよい。 ○スポーツがない社会を考える。 ・「もしスポーツがなかったら」のテーマで考え、生きがいのある豊かな生活を送るためになくてはならない文化的意義があることを理解する。 ○スポーツの文化的な意義を学習カードで振り返る。 ・憲章や計画が作成されるほど、スポーツは社会にとって重要であることに気付く。
	[評価計画] 知① 思①

単元の評価規準

知識・技能	
①スポーツは、文化的な生活を営みよりよく生きるために重要であることについて、言ったり書き出したりしている。 ②オリンピックやパラリンピック及び国際的なスポーツ大会などは、国際親善や世界平和に大きな役割を果たしていることについて、言ったり書き出したりしている。 ③スポーツは、民族や国、人種や性、障害の違い	などを超えて人々を結び付けていることについて、言ったり書き出したりしている。

単元の目標

(1)文化としてのスポーツの意義について理解できるようにする。 **知識及び技能**

(2)文化としてのスポーツの意義について、自己の課題を発見し、よりよい解決に向けて思考し、判断することができるようにする。 **思考力、判断力、表現力等**

(3)文化としてのスポーツの意義についての学習に自主的に取り組むことができるようにする。 **学びに向かう力、人間性等**

3時（展開②・2・3月）	4時（まとめ・2・3月）
オリンピックやパラリンピック及び国際的なスポーツ大会などは、国際親善や世界平和に大きな役割を果たしていることを理解する。	スポーツは、民族や国、人種や性、障害の違いなどを超えて人々を結び付けていることを理解する。
3　国際的なスポーツ大会にはどのような役割があるだろう？ POINT：国際的なスポーツ大会が、スポーツのもつ意義や価値、相互理解の素晴らしさを世界へ伝えることで、国際理解や世界平和に貢献していることを押さえる。 **[主な学習活動]** ○どのような国際的なスポーツ大会があるか考える。 ・人種、国籍、性別、障害にかかわらず多くの大会が開催されていることに気付く。 ○オリンピック・パラリンピックを見て感じたことを挙げる。 ・生徒にとって考えやすいオリンピック・パラリンピックを入口として、他の国際的なスポーツ大会へ考えを広げる。 ○国際的なスポーツ大会の役割についてまとめる。 ・スポーツには、教育的な意義や倫理的な価値、相互理解があり、それらが世界中に伝わることが国際親善や世界平和に役立っていることを押さえる。 ○メディアの発達と、国際的なスポーツ大会の関係を知る。	**4　スポーツはどのような人々を結び付けているだろう？** POINT：スポーツは、国や人種、性別や障害を超えて、人々を結び付けることができる。 **[主な学習活動]** ○スポーツのよさをおさらいする。 ・スポーツのもつよさを挙げ、人々を結び付けるキーワード（「交流」など）をピックアップし、次の発問へつなげる。 ○国際的なスポーツ大会は何の違いを超えるのかを考える。 ・国際的なスポーツ大会を例に、スポーツが何の違いを超えて人々を結び付けているかを考える。 ○スポーツはどのような人々を結び付けているかを考える。 ・スポーツには様々な人々を結び付ける働きがあることを理解する。 ・正規のルールで行われるスポーツだけでなく、ルールを工夫して行う遊びも含めて考える。 ○人々を結び付けるスポーツについてまとめる。
[評価計画] 知②	**[評価計画]** 知③ 態①

思考・判断・表現	主体的に学習に取り組む態度
①文化としてのスポーツの意義について、自己の課題を発見し、よりよい解決に向けて思考し判断するとともに、他者に伝えている。	①文化としてのスポーツの意義について、理解するための学習に自主的に取り組もうとしている。

1時
4月

体育理論の学習を授業などで生かそう

本時の目標

これまでの体育理論の学習を振り返り、学んだことを第３学年での学習等に生かす。

評価のポイント

学習した内容を学習カードに整理し、第３学年の学習でどのように生かすかのイメージをもつことができているか。

本時の板書のポイント

point　第１・２学年で学習した内容をどのように生かすかのイメージをもたせる。

ねらい　体育理論の学習を保健体育の授業やスポーツに生かす。

1. 運動やスポーツの多様性

○必要性と楽しさ
・体を動かしたり健康を維持したりするなどの必要性
・競い合うことや課題を達成するなどの楽しさ

○多様な関わり方
・する
・見る
・支える
・知る

○多様な楽しみ方
・様々な年代
・様々な機会

本時の展開 ▷▷▷

1 運動やスポーツの多様性を振り返る

運動やスポーツの「必要性と楽しさ」「多様な関わり方」「多様な楽しみ方」について、学習してきたことを、自分の運動やスポーツ体験とともに整理することで、学習をどのように生かしてきたかを振り返る。

2 運動やスポーツの意義や効果、学び方などを振り返る

運動やスポーツの「意義や効果」「学び方」「安全な行い方」について、学習してきたことを、自分の運動やスポーツ体験とともに整理することで、学習をどのように生かしてきたかを振り返る。

2. スポーツの意義や効果、学び方や安全な行い方

○意義や効果
・
・

○学び方
・
・

○安全な行い方
・
・

生徒に聞きながら板書していく

3. 授業やスポーツ活動に生かそう！

こんな場面で	このように生かそう！

まとめ

・これまでの体育理論の学習を授業やスポーツ活動に生かす。
・3年生の体育理論ではスポーツが「文化的」であることを学ぶ。

3 体育理論の授業を生かすための具体例を考える

第3学年の体育理論では文化としてのスポーツを取り上げる。スポーツが文化の1つであることを意識しながら1年間の保健体育授業に取り組むようにすることで、3学期の体育理論の学習につなげる。

4 第3学年の学習に見通しをもつ

第3学年では選択制授業が始まることと合わせて多様な関わり方の実践や運動やスポーツの意義や効果をどのように生かしていくかを考える。また、部活動や校外での活動についての視点ももつ。

スポーツの文化的意義は何だろう？

本時の目標

スポーツは、文化的な生活を営みよりよく生きていくために重要であることを理解することができるようにする。

評価のポイント

現代生活におけるスポーツの文化的意義について、学習カードに具体例が書けているか。

本時の板書のポイント

point スポーツのもつ様々な文化的意義や価値の具体例を「健やかな心身」「豊かな交流」「自己開発」で整理して板書する。

ねらい よりよい生活を送るためにスポーツが必要であることを理解しよう。

小・中・高	・ ・ ・
20～40代	・ ・ ・
50代～	・ ・ ・

本時の展開 ▷▷▷

1 人々がスポーツをする理由を考える

各年代において「スポーツをする理由」は何かを問い、各年代の人々がスポーツに取り組むのには様々な理由があることに気付く。

2 人々がスポーツを行う理由を整理する

1で挙げた理由を「健やかな心身」「豊かな交流」「自己開発」で整理することで、スポーツは、生涯を通して意義のある活動であることを理解する。

1. スポーツを行う理由を整理しよう。

健やかな心身　豊かな交流　自己開発

※1で出た意見を整理させるとよい。
どの時代で、どのような理由で行われているかを考えさせると、生涯にわたってスポーツを行う意義に迫ることができる。

スポーツがこの機会を提供 → 「文化的な意義」がある。

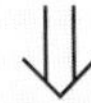

生きがいのある豊かな人生を送ることができる。

2. もしスポーツがなかったら？

・困る？
・困らない？
・それはなぜ？

3. まとめ

・様々な憲章や計画
・スポーツは生きがいのある豊かな人生を送るための文化的な意義があること

3 スポーツがない社会を考える

スポーツがなければ、健康な心身が育めないことはもとより、人々の交流や自己の能力を伸ばす機会が少なくなることに気付き、スポーツはあらゆる年代において生きがいのある豊かな生活に必要であることをつかませたい。

4 スポーツの文化的な意義を学習カードで振り返る

スポーツの文化的な意義を整理し、よりよく生きていくためにスポーツが重要であることを理解させ、生涯にわたってスポーツに親しむ気持ちを育みたい。また、スポーツに関する様々な憲章や計画があることにも触れる。

3時
2・3月

国際的なスポーツ大会にはどのような役割があるだろう？

本時の目標

国際的なスポーツは国際親善や世界平和に大きな役割を果たしていることを理解する。

評価のポイント

国際的なスポーツ大会の役割について、具体的例を示しながら学習カードに書き出しているか。

本時の板書のポイント

point　スポーツのもつ意義や価値が国際親善や世界平和に大きな役割を果たしていることを整理する。

ねらい　国際的なスポーツ大会が果たしている役割を理解しよう。

2. これまでのオリンピック・パラリ

（教育的な意義）
・努力の大切さ
・向上心
・計画の大切さ
・心身を鍛える
・
・

本時の展開

1 どのような国際的なスポーツ大会があるか考える

知っている国際的なスポーツ大会を挙げさせ、国や性別、障害の有無等を問わず、様々な国際的なスポーツ大会が世界中で行われていることに気付けるようにする。

2 オリンピック・パラリンピックを見て感じたことを挙げる

これまでのオリンピックやパラリンピックを実際に映像で見たり、その報道を見たり聞いたりして感じたことを挙げることで、国際的なスポーツ大会が教育的な意義や倫理的な価値、人々の相互理解に貢献していることを考える。

1. 国際的なスポーツ大会といえば？

・オリンピック　・パラリンピック　・ サッカーW杯　・ラグビーW杯
・国際車いすテニス大会　・世界陸上競技選手権大会　・アジアユースパラ競技大会など

ンピックを見て感じたことは?

（倫理的な価値）	（　相互理解　）
・フェアプレイ	・選手同士の交流
・公正さ	・開催地との交流
・健闘を讃える	・異文化の尊重
・ルールの順守	・共生社会への理解
・	・
・	・

⇓

国際的なスポーツ大会がスポーツの意義や価値を世界に伝える。

3. 国際的なスポーツ大会が果たす役割

・教育的な意義
・倫理的な価値
・相互理解

国際理解・世界平和の実現

4. メディアの発達

・スポーツの魅力を世界へ広げる。
・世界平和や国際親善に果たす役割が大きくなっている。

3 国際的なスポーツ大会の役割についてまとめる

国際的なスポーツ大会は国際親善や世界平和に大きな役割を果たしていることを知る。クーベルタンの思想やオリンピック憲章、一校一国運動の交流などを例に出し、考えていく。

4 メディアの発達と国際的なスポーツ大会の関係を知る

世界中で行われているスポーツが、メディアの発達によって、瞬時に伝わることで、国際的なスポーツ大会の果たす役割が一層大きくなっていることを説明する。

1 文化としてのスポーツの意義
2 体ほぐしの運動、実生活に生かす運動の計画
3 マット運動・平均台運動・跳び箱運動
4 短距離走・リレー
5 走り幅跳び
6 感染症の予防
7 健康を守る社会の取組
8 水泳（4泳法・複数の泳ぎ・リレー）
9 現代的なリズムのダンス

スポーツはどのような人々を結び付けているだろう？

本時の目標

スポーツは様々な違いを超えて人々を結び付けることを理解する。

評価のポイント

スポーツは様々な違いを超えて人々を結び付けていることの具体的例を示しながら、学習カードに書き出しているか。

ねらい　スポーツはどのような人々を結び付けているだろう？

2. 国際的なスポーツ大会はどのような違いを超えて人々を結び付けている？

・〇〇の違い
・__________
・__________
・__________
・__________
・__________

本時の板書のポイント

point　スポーツが様々な違いを超えて人々を結び付けていることを整理する。

本時の展開 ▷▷▷

1 スポーツのよさをおさらいする

スポーツの意義を振り返り、人々を結び付けるキーワードをもとに次の発問へ展開していく。

2 国際的なスポーツ大会は何の違いを超えるのかを考える

前時の学習から、国際的なスポーツ大会は何の違いを超えて人々を結び付けているかを考えることで、次の発問へつなげる。ここで予想されるのは、「国」「人種」「地域」など。

1. スポーツのよさをおさらいしよう。

・体力向上　・気分転換　・楽しい　・仲間が増える　・勝つとうれしい
・努力の大切さを知る　・仲よくなれる　・協力できるとうれしい　・達成感を味わえる
・交流を深められる　など

3.「〇〇」に入る言葉と具体例を考えよう。

〇〇の違い	人々を結び付ける具体例

4. まとめ

スポーツには様々な違いを超えて人々を結び付ける文化的な働きがある。

スポーツは、いつでも、どこでも、人々を結び付けることができる。

◇「スポーツ」という言葉自体が世界に広がっている。

3 スポーツはどのような人々を結び付けているかを考える

「スポーツは〇〇の違いを超えて人々を結び付ける」の〇〇に入る言葉と、その具体例を考える。子供同士の遊び、障害者や高齢者との交流など、正規のルールのスポーツにこだわらず、広い視点で考える。

4 人々を結び付けるスポーツについてまとめる

スポーツは様々な違いを超えて人々を結び付けることができる文化的な働きがあることを理解する。

また、「スポーツ」という言葉が世界に広がっていることにも触れる。

体つくり運動

2 体ほぐしの運動、実生活に生かす運動の計画

7時間

単元の目標

(1)次の運動を通して、体を動かす楽しさや心地よさを味わい、運動を継続する意義、体の構造、運動の原則などを理解するとともに、健康の保持増進や体力の向上を目指し、目的に適した運動の計画を立て取り組むことができるようにする。

ア　体ほぐしの運動では、手軽な運動を行い、心と体は互いに影響し変化することや心身の状態に気付

単元計画（指導と評価の計画）

1時（導入・4月）	2～3時（展開①・4月）
運動を実践しながら、第2学年までの学習内容を確認し、第3学年の学習内容を理解する。	健康の保持増進や体力の向上をねらいとした運動計画を実践し、実生活での運動計画を立てる。
1　これまでとこれからの学習内容を確認しよう POINT：第2学年までの学習内容が十分に理解されていない場合は、学習内容を復習した上で、第3学年の学習内容の見通しをもたせる。 **[主な学習活動]** ○集合・あいさつ ○単元の目標や授業の進め方の確認 ○体ほぐしの運動 ・リズムに合わせて音を鳴らそう。 ○実生活に生かす運動の計画 ・運動の組合せを発表し実践する。 ○知識の学習 ・実生活で運動を継続する方法 ○学習の振り返り	**2～3　2つのねらいの運動の計画を作成し、実践してみよう** POINT：健康の保持増進をねらいとした運動計画と体力の向上をねらいとした運動計画の両方を実践させることで、自己に適したねらいについて考えさせる。 **[主な学習活動]** ○集合・あいさつ ○体ほぐしの運動 ・場面に応じた運動を考えて実践する。 ○知識の学習 ・体の構造、運動の原則 ○実生活に生かす運動の計画 ・健康の保持増進や体力の向上をねらいとした運動の計画を立てて実践する。 ・実生活で実践できる自己の運動計画を立てる。 ○学習の振り返り
[評価計画] 知④　態③	**[評価計画]** 知②③　思④　態②

単元の評価規準

知識・技能	
①定期的・計画的に運動を継続することは、心身の健康、健康や体力の保持増進につながる意義があることについて、言ったり書き出したりしている。 ②運動を安全に行うには、関節への負荷がかかりすぎないようにすることや軽い運動から始めるなど、徐々に筋肉を温めてから行うことについて、言ったり書き出したりしている。 ③運動を計画して行う際は、どのようなねらいをもつ運動か、偏りがないか、自分に合っているかなどの運動の原則があることについて、言ったり書き出したりしている。 ④実生活で運動を継続するには、行いやすいこと、無理のない計画であることなどが大切であ	ることについて、言ったり書き出したりしている。 ※体ほぐしの運動は、技能の習得・向上をねらいとするものでないこと、実生活に生かす運動の計画は、運動の計画を立てて取り組むことが主な目的となることから、「技能」の評価は行わず、「知識」「思考・判断・表現」「主体的に学習に取り組む態度」により評価を行う。

き、仲間と自主的に関わり合うことができるようにする。

イ　実生活に生かす運動の計画では、ねらいに応じて、健康の保持増進や調和のとれた体力の向上を図るための運動の計画を立て取り組むことができるようにする。 **知識及び運動**

⑵自己や仲間の課題を発見し、合理的な解決に向けて運動の取り組み方を工夫するとともに、自己や仲間の考えたことを他者に伝えることができるようにする。 **思考力、判断力、表現力等**

⑶体つくり運動に自主的に取り組むとともに、互いに助け合い教え合おうとすること、一人一人の違いに応じた動きなどを大切にしようとすること、話合いに貢献しようとすることなどや、健康・安全を確保することができるようにする。 **学びに向かう力、人間性等**

4～6時（展開②・12月）	7時（まとめ・12月）
仲間とともに実践した運動の計画をクラスで情報共有することで、学習成果を分析する。	体を動かす楽しさや心地よさを味わい、単元で学習したことを実生活に生かせるようにする。
4～6　計画した運動を仲間とともに実践してみよう POINT：実践者、補助者、記録者といった役割を担うグループ学習を通して、自己や仲間の課題を発見したり、情報共有した学習成果を分析したりして、主体的な学習ができるようにする。 **[主な学習活動]** ○集合・あいさつ ○体ほぐしの運動 ・場面に応じた運動を考えて実践する。 ○知識の学習 ・運動を継続する意義 ○実生活に生かす運動の計画 ・実生活で実践できる仲間の運動プログラムを計画して実践し、クラスで情報共有をする。 ○学習の振り返り	**7　単元のまとめと学習成果を確認しよう** POINT：発表などの学習活動を通して、学んだことを整理させたり、授業後の実生活での実践の見通しについて考えさせたりする。 **[主な学習活動]** ○集合・あいさつ ○実生活に生かす運動の計画 ・実生活で実践できる仲間の運動プログラムを計画して実践し、クラスで情報共有をする。 ○単元の学習内容の振り返り ・学習したことを振り返るとともに、実生活で運動を継続するための見通しを立てる。 ○単元の学習内容の発表 ○教師による単元のまとめ
[評価計画] 知① 思①②③ 態④⑤	**[評価計画]** 思⑤ 態① 総括的な評価

思考・判断・表現	主体的に学習に取り組む態度
①ねらいや体力の程度を踏まえ、自己や仲間の課題に応じた強度、時間、回数、頻度を設定している。 ②健康や安全を確保するために、体力や体調に応じた運動の計画等について振り返っている。 ③課題を解決するために仲間と話し合う場面で、合意形成するための関わり方を見付け、仲間に伝えている。 ④体力の程度や性別等の違いに配慮して、仲間とともに体つくり運動を楽しむための活動の方法や修正の仕方を見付けている。 ⑤体つくり運動の学習成果を踏まえて、実生活で継続しやすい運動例や運動の組合せの例を見付けている。	①体つくり運動の学習に自主的に取り組もうとしている。 ②仲間に課題を伝え合うなど、互いに助け合い教え合おうとしている。 ③一人一人に応じた動きなどの違いを大切にしようとしている。 ④自己や仲間の課題解決に向けた話合いに貢献しようとしている。 ⑤健康・安全を確保している。

本時案

これまでとこれからの学習内容を確認しよう 1/7

本時の目標

運動を実践しながら、第２学年までの学習内容を確認し、第３学年の学習内容を理解する。

評価のポイント

仲間と運動を楽しむことができるように、違いに応じた配慮をしようとしているか。

中心活動における指導のポイント

point　体を動かす楽しさや心地よさを味わわせるために、特に導入で行う体ほぐしの運動では、教師自身が楽しみながら笑顔で指導することを心がける。

また、運動の実践を通して行動観察をしたり、学習カードへの記入状況を確認したりして、第２学年までの学習の状況を把握する。第２学年までの学習内容が十分に理解されていない場合は、学習内容を復習した上で、第３学年の学習内容の見通しをもたせる。

本時の展開

	時	生徒の学習活動と指導上の留意点
はじめ	5分	**集合・あいさつ** ○授業の進め方やルールを把握する。 ○単元の学習内容の見通しを知り、本時の学習内容の確認をする。
体ほぐしの運動	15分	○運動前の心と体の状態を学習カードに記入する。 **リズムに合わせて音を鳴らそう** 1 **(1)教師のかけ声（回数を指示）に合わせて、手を叩く** **(2)教師のかけ声（回数を指示）に合わせて、足で音を鳴らす** **(3)教師のかけ声（回数を指示）に合わせて、ペア同士で手を叩く** ○運動後の心と体の状態を学習カードに記入する。 ○実践を振り返り、第２学年までの学習内容を確認する。
実生活に生かす運動の計画	25分	**(1)運動の組合せを発表し、実践しよう** 2 ○３人一組のグループで、これまでに立てた運動の組合せを発表する。 ○発表した組合せの中から１つを選んで仲間と一緒に10分間の運動プログラムを実践する。 ○実践した運動プログラムを学習カードに記入し、運動のねらいについて確認をする。 ○実践を振り返り、第２学年までの学習内容を確認する。 **(2)第３学年の学習内容を確認し、知識の学習をする** ○健康の保持増進や体力の向上を目指し、目的に適した運動の計画を立て取り組むことが学習のねらいであることを知る。 **実生活で運動を継続する方法** 実生活で運動を継続するには、行いやすいこと、無理のない計画であることなどが大切であること。 ○学習内容を理解する。
まとめ	5分	**本時の学習内容について振り返る** ○学習カードに本日の学びを記入する。 ○次時の学習の内容を知る。

1 リズムに合わせて音を鳴らそう

学習カード

心身の状態や変化に気付こう

3年　　組　　番　氏名（　　　　　　）

○ 体ほぐしの運動

1．運動前の心と体の状態をチェックしよう。（　よくない　～　よい　）
- ・心の状態はどうですか？　（ 1 ・ 2 ・ 3 ・ 4 ・ 5 ）
- ・体の調子はどうですか？　（ 1 ・ 2 ・ 3 ・ 4 ・ 5 ）

2．運動後の心と体の状態をチェックしよう。
- ・心の調子はどうですか？　（ 1 ・ 2 ・ 3 ・ 4 ・ 5 ）
- ・体の状態はどうですか？　（ 1 ・ 2 ・ 3 ・ 4 ・ 5 ）

3．運動前と後の心と体の状態の変化について、気付いたことを振り返ろう。

4．今日の運動は、日常生活のどんな場面で活用することができるか考えてみよう。

（例）なんだか気分がすっきりしないときに、学校の休憩時間に友達を誘ってやってみる。

※徐々にスピードを上げたり声を大きくしたりして、生徒の気持ちを盛り上げていく。

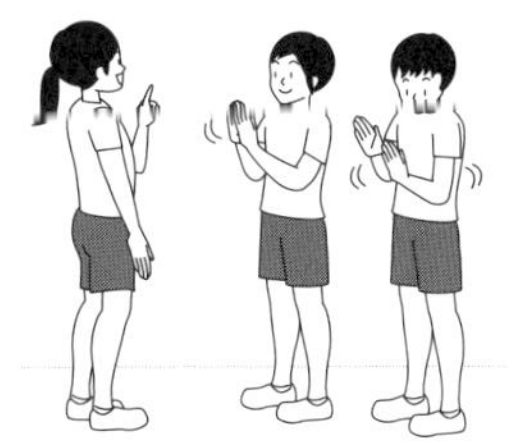

⑴手を叩く

⑵足で音を鳴らす

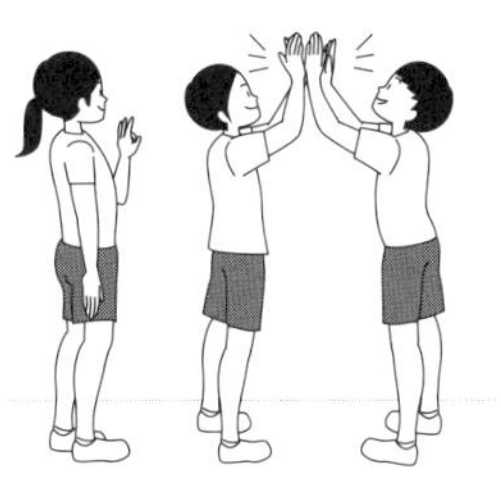

⑶ペアで手を叩く

2 運動の組合せを発表し、実践しよう

※運動の学習内容を確認するだけでなく、体つくり運動の意義、体つくり運動の行い方、体の動きを高める方法、運動の組み合わせ方といった知識の学習内容や「思考力、判断力、表現力等」「学びに向かう力、人間性等」の学習内容も確認する。

本時案

2つのねらいの運動の計画を作成し、実践してみよう

2/7

本時の目標

体の構造について理解し、健康の保持増進と体力の向上をねらいとした運動の計画を立て、実践する。

評価のポイント

心の変化に気付いたり、仲間の動きをよく見たりして、仲間に課題を伝えながら取り組もうとしているか。

中心活動における指導のポイント

point　本時と次時で、健康の保持増進と体力の向上をねらいとした運動の計画の両方を作成し、実践させる。

グループを編成する際は、人間関係を考慮して、ねらいの異なる集団で学習させる場合と、同じようなねらいをもった集団で学習させる場合が考えられるが、生徒の状況や教師のねらいに応じて選択をする。

本時の展開

	時	生徒の学習活動と指導上の留意点
はじめ	2分	**集合・あいさつ** ○本時の学習内容を知る。
体ほぐしの運動	15分	**場面に応じた運動を考えて実践してみよう** 1 ○3人1組のグループで学習カードを活用し、場面と運動の例を参考に運動を考え、実践する。 ○グループごとに実践した運動を発表し、クラスで情報を共有する。 ※心の健康など保健分野の学習内容や体育理論の学習内容との関連を図る。
実生活に生かす運動の計画	3分 20分 5分	**(1)知識の学習をする** 2 **体の構造** 運動を安全に行うには、関節への負荷がかかりすぎないようにすることや軽い運動から始めるなど、徐々に筋肉を温めてから行うこと。 ○学習内容を理解する。 ※学習内容を振り返ることができるようにICTを活用したりする。 **(2)健康の保持増進をねらいとした運動の計画を立て、実践しよう** 2 ○3人1組のグループで、第2学年までの学習内容をもとに健康の保持増進をねらいとした10分間の運動の計画を作成し、実践する。 ○グループごとに実践した運動の内容を発表し、クラスで情報を共有する。 **(3)体力の向上をねらいとした運動の計画を立てよう** ○次回は、体力の向上をねらいとした10分間の運動を実践するので、第2学年までの学習内容をもとにねらいに応じた運動の計画を作成する。
まとめ	5分	**本時の学習内容について振り返る** ○学習カードに本日の学びを記入する。 ○次時の学習の内容を知る。

1 場面に応じた運動を考え実践してみよう（体ほぐしの運動）

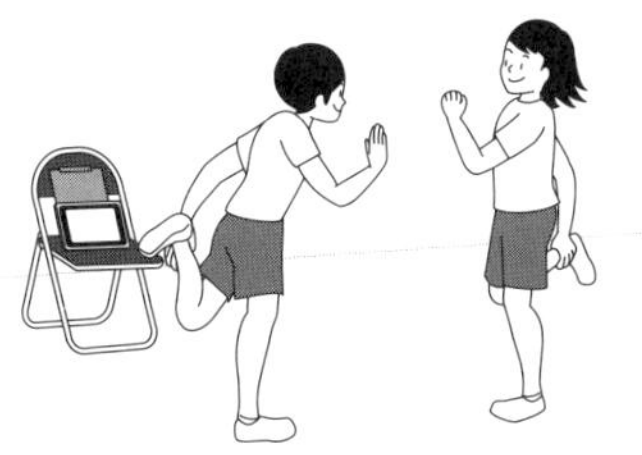

(1) ICT を活用して運動を選び活動する例

(2) 3 人 1 組のグループを合わせて、1 つのグループで活動する例

学習カード

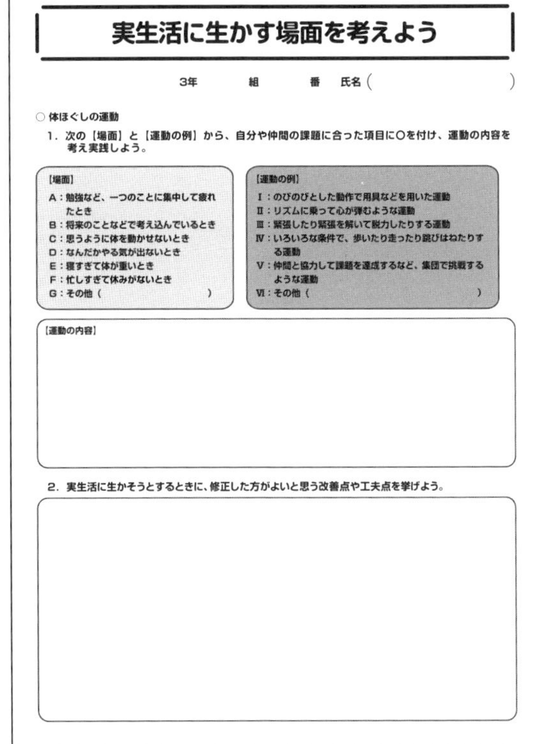

実生活に生かす場面を考えよう

3年　　組　　番　氏名（　　　　　　　　）

○ 体ほぐしの運動

1．次の【場面】と【運動の例】から、自分や仲間の課題に合った項目に○を付け、運動の内容を考え実践しよう。

【場面】
A：勉強など、一つのことに集中して疲れたとき
B：将来のことなどで考え込んでいるとき
C：思うように体を動かせないとき
D：なんだかやる気が出ないとき
E：寝すぎて体が重いとき
F：忙しすぎて休みがないとき
G：その他（　　　　　　）

【運動の例】
Ⅰ：のびのびとした動作で用具などを用いた運動
Ⅱ：リズムに乗って心が弾むような運動
Ⅲ：緊張したり緊張を解いて脱力したりする運動
Ⅳ：いろいろな条件で、歩いたり走ったり跳びはねたりする運動
Ⅴ：仲間と協力して課題を達成するなど、集団で挑戦するような運動
Ⅵ：その他（　　　　　　）

【運動の内容】

2．実生活に生かそうとするときに、修正した方がよいと思う改善点や工夫点を挙げよう。

2 健康の保持増進をねらいとした運動の計画を立てよう

※第 2 学年までに学習した運動の組合せの例を紹介するなどして、イメージをもたせる。

本時案

実生活で実践できる運動の計画を作成し、実践してみよう 3/7

本時の目標

運動の原則について理解し、実生活で実践することができる自己の運動のねらいに応じた計画を作成する。

評価のポイント

体力の程度や性別等の違いに配慮して、仲間とともに体つくり運動を楽しむための活動の方法や修正の仕方を見付けているか。

中心活動における指導のポイント

point　次の授業（12月）までの運動の計画の立案時は、いつ、どこで、何を、どのように行うのかについて具体的に考えさせる。その際、日頃の生活スタイルを思い出させたり、季節ごとの行動を想像させたりして実生活のどの時間帯に実施が可能なのかを考えさせる。

本時の展開

	時	生徒の学習活動と指導上の留意点
はじめ	2分	**集合・あいさつ** ○本時の学習内容を知る。
体ほぐしの運動	15分	**場面に応じた運動を考えて実践してみよう** ○3人1組のグループで学習カードを活用し、場面と運動の例を参考に運動を考え、実践する。 ○前回の学習内容とは違う場面を想定して運動を考える。 ○グループごとに実践した運動を発表し、クラスで情報の共有をする。
実生活に生かす運動の計画	15分 3分 10分	**(1)体力の向上をねらいとした運動の計画を立て、実践しよう** 1 ○3人1組のグループで、前回の授業で作成した運動の計画を実践する。 ○グループごとに実践した運動の内容を発表し、クラスで情報を共有する。 **(2)知識の学習をする** **運動の原則** 運動を計画して行う際は、どのようなねらいをもつ運動か、偏りがないか、自分に合っているかなどの運動の原則があること。 ○学習内容を理解し、次の学習の見通しをもつ。 ※体育理論の学習内容との関連を図る。 **(3)実生活で実践できる自己のねらいに応じた運動の計画を立てよう** 2 ・次の授業（12月）までの運動のねらいを設定する。 ・いつ、どこで、どんな運動をするのかを決める。 ・運動強度、時間、回数、頻度を設定する。
まとめ	5分	**本時の学習内容について振り返る** ○学習カードに本日の学びを記入する。 ○次時（12月）の学習の内容を知る。 ○計画をした運動プログラムについて、次の授業までの実施計画を確認する。

1 体力の向上をねらいとした運動の計画を立てよう

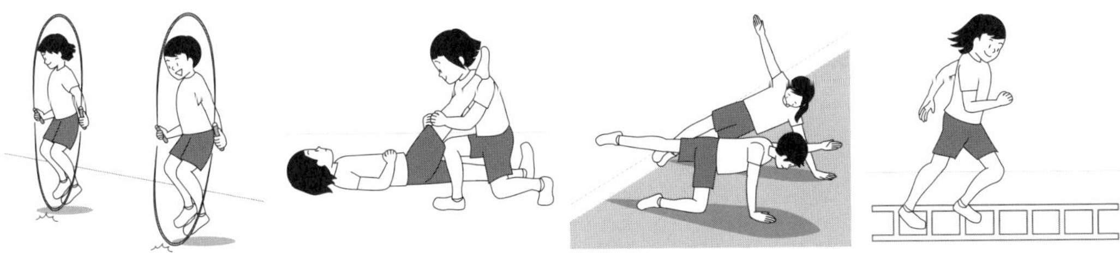

※持続する力を高める運動は、１つの運動を実施するだけでなく、力強い動きや巧みな動きを組み合わせて連続して実施することでも高められることを考えさせる。

2 実生活で実践できる自己の運動の計画を立てよう

学習カード

運動の計画と実践の振り返り（1週間）

3年　　組　　番　氏名（　　　　　　　　）

○ 実生活に生かす運動の計画

1. 次の A、B のどちらかのコースを選び、自己のねらいを設定しよう。

A. 健康保持増進コース
運動不足の解消や体調の維持

B. 体力向上コース
調和のとれた体力の向上や特定の体力の向上

ねらい

2. 日常生活の「いつ」「どこで」「どんな内容」の運動が実践できるのか具体的に計画を立てよう。

曜日	月	火	水	木	金	土	日
時間帯							
場所							

時間（分）	運動の内容、方法（回数）
0 ～	

3. 運動の計画を実行できた日付と自己評価を記入しよう。

日付															
評価															

＊自己評価は「◎・○・△」の３段階で記入しましょう。

本時案

実生活で実践できる運動の計画を運動しながら作成しよう

4/7

本時の目標

運動を継続する意義について理解し、自己や仲間のねらいに応じた運動の計画を作成する。

評価のポイント

ねらいや体力の程度を踏まえ、自己や仲間の課題に応じた強度、時間、回数、頻度を設定しているか。

中心活動における指導のポイント

point　今回の単元計画では、本時で体ほぐしの運動の学習に区切りを付けるので、改めて保健分野や体育理論の学習内容と関連させながら、実生活の様々な場面で活用できるようにイメージをもたせる。

運動プログラムを計画する場面では、運動しながら強度や回数を設定させるなどして、生徒の運動量の確保に努める。

本時の展開

	時	生徒の学習活動と指導上の留意点
はじめ	5分	**集合・あいさつ** ○本時の学習内容を知る。 ○４月に立てた運動プログラムの実践について振り返る。
体ほぐしの運動	15分	**場面に応じた運動を考えて実践してみよう** ○３人１組のグループで学習カードを活用し、場面と運動の例を参考に運動を考え、実践する。 ○前回の学習内容とは違う場面を想定して運動を考える。 ○グループごとに実践した運動を発表し、クラスで情報の共有をする。
実生活に生かす運動の計画	5分 20分	**(1)知識の学習をする** **運動を継続する意義** 定期的・計画的に運動を継続することは、心身の健康、健康や体力の保持増進につながる意義があること。 ○４月に立てた運動プログラムの実施状況を振り返りながら、学習内容を理解する。 ※体育理論の学習内容との関連を図る。 **(2)実生活で実践できる仲間（１人目）の運動プログラムを計画しよう** 1 ○３人１組でグループ活動をする。 ○次の時間で行う仲間の運動プログラムをグループで計画する。 ・これまでの学習内容を確認しながら運動の計画を立てる。 ・運動しながら、運動の内容や強度、時間、回数などを設定する。 ※学習カードなどの教材を工夫したり、ICT を効果的に活用したりして、体を動かす機会を適切に確保する。 2 ※第５～７時の授業ごとに、実践者、補助者、記録者の役割をローテーションさせる。
まとめ	5分	**本時の学習内容について振り返る** ○学習カードに本日の学びを記入する。 ○次時の学習の内容を知る。

1 実生活で実践できる仲間の運動プログラムを計画しよう

(1)運動しながら運動の計画を立てる

(2) ICT を活用し、運動の計画を立てる

※運動しながら強度や回数等を設定させたり、ICT を効果的に活用したりして、体を動かす機会を適切に確保する。

2 学習カードなどの教材の工夫

学習カード

運動の計画と実践の振り返り（1回）

3年　　組　　番　氏名（　　　　　　）

○ 実生活に生かす運動の計画

1．運動の計画を立てよう。

時間（分）	運動の内容、方法（回数）	記録（時間、回数）
0 ～		記録者（　　　）

2．今日の運動計画を行った感想

○ 強度　（　きつかった　・　ちょうどよかった　・　もの足りなかった　）

○ 運動の種類（　少なかった　・　ちょうどよかった　・　多かった　）

ねらいに応じた運動計画のサンプル

3年　　組　　番　氏名（　　　　　　）

○ 実生活に生かす運動の計画

サンプル1（ねらい　運動不足の解消）

時間（分）	運動の種類、内容、行い方	
0～2	ストレッチ：脚、上体	柔らかさ
2～9	ジョギング：30～50%の力	持続する能力
9～13	縄跳び：一重とび、駆け足とび	持続する能力
13～15	ストレッチ：脚、腕、肩	柔らかさ

サンプル2（ねらい　体調の維持）

時間（分）	運動の種類、内容、行い方	
0～3	ウォーキング：10%の力	持続する能力
3～5	ストレッチ：脚、上体	柔らかさ
5～9	速歩：20%の力	持続する能力
9～12	自重の筋トレ：スクワット 10×3、カーフレイズ 10×3	力強い動き
12～15	ストレッチ：脚、腕、肩、首	柔らかさ

サンプル3（ねらい　調和のとれた体力の向上）

時間（分）	運動の種類、内容、行い方	
0～2	ストレッチ：脚、上体、腕、肩	柔らかさ
2～6	ランニング：80%の力	持続する能力
6～10	負荷をかけた筋トレ：腕立て伏せ 20×3、スクワット 20×3、腹筋 20×3	力強い動き
10～13	馬とび&またくぐり：30秒タイムトライアル×3	巧みな動き
13～15	ストレッチ：脚、股関節、腕、肩	柔らかさ

サンプル4（ねらい　力強い動きを高めること）

時間（分）	運動の種類、内容、行い方	
0～2	ストレッチ：脚、上体、腕	柔らかさ
2～9	負荷をかけた筋トレ：腕立て伏せ 20×3、スクワット 20×3	力強い動き
9～13	重いボールを使った筋トレ：8の字廻旋 10×3、腹筋 20×3	力強い動き
13～15	ストレッチ：脚、腕、肩、首	柔らかさ

運動の計画の例

※日常的に取り組める簡単な運動の組合せのサンプルを提示するなどして、学習をサポートする。

本時案

計画した運動を仲間とともに実践してみよう

5・6/7

本時の目標

・場所の安全や仲間の体調を確認したり、調整したりしながら取り組む。
・自分の役割に責任をもって取り組み、ミーティングでは仲間の発言に同意しながら話合いを進める。

評価のポイント

・合意形成するための関わり方を見付け、仲間に伝えているか。
・話合いや合意した役割に責任をもって取り組もうとしているか。
・健康・安全を確保しているか。また、それについて振り返っているか。

中心活動における指導のポイント

point　仲間との学習場面では、様々な学習内容を設定することができるが、1時間の授業で設定する評価規準は、1つもしくは2つまでとし、生徒にとっても教師にとっても負担とならないように配慮しながら、各観点の内容をバランスよく学習させるようにする必要がある。また、学習内容によっては、すぐに身に付かない内容もあるので、指導する場面と評価する機会を意図的にずらして設定するなどの工夫をする必要もある。

本時の展開

	時	生徒の学習活動と指導上の留意点
はじめ	2分	**集合・あいさつ** ○本時の学習内容を知る。
実生活に生かす運動の計画	5分 15分 8分 5分 10分	**(1)○○さん（1・2人目）の運動プログラムを実践しよう** ○実施前のミーティング ・実践者は、運動の計画を仲間に伝え、仲間の役割（補助者、記録者）を確認する。 ・自己や仲間の体調を管理したり、運動場所の安全を確保したりする。◀1 ○運動プログラムの実施 ・実践者は補助者とともに15分間の運動を実施する。 ・補助者は実践者の動きを観察しながら、励ましなどの声かけをする。 ・記録者は、タイムスケジュールの管理や仲間の動きの観察、運動の実施時間や回数などを記録し、状況に応じて声かけをする。◀2 ○実施後のミーティング ・自己や仲間の課題の発見や解決に向けて考えたりしたことを、仲間に分かりやすく伝える。 ※第5～7時の授業ごとにそれぞれの役割をローテーションさせる。 **(2)クラス全体での情報の共有** ○チームで話し合った内容をクラス全体で共有する。 **(3)実生活で実践できる仲間（2・3人目）の運動プログラムを計画しよう** ○次の時間で行う仲間の運動プログラムをグループで計画する。 ・これまでの学習内容を確認しながら運動の計画を立てる。 ・運動しながら、運動の内容や強度、時間、回数などを設定する。
まとめ	5分	**本時の学習内容について振り返る** ○学習カードに本日の学びを記入する。 ○次時の学習の内容を知る。

1 安全に配慮した運動場所の工夫・運動の計画の実践

○教師が１人で対応する場合、体育館を使って各運動ごと区切って距離を空けて、安全面に配慮する。
※生徒の活動状況や人数に応じて、区分けの数を変更したり、広さを調整したりする。

【体育館】

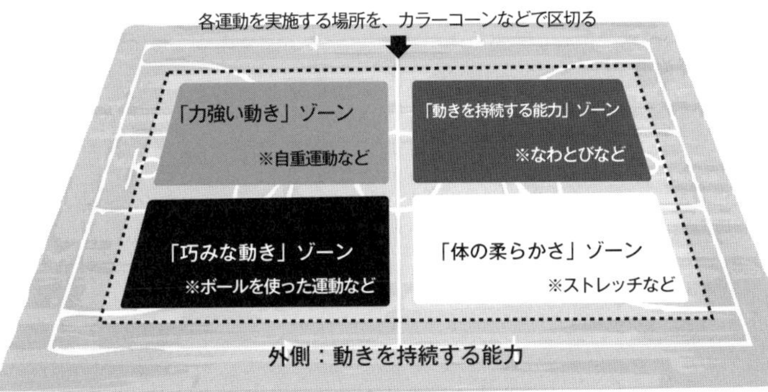

○タブレット端末の管理

※運動中にタブレット端末を踏んだりして壊さないように、机やイスなどを活用する。

○複数の教師で対応できる場合には、体育館の他に、グラウンドや武道場等も利用し、ぶつかってけがなどしないように場の設定を工夫する。

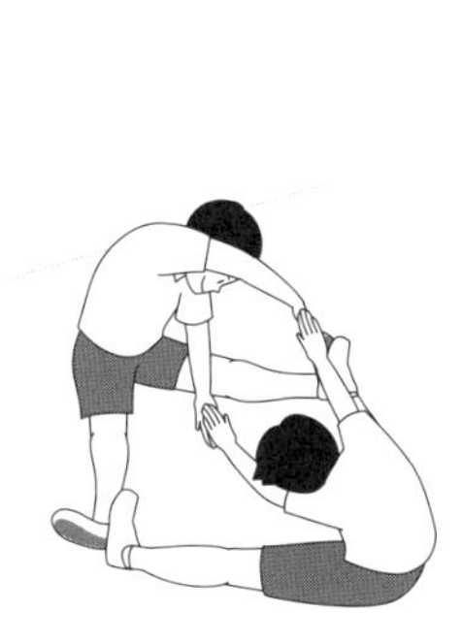

※いずれの場合においても、健康に生活するための体力の向上・運動を行うための体力の向上を図る運動の計画と実践を行うことが求められる。

2 学習成果を分析するための活動

(1)タイマーや学習カードを活用して、運動の記録や時間の管理をする方法の例

(2) ICT を活用して、運動の記録や時間の管理をする方法の例

本時案

単元のまとめと学習成果を確認しよう

7/7

本時の目標

体を動かす楽しさや心地よさを味わい、単元で学習したことを実生活に生かせるようにする。

評価のポイント

・実生活で継続しやすい運動例や運動の組合せの例を見付けているか。
・運動の計画を実生活に生かすために、自らの生活を見直し、改善を図りながら取り組もうとしているか。

中心活動における指導のポイント

point　体ほぐしの運動や実生活に生かす運動の計画で学習したことを振り返らせるとともに、今後の実生活で生かせるように意識させる。また、発表などの学習活動を通して、学んだことを整理したり、今後の抱負について考えさせたりする。実生活で運動を継続させるためには、行いやすい運動を選ぶことや無理のない計画を立てることが大切であることを改めて確認させる。

本時の展開

	時	生徒の学習活動と指導上の留意点
はじめ	2分	**集合・あいさつ** ○本時の学習内容を知る
実生活に生かす運動の計画	5分 15分 8分 5分	**(1)○○さん（3人目）の運動プログラムを実践しよう** ○実施前のミーティング ・実践者は、運動の計画を仲間に伝え、仲間の役割（補助者、記録者）を確認する。 ・自己や仲間の体調を管理したり、運動場所の安全を確保したりする。 ○運動プログラムの実施 ・実践者は補助者とともに15分間の運動を実施する。 ・補助者は実践者の動きを観察しながら、励ましなどの声かけをする。 ・記録者は、タイムスケジュールの管理や仲間の動きの観察、運動の実施時間や回数などの記録をし、状況に応じて声かけをする。 ○実施後のミーティング ・自己や仲間の課題の発見や解決に向けて考えたりしたことを、仲間に分かりやすく伝える。 ・この後の情報の共有で話題にする内容についてまとめる。 **(2)クラス全体での情報の共有** ○チームで話し合った内容をクラス全体で共有する。
単元のまとめ	10分 5分 2分	**(1)単元の学習内容について振り返る** ○単元で学習したことを学習カードに記入する。◀1 ○実生活で運動を継続できるように、今後の抱負を学習カードに記入する。 **(2)単元の学習内容の発表** ○グループで情報を共有し、クラス全体で発表する。 ※発表が苦手な生徒への配慮として、発表原稿を用意するなどして個別の学習状況を支援する。◀2 **(3)教師による単元のまとめ** ○体つくり運動の学習内容を振り返る。

1 単元の学習内容の確認

学習カード

学習成果の確認

3年　　組　　番　氏名（　　　　　　　　）

1. 仲間の運動を計画するときに、課題を発見したり、解決策を提案したりして、仲間に伝えることができましたか。
   できた場合は、その状況を具体的に書きましょう。

できた・できなかった　状況：

2. 自分の運動の計画について、実生活で継続しやすい運動例や運動の組合せの例を見付けることができましたか。できた場合は、その状況を具体的に書きましょう。

できた・できなかった　状況：

3. 運動を実践するときに、仲間の心の変化に気付いたり、課題を伝えたりしながら取り組むことができましたか。できた場合は、その状況を具体的に書きましょう。

できた・できなかった　状況：

4. 話合いの場面で、仲間の感情に配慮しながら自分の考えを発言したり、同意したりすることができましたか。できた場合は、その状況を具体的に書きましょう。

できた・できなかった　状況：

※これまでの学習状況や観察で評価したことを総合的に判断し、評価に生かす。

2 支援が必要な生徒へのサポートの工夫

発表原稿

（　　　）組の（　　　　　　　　）です。今から運動の計画の発表を行います。
今回の運動は（　　　　　　　　　　）をねらいとして計画しました。
計画した運動の内容は（　　　　　　　　　　　　　　）で、
時間や回数、頻度は（　　　　　　　　　　　　　　）です。
私は、この計画を日常生活で実行（　できる　・　できない　）と思います。
なぜ実行（　できる　・　できない　）と思うかというと、
（　　　　　　　　　　　　　　　　　　）からです。
なので、日常生活では（　　　　　　　　　　　　　　　）
を意識して取り組みます。以上で発表を終わります。

※発表することが苦手な生徒への配慮として、発表原稿を用意するなどして個別の学習状況を支援する。

器械運動

3 マット運動・平均台運動・跳び箱運動

18時間

単元の目標

(1)次の運動について、技ができる楽しさや喜びを味わい、技の名称や行い方、運動観察の方法、体力の高め方などを理解するとともに、自己に適した技で演技することができるようにする。

ア　マット運動では、回転系や巧技系の基本的な技を滑らかに安定して行うこと、条件を変えた技や発展技を行うこと及びそれらを構成し演技すること

単元計画（指導と評価の計画）

1時（導入）	2～8時（展開①）	9～11時（展開②）
単元の学習内容を知り、平均台運動の体力の高め方等を理解する。	平均台の体操系やバランス系の基本的な技等を習得する。	マット運動、跳び箱運動の既習事項について確認する。
1　器械運動における知識について理解しよう POINT：体力の高め方や平均台運動の知識を確認する。 **[主な学習活動]** ○あいさつ ○オリエンテーション ○平均台運動の技の行い方の理解 ○体力の高め方の理解 ○補助運動計画の作成 ○学習の振り返り ※第1学年で平均台運動の実施がないため、第1学年の学習内容も含めている。	**2～8　平均台運動の基本的な技などを習得しよう** POINT：各グループの汎用的な知識と具体的な知識を関連させながら、技の習得に取り組む。 **[主な学習活動]** ○集合・あいさつ ○本時の学習のねらいの確認 ○準備運動・動きづくり ○各グループの技の行い方の理解 ○基本的な技及び発展技の取組 ○整理運動 ○学習の振り返り	**9～11　第1学年で学習したマット運動・跳び箱運動を振り返ろう** POINT：第1学年での学習を振り返り、授業の進め方を確認する。 **[主な学習活動]** ○集合・あいさつ ○本時の学習のねらいの確認 ○準備運動・動きづくり ○既習事項の確認 ○今後の授業の見通しについて ○グループ編成と担当種目の決定 ○整理運動 ○学習の振り返り
[評価計画] 知①③	**[評価計画]** 知①　技①～⑦　思③　態③	**[評価計画]** 知①

単元の評価規準

知識・技能	
○知識 ①技の行い方は技の課題を解決するための合理的な動き方のポイントがあり、同じ系統の技には共通性があることについて、学習した具体例を挙げている。 ②自己の動きや仲間の動き方を分析するには、自己観察と他者観察などの方法があることについて、言ったり書き出したりしている。 ③技と関連させた補助運動や部分練習を取り入れることにより、結果として体力を高めることができることについて、言ったり書き出したりしている。 ④発表会や競技会の行い方があり、発表会での評価方法、競技会での競技方法や採点方法、運営の仕方などがあることについて、学習した具体例を挙げている。	○技能（技能は平均台運動のみを示し、他は省略） 【平均台運動】 ①基本的な技の一連の動きを滑らかに安定させて台上を移動することができる。②基本的な技の一連の動きを滑らかに安定させて跳躍することができる。 ③基本的な技の一連の動きを滑らかに安定させてポーズをとることができる。 ④基本的な技の一連の動きを滑らかに安定させて方向転換することができる。 ⑤姿勢、動きのリズム、組合せの動きなどの条件を変えて、移動、跳躍、ポーズ、方向転換することができる。 ⑥基本的な技を発展させて、台上を一連の動きで移動、跳躍、ポーズ、方向転換することができる。 ⑦同じグループや異なるグループの基本的な技、条件を変えた技、発展技の中から、「上がる―なかの技―下りる」に構成し演技することができる。

ウ　平均台運動では、体操系やバランス系の基本的な技を滑らかに安定して行うこと、条件を変えた技や発展技を行うこと及びそれらを構成し演技すること

エ　跳び箱運動では、切り返し系や回転系の基本的な技を滑らかに安定して行うこと、条件を変えた技や発展技を行うこと。 **知識及び技能**

⑵技などの自己や仲間の課題を発見し、合理的な解決に向けて運動の取り組み方を工夫するとともに、自己の考えたことを他者に伝えることができるようにする。 **思考力、判断力、表現力等**

⑶体つくり運動に自主的に取り組むとともに、（よい演技を讃えようとすること）互いに助け合い教え合おうとすること、（一人一人の違いに応じた課題や挑戦を大切にしようとすること）（など）や、健康・安全を確保することができるようにする。 **学びに向かう力、人間性等**

12～17時（展開③）	18時（まとめ）
選択した技の習得を目指し、仲間に成果や改善ポイントを伝える。	単元を通したこれまでの成果を発表する。
12～17　選択した技の習得を目指し、仲間に練習での成果や課題を伝えよう POINT：自己の練習とともに仲間の練習を補助したり、分析したりしながら技の習得を目指す。 **[主な学習活動]** ○集合・あいさつ ○本時の学習のねらいの確認 ○準備運動・動きづくり ○技の分析の方法、発表会のねらい、補助や援助の方法について理解する ○予備練習（１種目）種目練習（２種目） ○整理運動 ○学習の振り返り	**18　組み合わせた技を仲間とともに発表しよう** POINT：複数の班で種目ごとに発表を行う。 **[主な学習活動]** ○集合・あいさつ ○本時の学習のねらいの確認 ○準備運動・動きづくり ○発表会直前練習（３種目） ○発表会 ○整理運動 ○学習の振り返り
[評価計画] 知②④　思①②　技能（マット・跳び箱・平均台）　態①②	**[評価計画]** 思④　総括的な評価

思考・判断・表現	主体的に学習に取り組む態度
①選択した技の行い方や技の組合せ方について、合理的な動きと自己や仲間の動きを比較して、成果や改善すべきポイントとその理由を仲間に伝えている。 ②自己や仲間の技術的な課題やその課題解決に有効な練習方法の選択について、自己の考えを伝えている。 ③選択した技に必要な準備運動や自己が取り組む補助運動を選んでいる。 ④器械運動の学習成果を踏まえて、自己に適した「する、みる、支える、知る」などの運動を継続して楽しむための関わり方を見付けている。	①器械運動の学習に自主的に取り組もうとしている。 ②仲間に課題を伝え合ったり補助し合ったりして、互いに助け合い教え合おうとしている。 ③健康・安全を確保している。

本時案

器械運動における知識について理解しよう

1/18

本時の目標

平均台運動の技の系統性について理解するとともに、器械運動における体力の高め方を理解できる。

評価のポイント

平均台運動の技の系統をもとにその知識を理解するとともに、器械運動における体力の高め方を理解することができたか。

中心活動における指導のポイント

point　第１学年では平均台運動の学習を実施していないため、まずは平均台運動における系統性を知り、各グループにおける汎用的な知識を理解することで次の時間からの技の習得に向けて、知識と技能を関連させた指導ができるようにしたい。また、体力の高め方について、第１学年の復習を踏まえて理解し、器械運動（平均台運動）における補助運動の計画を立て、次の授業からの実践につなげていく。本時は知識の学習が中心となるため、座学での実施を考えている。

本時の展開

	時	生徒の学習活動と指導上の留意点
オリエンテーション	10分	**あいさつ** ○単元の目標や見通しを知る。 ○本時の学習内容を知る。
平均台運動の系統性の理解	15分	**平均台運動の系統性や各グループにおける行い方（汎用的な知識）について理解する** 1 ○平均台運動には体操系とバランス系があり、歩走グループ、跳躍グループ、ポーズグループ、ターングループで構成されていることを理解する。 ○技の映像を見て、歩走グループ、跳躍グループ、ポーズグループ、ターングループのそれぞれの汎用的な知識を理解する。
器械運動における体力の高め方	20分	**技と関連させた補助運動などを行うことで体力が高めることができることを理解する** ○平均台運動を例に、系やグループごとにどのような体力が必要なのかを理解し、それらの体力を高めるための方法を理解する。 ○次の授業からの補助運動計画を作成する。2
まとめ	5分	**本時の学習について振り返る** ○本時の授業で理解したことを学習カードに記入し、振り返りを行う。 ○次時の学習予定を知る。

1 平均台運動の各グループにおける行い方（汎用的な知識）の理解

【平均台運動の系統性と汎用的な知識との関連】

系	グループ	基本的な技	汎用的な知識（何のために行うのか）
体操系	歩走	前方歩き 後方歩き	・台の位置を確認しながら足を振り出すため ・重心を乗せバランスよく移動するため
	跳躍	伸身跳び（両足踏切） 開脚跳び（片足踏切）	・跳び上がるため ・空中で姿勢や動きを変化させて安定した着地を行うため
バランス系	ポーズ	立ちポーズ 座臥・支持ポーズ	・バランスよく姿勢を保つため ・バランスの崩れを復元させるため
	ターン	両足ターン	・バランスよく姿勢を保つため ・回転をコントロールするため

本時では、平均台運動の系統性の知識を指導した後、技の動画を見ながら、各グループにおける「汎用的な知識」の理解を図り、次の時間からの技の習得のための「具体的な知識」の理解につなげていく。

歩走グループでは、台の位置を確認しながら足を振り出すことが大切なんだね。

ターングループでは、回転をコントロールするための動き方が大切なんだね。

2 体力が高まる方法の理解と平均台運動における補助運動計画の作成

体力を高めるためにはどのような方法があるのかを理解できるようにするとともに、第2～8時に行う平均台運動を例に、毎時間継続して行う補助運動計画の作成を行い、自己に合った補助運動計画となるよう追加・修正を加えながら、体力に関する「思考力、判断力、表現力等」の育成につなげる。

学習カード記入例

平均台運動の補助運動計画

3年　　組　　番　氏名（　　　　　　　）

器械運動で高まる体力	体つくり運動との関連	平均台運動で役立ちそうな場面
①筋力	（　力強い動き　）	（跳躍グループでの踏切や着地　）
②柔軟性	（　体の柔らかさ　）	（ポーズグループでの姿勢　）
③平衡性（バランス）	（　巧みな動き　）	（全グループでの体を支えるためのバランス　）

→ このような体力を高めるためには どのような方法がありますか？（知識）

（何を）
（どのように）

■ペアで行う平均台運動の補助運動計画を作成してみよう。（思考・判断・表現）

0分 → 1分 → 2分 → 3分 → 4分 → 5分

条件1　5分間の計画を立てること　　条件2　①～③の体力要素を含むこと

本時案

平均台運動の基本的な技などを習得しよう

2-8/18

本時の目標

平均台運動の基本的な技や発展技の行い方を理解し、技を習得することができる。

評価のポイント

各グループの汎用的な知識と具体的な知識を関連させながら技の習得に向けて取り組むことができたか。

中心活動における指導のポイント

point 「技のポイントの理解」では、平均台運動の各グループにおける汎用的な知識と具体的な知識（技のポイント）を関連させながら理解できるようにし、これらの知識を活用して技の習得に向けて取り組むことができるようにする。

また、校内にある平均台の台数が少ない場合でも、体育館にテープを張るなど用具や場の設定を工夫することで、４つのグループの技を習得できるようにし、平均台運動の楽しさや喜びを味わうことができるようにしたい。

本時の展開

	時	生徒の学習活動と指導上の留意点
はじめ	5分	**集合・あいさつ** ○本時の学習のねらいを確認する。 ○本時の学習内容を知る。 ○平均台などの器具を設置する。
補助運動 動きづくり	10分	**本時の学習で使う部位をよくほぐす** ○作成した補助運動計画に基づいてペアで補助運動を行う。 ○技につながるための動きづくりを行う。
前時の復習 （グループ活動）	10分	**前時に学習した技の練習をする** ○前時に習得した知識を意識しながら技の練習に取り組む。 ○グループで声をかけ合いながら安全に取り組む。
技のポイントの理解	8分	**各グループにおける行い方のポイント（具体的な知識）を理解する** 1 ○前時に学習した各グループにおける汎用的な知識をもとに技のポイント（具体的な知識）を理解する。
技の練習 （グループ活動）	12分	**技の行い方の知識を生かして仲間と協力しながら技の練習に安全に取り組む** 2 ○学習した技の行い方のポイントを意識しながら練習に取り組む。 ○仲間やグループで声をかけ合いながら安全に取り組む。
まとめ	5分	**本時の学習について振り返る** ○本時の授業で理解したことを学習カードに記入し、振り返りを行う。 ○次時の学習予定を知る。

1 各グループにおける汎用的な知識と具体的な知識の関連を図った理解

【平均台運動の各グループにおける汎用的な知識と具体的な知識との関連】

系	グループ	汎用的な知識（何のために行うのか）	具体的な知識（どのように行うのか）
体操系	歩走	・台の位置を確認しながら足を振り出すため ・重心を乗せバランスよく移動するため	・振り出す足の親指の内側で台の側面をこするように動かす ・視線は台の前方を見て、両腕を横に水平に上げて移動する、など
	跳躍	・跳び上がるため ・空中で姿勢や動きを変化させて安定した着地を行うため	・腕でバランスを取りながら膝を柔らかくし、ゆっくり踏み切る ・膝や足首を柔らかく衝撃を吸収するように着地する、など
バランス系	ポーズ	・バランスよく姿勢を保つため ・バランスの崩れを復元させるため	・台上の軸足に力を入れる ・腕や軸足と逆の足を小さく動かす、など
	ターン	・バランスよく姿勢を保つため ・回転をコントロールするため	・体を上に伸ばす ・ターンの縦軸を一直線にして回転する、など

知識と技能の関連を図った指導を行うため、前時で学習した「何のために」行うのかといった汎用的な知識をもとに、体の動かし方である「どのように」行うのかといった具体的な知識を理解することで、「わかる」と「できる」を関連させた「知識及び技能」の習得を目指す。

【技の行い方の知識の確認】

跳躍グループの技における①～②の具体的なポイントについて、技の動き方に合わせてイラストの中に書きこんでみよう。（知識）

①跳び上がるための具体的なポイント

②空中で姿勢や動きを変化させて安定した着地を行うための具体的なポイント

■伸身跳び　　■開脚跳び

①腕でバランスを取りながら膝を柔らかくし、ゆっくり踏み切る

②視線を変えず、膝や足首を柔らかく衝撃を吸収するように着地する

2 平均台運動の安全指導及び用具や器具、場の設定の工夫

平均台運動は器械運動の中でも中学校から新たに加わる運動である。用具や場の設定を工夫し、安全に行うことで、男女ともに楽しみながら挑戦できる運動である。

【安全指導】

・授業開始前には、平均台のぐらつきがないかを点検する。

・生徒が安全に技能を高めるために、「平地で10cm幅の中で実施する」「下にマットを敷き安全を確保したうえで実施する」「仲間の補助を付けて実施する」など段階を踏んで行うようにする。

・不安があると、足元を見ることが多いため、視線を前方においてバランスをとるようにする。

※（参考）学校体育実技指導資料第10集「器械運動指導の手引」第４章（文部科学省、2015年）

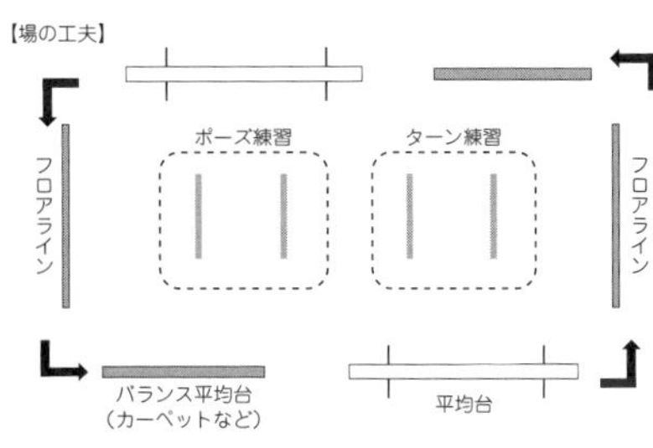

※平均台の台数が少なくても、代わりに体育館のラインや厚手のカーペット等を活用する方法がある。

本時案

第1学年で学習したマット運動・跳び箱運動を振り返ろう

9-11/18

本時の目標

マット・跳び箱運動の行い方の知識を確認するとともに、各系統の基本的な技を習得できる。

評価のポイント

第1学年の既習事項である汎用的な知識と具体的な知識について振り返りながら、技の習得に向けて取り組むことができたか。

中心活動における指導のポイント

point　第1学年で学習したマット運動、跳び箱運動における行い方の知識を確認し、技能と結び付けて習得できるように振り返る。また、マット運動、跳び箱運動について現段階における技能の出来映えの評価を行う。担当する種目を決定する場面では、様々な理由から器械運動を選択している仲間がいることについての共通理解を図り、話合いによって担当する種目を決定できるようにした上で、自分の技能や能力に応じた技を選択できるように留意しながら指導を行う。

本時の展開

	時	生徒の学習活動と指導上の留意点
はじめ	5分	**集合・あいさつ** ○本時の学習のねらいを確認する。 ○本時の学習内容を知る。 ○マット・跳び箱などの器具を設置する。
補助運動 動きづくり	10分	**本時の学習で使う部位をよくほぐす** ○平均台で作成した補助運動計画を活用し、足や足首、手や手首、首、肩などのストレッチ運動をする。 ○技につながるための動きづくりを行う。
知識の 振り返り	5分	**各技群・各グループにおける汎用的な知識と具体的な知識を確認する** ○マット運動及び跳び箱運動の汎用的な知識と具体的な知識とともに、系統ごとの共通性について確認する。
技の 振り返り	13分	**各系統の基本的な技に取り組む** ○マット運動及び跳び箱運動の基本的な技を知識と関連させて、振り返りながら練習に取り組む。
今後の授業の見通しの確認 (第11時)	12分	**今後の授業（第12～17時）の見通しを知る** ○第12時以降の取組の内容を知る。 **グループ編成および担当する種目を決定する** 1 ○第12時以降で取り組むグループを編成し、自分が担当する種目を決定する。
まとめ	5分	**本時の学習について振り返る** 2 ○本時の授業で理解したことを学習カードに記入し、振り返りを行う。 ○次時の学習予定を知る。

1 グループにおける担当種目の決定までの手順

グループ6人を例とした場合、3つの種目に2人ずつが割り当たるように担当する種目（1人1種目）を決定する。その際、グループ内の合意形成を図るために、さらに追究したかったり、新たに挑戦したかったり、また、課題を克服したかったりするなど、器械運動を選択した個々の理由について共通理解を図りながら、自己の技能や能力に応じた種目や技を選択できるように指導する。

学習カードの回答例

	器械運動を選んだ理由	選択したい種目 第1希望	選択したい理由	選択したい種目 第2希望	選択したい理由
さらに追及したい	○	平均台運動		マット運動	○
新たに挑戦したい			○		
課題を克服したい					
その他					

この個人学習カードをもとに、グループで担当種目決定のための話合いを行いましょう。

●担当種目

	Aさん	Bさん	Cさん	Dさん	Eさん	Fさん
マット	●		●			
平均台		●				●
跳び箱				●	●	

2 技の行い方における知識の評価方法について

技の行い方における知識の評価方法について、下図は、一人一台のタブレット端末を活用した事例である。器械運動の各技群・各グループにおける汎用的な知識と具体的な知識の理解について、タブレット端末上でアンケート作成・管理機能を活用している。知識の評価について、アンケート作成・管理機能を活用することで、生徒が短時間で回答することができるとともに、誤答に対する設問は回答直後に生徒にフィードバックされるので、生徒自身が習得状況を把握することができる。また、生徒が回答を送信するとすぐに教師用のタブレット端末に回答の分析情報が送信され、誤答の多い設問に対して、教師が即時に解説することが可能である。

【マット運動における知識の評価例】

（汎用的な知識）

次のポイントがどの技群で必要であるか、選択しよう

	接転技群	ほん転技群	平均立ち技群
体をマットに順々に接触させて回転するための動き方	□	□	□
回転力を高めるための動き方	□	□	□
バランスよく姿勢を保つための力の入れ方	□	□	□
起き上がりやすい動き方	□	□	□
全身を支えたり、突き放したりするための着手の仕方	□	□	□
バランスの崩れを元に戻すための動き方	□	□	□

（具体的な知識）

次のポイントがどの技のポイントか選択しよう

	平均立ち	倒立
上体と足を水平に保つ	□	□
床をしっかり見る	□	□
持ち上げた足と手でY字を作る	□	□
手はパー、肩や肘で突っ張る	□	□
足からつま先はまっすぐに天井へ	□	□
けり上げるときに、頭の位置は高く	□	□
横を向いて体と足を水平に保つ	□	□

本時案

選択した技の習得を目指し、仲間に練習での成果や課題を伝えよう

12-17/18

本時の目標

選択した技を習得し、それらを組み合わせた演技構成を決定するとともに、根拠を元にした成果や改善のポイントを伝えることができる。

評価のポイント

自己や仲間の技の行い方や組合せ方の成果や課題に対して、様々な観察方法、分析方法を活用しながら、根拠をもとにアドバイスができたか。

中心活動における指導のポイント

point　選択した種目から3つの技を「はじめ－なか－おわり」で構成し練習に取り組む。1時間の中で3種類のうちの2種目を主に練習し、それ以外の1種目についても予備練習として短時間の練習を行う。自己の種目を練習しない場面においては、グループの仲間と様々な方法から観察・分析・助言・補助などの役割を果たしながら、協力して取り組むことができるように指導する。また、ICT 機器などの積極的な活用を促すことで、他者との比較や以前の自分との比較を行うことができ、滑らかに安定した技の習得につなげられるように指導する。

本時の展開

	時	生徒の学習活動と指導上の留意点
はじめ	5分	**集合・あいさつ** ○本時の学習のねらいを確認する。 ○本時の学習内容を知る。 ○マット・平均台・跳び箱などの器具を設置する。
補助運動 動きづくり	10分	**本時の学習で使う部位をよくほぐす** ○平均台で作成した補助運動計画を活用し、足や足首、手や手首、首、肩などのストレッチ運動をする。 ○技につながるための動きづくりを行う。
知識の指導	5分	**自己や仲間の動きの観察・分析方法について理解する** 1 **発表会の運営方法について理解する** **練習時の補助の方法や援助等の大切さについて理解する** ※第12～14時の中で指導する。
予備練習	5分	**予備練習を行う** ○本時の種目練習①②で実施しない種目について、短時間練習を行う。
種目練習① 種目練習②	20分	**種目練習を行う** 2 ○本時の種目の練習を仲間と協力し、アドバイスや補助、技の分析をしながらより滑らかに安定した演技ができるように取り組む。
まとめ	5分	**本時の学習について振り返る** ○本時の授業で理解したことを学習カードに記入し、振り返りを行う。 ○次時の学習予定を知る。

技の分析方法・発表会の運営方法・補助や援助の方法

【技の分析方法】

技の観察には自己観察と他者観察があり、自己や仲間の動きを比較・分析したり、活動を振り返ったりする方法としてICT等を活用する方法があることを理解する。

【発表会の運営方法】

発表会では、自分が演技する以外にも運営をしていくために、様々な役割があることを理解する。

【補助や援助の方法】

各種目、技に合った補助の方法や知識と関連した適切なアドバイスの伝え方を理解するとともに、安全の確保や課題解決のために相互の援助が大切であることを理解する。

学習カード（抜粋）記入例

名前	種目	技名	観察方法	成果や課題	助言

【一人一台のタブレット端末等におけるホワイトボード付箋紙機能の活用例】

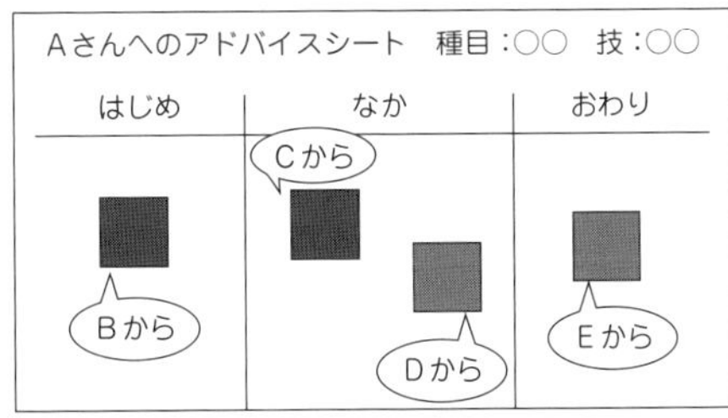

相互観察の場面では、ICT機器を動画撮影に活用するだけでなく、タブレット端末のホワイトボード付箋紙機能等を活用することで、数時間の授業における仲間からのアドバイス等を積み上げていくことができる。また、他者からのアドバイス等、多様な意見を参考にすることもできる。

2 種目練習

グループで割り振られた種目の練習を仲間からのアドバイスや補助をもとに取り組んだり、仲間とともに技の分析をしてより滑らかに安定した演技ができるように取り組んだりしながら、自己に合った演技構成を決定する。

【取組の例】

種目練習①（10分）　種目練習②（10分）

1・2班　…　平均台　1・2班　…　跳び箱

3・4班　…　跳び箱　3・4班　…　マット

5・6班　…　マット　5・6班　…　平均台

予備練習（5分）

1・2班　…　マット　3・4班　…　平均台

5・6班　…　跳び箱

【体育館配置図例】

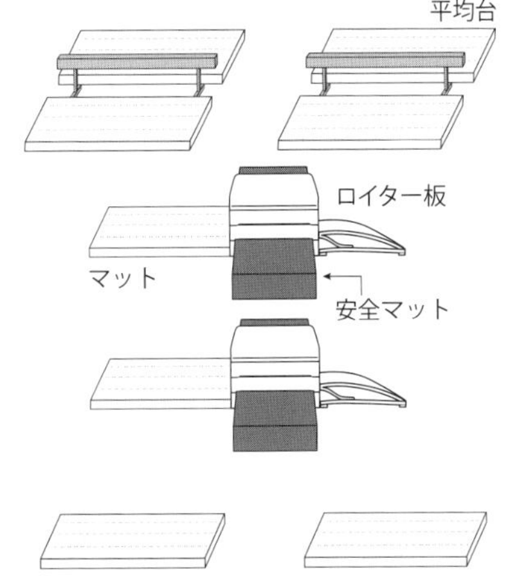

本時案

組み合わせた技を仲間とともに発表しよう 18/18

本時の目標

練習の成果を発表するとともに、発表会の運営のための役割を遂行できる。

評価のポイント

自分たちで発表会を運営するために、自己の役割を果たし、自己やグループの仲間が練習の成果を発揮することができたか。

中心活動における指導のポイント

point　発表会では、演技に対する仲間からの称賛や励ましだけはなく、発表会を運営するための役割を果たすことでスムーズに進行でき、これまでの練習の成果を発揮しやすい場づくりを体験的に学習できるように指導する。また ICT 機器を活用し、生徒が撮影した演技を教師用タブレット等に送信（提出）することで、技能の総括的な評価に活用できるようにすることも考えられる。

本時の展開

	時	生徒の学習活動と指導上の留意点
はじめ	5分	**集合・あいさつ** ○本時の学習のねらいを確認する。 ○本時の学習内容を知る。 ○マット・跳び箱・平均台などの器具を設置する。
補助運動 動きづくり	10分	**本時の学習で使う部位をよくほぐす** ○平均台で作成した補助運動計画を活用し、足や足首、手や手首、首、肩などのストレッチ運動をする。 ○技につながるための動きづくりを行う。
役割分担の確認	3分	**発表会の運営について役割分担を確認する** 1 ○発表会を運営するために、提示された役割をグループで分担する。
事前練習	12分	**発表会に向けてリハーサルを行う** ○各種目５分でリハーサルを行う。
発表会	15分	**発表会を行う** ○指定された種目順にグループで発表を行う。 ○各グループで発表する演技をタブレット等で撮影する。
まとめ	5分	**本時の学習について振り返る** 2 ○単元を通して理解したことを学習カードに記入し、振り返りを行う。 ○単元を通して自己に適した「する、みる、支える、知る」などの関わり方について振り返る。

1 発表会の役割分担について

役割分担を行うとともに、発表がないときには観客として他のグループの発表を見る。そのときに、称賛や励ましの声かけをすることで演技者は意欲的に演技することができ、発表会がより盛り上がることにつながるとともに多様な関わり方を実感できるように指導する。

学習カード

発表会役割分担表

	演技者	撮影	補助	進行
平均台①				
平均台②				
跳び箱①				
跳び箱②				
マット①				
マット②				

2 自己に適した「する、みる、支える、知る」などの運動を継続して楽しむための関わり方について

器械運動の単元を通した学習内容が、「する、みる、支える、知る」などの関わり方とどのように関連していたのかを振り返り、自分自身にとって運動を楽しみながら継続していくことができる関わり方について考えられるようにする。

学習カード回答例

これまで取り組んできた18時間の器械運動の学習を通して、自分が関わった「する、みる、支える、知る」の内容を振り返ってみよう。

する	みる	支える	知る
・平均台運動の技 ・マット運動の技 ・跳び箱運動の技 ・補助運動 ・器具の準備や片付け	・自分の技をタブレットで見た ・仲間の技の出来映えを見た ・発表会で仲間の努力を見た	・仲間に補助してもらった ・自分の演技に仲間が拍手してくれた ・片付けのときに手伝ってくれた。 ・発表会で演技を撮影してもらった。	・平均台のグループや行い方を新たに知った ・仲間が器械運動を選択した理由を知った ・補助運動の計画の立て方を調べた

器械運動の授業を通して、自分自身にとって、楽しみながら運動を継続できる関わり方はどの関わり方でしたか。当てはまる関わり方を○で囲み、その理由を答えましょう。（複数回答可）

する みる (支える) 知る	（そのように考えるのはなぜですか。） グループの仲間が一生懸命私に教えてくれたり、「できるよ」と声をかけたりしてくれてたくさん支えてもらいました。だから、私もグループの人たちのためにタブレットで技を撮影したり、拍手を送ったりしました。器械運動は得意ではないけれど、仲間を支えたり仲間に支えられたりしたことで「支える」という関わり方が楽しさにつながりました。

陸上競技

4 短距離走・リレー

10時間

単元の目標

⑴次の運動について、記録の向上や競争の楽しさや喜びを味わい、技術の名称や行い方、体力の高め方、運動観察の方法などを理解するとともに、各種目特有の技能を身に付けることができるようにする。
ア　短距離走・リレーでは、中間走へのつなぎを滑らかにして速く走ることやバトンの受渡しで次

単元計画（指導と評価の計画）

1時（導入）	2～5時（短距離・展開）
単元の学習内容を確認し、「自己評価表」をもとに、学習の見通しをもつ。	滑らかな動きで速く走るための技術構造を理解し、自己の能力にあった動きを身に付ける。
1　学習の進め方と自分の走りを知ろう POINT：既習の学習を振り返り、短距離・リレー学習を進めていく上で大切なことや走りの技術構造を確認する。 **[主な学習活動]** ○集合・あいさつ ○単元の目標や学習の道筋の確認（自己評価表） ○場の準備 ○準備運動（本時の技能習得への予備動作的準備運動） ○既習の走りの技術の振り返り ○整理運動 ○片付け ○学習の振り返り（自己評価表）	**2～5　速く走るための技術を身に付けよう** POINT：滑らかな動きで速く走るための動きを「姿勢」「腕振り」「脚のピッチとストライド」の3つの技術構造に分解し、自分の動きと目標とする動きの違いを意識しながら運動に取り組む（メタ認知能力の向上を意識する）。 **[主な学習活動]** ○集合・あいさつ ○単元の目標や学習の道筋の確認（自己評価表） ○場の準備 ○準備運動（前時の動きを振り返る動きづくりと本時の技能習得への予備動作的準備運動） ○本時の目標を達成するための課題練習 （「姿勢」「腕振り」「脚のピッチとストライド」） ○整理運動 ○片付け ○学習の振り返り（自己評価表）
[評価計画] 態①⑤	**[評価計画]** 技①② 知① 思① 態②

単元の評価規準

知識・技能	
○知識 ①短距離・リレーの各種目で用いられる技術には名称があり、それぞれの技術には、記録の向上につながる重要な動きのポイントがあることについて、学習した具体例を挙げている。 ②技術と関連させた運動や練習を繰り返したり、継続して行ったりすることが、結果として体力を高めることにつながっていることについて、言ったり書き出したりしている。 ③自分の動きや仲間の動き方を分析するには、自己観察や他者観察などの方法があることを理解し、効果的な学習の行い方を理解している。	○技能 ①スタートダッシュからの加速に伴って、スムーズに走り（動き）を変化させることができる。 ②滑らかに中間走につなげ、力みのないリズミカルな動きで走ることができる。 ③リレーでは、前走者と次走者のスピードを十分に高めながら、次走者のスムーズな加速の中で、タイミングよく、バトンの受渡しができる。

走者のスピードを十分高めることができるようにする。 **知識及び技能**

(2)動きなどの自己や仲間の課題を発見し、合理的な解決に向けて運動の取り組み方を工夫するとともに、自己の考えたことを他者に伝えることができるようにする。 **思考力、判断力、表現力等**

(3)陸上競技に自主的に取り組むとともに、勝敗などを冷静に受け止め、ルールやマナーを大切にしようとすること、自己の責任を果たそうとすること、一人一人の違いに応じた課題や挑戦を大切にしようとすること（など）や、健康・安全を確保することができるようにする。

学びに向かう力、人間性等

6～8時（リレー・展開）	9～10時（まとめ）
身に付けた動きをスムーズに走りにつなげながら、リレーにおける技術を身に付ける。	自己の動きをメタ的に捉え、自分の走りを客観的に分析しながら滑らかに走る。
6～8　リレーに必要な技術を身に付けよう POINT：前走者と次走者のペアでの学び合い学習を中心に、走り出しと受渡しのタイミングをキーワードに、気付き、お互いの課題点、練習方法の工夫等を伝え合う。 **[主な学習活動]** ○集合・あいさつ ○単元の目標や学習の道筋の確認（自己評価表） ○場の準備 ○準備運動（前時の動きを振り返る動きづくりと本時の技能習得への予備動作的準備運動） ○本時の目標を達成するための課題練習 （走り出しのタイミングとバトンの受渡し） ○整理運動 ○片付け ○学習の振り返り（自己評価表）	**9～10　リレーカーニバル（競技会）を行おう** POINT：短距離・リレーの学習を「する・見る・支える」の視点から捉え、これまでに学習した技術の習得をお互いに確認し合いながら、リレーカーニバルの競技運営を行う。 **[主な学習活動]** ○集合・あいさつ ○単元の目標や学習の道筋の確認（自己評価表） ○リレーカーニバルに向けての準備 ○準備運動 ○リレーカーニバルを行う。 ○整理運動 ○片付け ○学習の振り返り（自己評価表） ※今回の単元で学んだことを今後の生活にどう生かすのかについての振り返り
[評価計画] 技②③　知②③　思②　態④	**[評価計画]** 技①②③　態③

思考・判断・表現	主体的に学習に取り組む態度
①自分や仲間の走り（動き）などの改善点についてポイントを発見し、仲間に伝えている。 ②自分や仲間の技術的な課題の解決方法について、練習方法の選択や工夫の仕方を仲間に伝えている。	①短距離・リレーの学習に自主的に取り組もうとしている。 ②勝敗などを冷静に受け止め、ルールやマナーを大切にしようとしている。 ③仲間と互いに合意した役割について自己の責任を果たそうとしている。 ④一人一人の違いに応じた課題や挑戦を大切にしようとしている。 ⑤健康・安全に留意している。

本時案

学習の進め方と自分の走りを知ろう

1/10

本時の目標

単元の学習内容及び見通しを「自己評価表」で確認し、学習に自主的に取り組むことができる。

評価のポイント

自分と仲間の健康と安全に留意し、既習の走りの技術を振り返る場面、片付け場面、学習の振り返り場面の３つの活動場面において、自主的に活動に取り組むことができたか。

中心活動における指導のポイント

point 「自己評価表」を活用し、10時間の見通しを把握させ、１時間１時間に育成したい資質・能力を生徒にしっかりと意識させる授業を心がけたい。

「場の準備」「展開」「片付け」に至る全ての授業場面において、育成を目指す資質・能力を生徒が身に付けることができるように授業の50分間を効率よく、効果的にデザインすることが大切である。

本時の展開

	時	生徒の学習活動と指導上の留意点
はじめ	3分	**集合・あいさつ** ○整列する。本時のペア（学習アドバイザー）を設定する。 ○本時の学習内容・評価規準を「自己評価表」で確認する。1
場の準備	5分	**本時の授業に必要な練習環境・道具等を自分たちで準備する** ○ホワイトボードを見ながら、必要な道具類を用意する。 ・コーン、マーカーを配置。ライン引きを行う。
準備運動	8分	**本時の技術習得への予備動作的な動きづくりを意識する** ○歩いたり、走ったり、ジャンプしたり。「走る」ことを中心に、生徒が意識しながら「体を動かす」ことができる運動を行う。
展開	20分	**第１・２学年で学習してきた「滑らかな動きで走る」体の使い方を振り返る** 1 ⑴「姿勢」を意識した動きで走る。 ⑵「ピッチ」を意識した動きで走る。 ⑶「ストライド」を意識した動きで走る。 ○教師の指示を考えながら走る。必ずペアでのアドバイスを意識させ、走り終わった後はペアと動きへの気付き、修正・改善点等を互いに伝え合いながらスタートラインに戻る。この活動を繰り返す（30～50m程度）。2 ⑷50m 走の計測を行う。
整理運動	4分	**動的なストレッチを中心に、使ったところをゆったりとほぐす**
片付け	5分	**自分たちで片付け** ○本時のペアで互いに声をかけ合って片付けを行う。
まとめ	5分	**本時の学習について振り返る** ○「自己評価表」で自己評価を行う。 ○ペアおよびクラス全体で振り返りを行う。

1 メタ認知能力を育成する「自己評価表」の活用

【自己評価表（例）】

中学校「保健体育」第３学年 領域【陸上競技】単元〈短距離・リレー〉自己評価表　全10時間計画

本時の具体の評価規準	評価	学習の記述評価・振り返り
第１時〈既習の確認と学習の見通し〉 【　】（知技）滑らかな動きで速く走る技術ができる。 【　】（思）自分の本時の学習の課題点を仲間に伝えている。 【○】（態）健康・安全に留意して、自主的に取り組んでいる。	A B C 裏 面	本時のねらいに対する振り返り
第２時〈短距離走中心〉 【○】（知技）加速からのスムーズな走り（１）ができる。 【　】（思）自分の本時の学習の課題点を仲間に伝えている。 【　】（態）学習のルールやマナーを守り、学習している。	A B C 裏 面	本時のねらいに対する振り返り
第３時〈短距離走中心〉	A B C	本時のねらいに対する振り返り

【知識・技能】における具体的な実現状況の判断の目安　（自己評価表：裏面）

第１時　滑らかな動きで速く走る技術ができる。 ○１　速く走るのに適した「姿勢」で走ることができる。 ●自分の軸（頭から足先までを棒のようにした状態）を崩さず、体をまっすぐにして走ることができる。（　） Point　腰（又はお尻）がひけていたり（おへそで「く」の字に曲がっている）、前傾しすぎたりする姿勢　× ●脚を上から下に力強くおろして、地面に力をグッと加えながら（接地）走ることができる。（　） Point　接地の瞬間に腰や膝、足首の関節がグニャッと曲がる　×	
第２時　加速からのスムーズな走り（１）ができる。 ○１　自己に合った「ピッチ」で速く走ることができる。 ●かかとをお尻に引きつける「引きつけ動作」を素早く繰り返しながら走ることができる。（　）	
第３時　加速からのスムーズな走り（２）ができる。 ○１　自己に合った「ストライド」で速く走ることができる。 ●膝を上にあげるのではなく、膝を前にビュンと出すイメージで走ることができる。（　） ●地面に着いている脚で軸をつくり、前にしっかりとグッと押すことができる。（　） ●自分の股関節の真下に接地する（重心の真下）ことを意識しながら走ることができる。（　）	

授業の構成として、①身に付けさせたい技術ポイントを生徒が把握→②そのポイントを段階的に習得させる練習内容→③「どこができて、どこができなかったのか」の振り返りが一授業の中で、毎時間行われるようにすることが大切である。

＊参考：国立教育政策研究所教育課程研究センター『「指導と評価の一体化」のための学習評価に関する参考資料　中学校　保健体育』（令和２年３月）

2 ペアを中心とした「走練習」の工夫

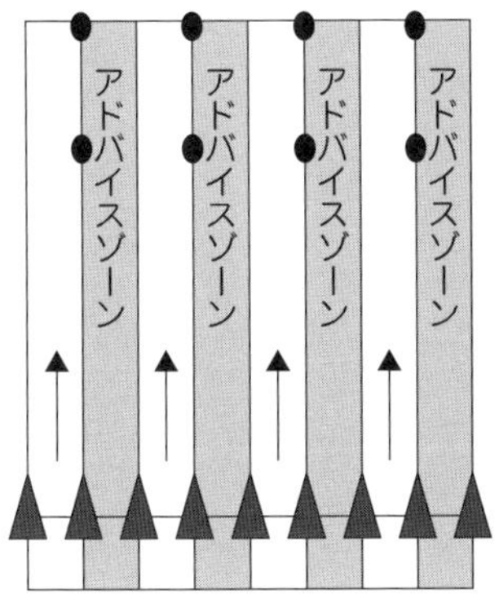

自分の動きをきちんと把握することは難しい。練習のスタイルを常にペアでの学習とし、指導した内容が生徒ができているのか、できていないのかを常にお互いで伝え合う展開とする。走りの「技術」を習得する中で、生徒がお互いに伝え合い、「思考力、判断力、表現力等」を高め、積極的な活動を誘発し、主体的に学習に取り組めるように仕かけていく。

ただ「走る」だけの授業から、「考えながら走る」授業への転換を意識しておきたい。

本時案

速く走るのに必要な技術を身に付けよう

2-5/10

本時の目標

滑らかな動きで速く走るための技術（「姿勢」「腕振り」「脚のピッチとストライド」）の習得に向けて、自分の動きと目標とする動きの違いを理解し、修正することができる。

評価のポイント

技術のポイントと自分及びペアの仲間の動きを比較し「どこができて、どこができていないか」を仲間に伝えることができたか。

中心活動における指導のポイント

point　授業を考えた場合に、走力等に大きな差が生じてくる。「ただ走る」展開ではなく、滑らかな動きで速く走るために必要な知識と方法をバリエーション豊かに提供していくことがポイントである。こうすることで、走ることが苦手な生徒も「やってみたらできた」という感覚をたくさん味わわせることができるはずである。きつい陸上競技の授業ではなく、楽しくやってみたら速く走れた授業を目指したい。

本時の展開

	時	生徒の学習活動と指導上の留意点
はじめ	3分	**集合・あいさつ** ○整列する。本時のペア（学習アドバイザー）を設定する。 ○本時の学習内容・評価規準を「自己評価表」で確認する。 1
場の準備	5分	**本時の授業に必要な練習環境・道具等を自分たちで準備** ○ホワイトボードを見ながら、必要な道具類を用意する。 ・ミニハードル、ハードル、スティックラダー（長めの棒）
準備運動	8分	**本時の技術習得への予備動作的な動きづくりを意識** ①馬跳びランニング（接地後に「ポーン」と跳ね上げる感覚づくり）
展開	20分	**本時の課題を達成するための課題練習を行う。** 2 ②地面からの反発を効率よくもらえるように体の軸の取り方（姿勢）と接地の感覚を覚えるために…… →A 縄跳び（ドリル）B ハードルジャンプ（ドリル） ③前に進む推進力を得る（腕振り）ために…… →C スティックラダー（長めの棒）を持って走る。 ④ストライドを広げるために…… →D ペアでの膝アタック（ドリル） ⑤滑らかな動きで速く走るために……（技術を統合する練習） →E ミニハードル走（30m〜50m 程度）
整理運動	4分	**動的なストレッチを中心に、使ったところをゆったりとほぐす**
片付け	5分	**自分たちで片付け** ○本時のペアで互いに声をかけあって片付けを行う。
まとめ	5分	**本時の学習について振り返る** ○「自己評価表」で自己評価を行う。 ○ペアおよびクラス全体で振り返りを行う。

1 短距離走における「技術」

【自己評価表（例）】

第２時間目　加速からのスムーズな走り（１）ができる。 ○１　自己に合った「ピッチ」で速く走ることができる。 ●かかとをお尻に引きつける「引きつけ動作」を素早く繰り返しながら走ることができる。(　　)	
第３時間目　加速からのスムーズな走り（２）ができる。 ○１　自己に合った「ストライド」で速く走ることができる。 ●膝を上にあげるのではなく、膝を前にビュンと出すイメージで走ることができる。(　　) ●地面に着いている脚で軸をつくり、前にしっかりとグッと押すことができる。(　　) ●自分の股関節の真下に接地する（重心の真下）ことを意識しながら走ることができる。(　　)	
第４時間目　加速からのスムーズな走り（３）ができる。 ○１　速く走るのに適した「腕振り」で走ることができる。 ●自分のピッチとストライドに合わせて、できるだけ腕を大きく振りながら走ることができる。(　　) ●振り上げた腕は後ろに引くのではなく、真下に振り下ろす（肘を下げる）ようにして走ることができる。(　　) ●肘の角度を９０度あたりに固定し、肩周りの筋肉全体を使って、ビュンと勢いをつけて振り下ろしながら走ることができる。(　　)	
第５時間目　加速からのスムーズな走り（３）ができる。 ○１　自己に合ったピッチとストライド、腕振りで速く走ることができる。 ●前足が地面に着いた瞬間に、後ろ脚の膝が前脚を素早く追い越す「スウィング動作」の自分なりのタイミングをつかみ、速く走ることができる。(　　)	

＊参考：前掲書

2 「滑らかな動きで速く走る」ための練習プランの工夫

①馬跳びランニング

【行い方＆ポイント】
- ５人組、直線50m 程度
- 馬の間隔５m 程度
- 走りながら馬跳び
- 着地したあとに「ポーン」と体を跳ね上げることを意識

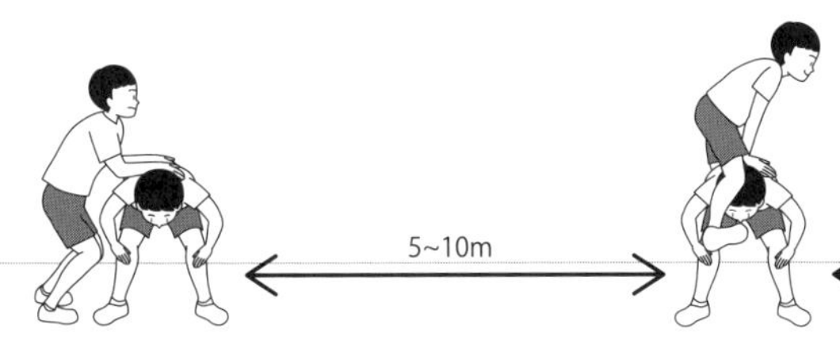

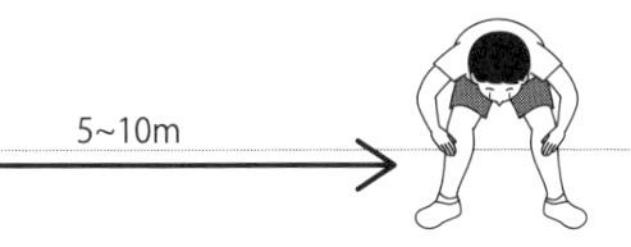

②接地の感覚

③腕振り

【行い方＆ポイント】
- 腕振りと脚のピッチ、ストライドが大きく関係していることを意識

④スウィング動作を意識しながら走る

【行い方＆ポイント】
- ミニハードルの間隔を工夫

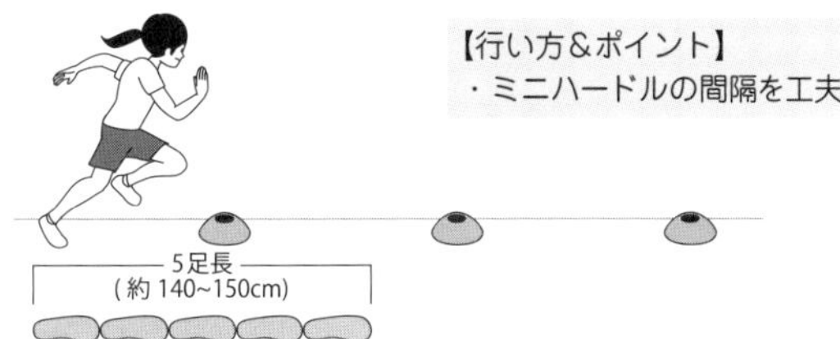

本時案

リレーに必要な技術を身に付けよう

6-8/10

本時の目標

前走者と次走者の受渡し及び走り出しのタイミングの感覚をつかみ、スムーズな加速の中でバトンを受け渡すことができる。

評価のポイント

バトンの受渡しに必要な技術の構成を把握し、仲間に的確なアドバイスを伝えることができたか。準備運動場面と展開場面において、練習方法を工夫し、課題克服のための挑戦ができたか。

中心活動における指導のポイント

point　リレーの授業というと、どうしてもバトンを陸上競技のレースのように受渡しをさせたいと教師は思うのではないか。練習段階ではその既成概念を捨て、走り出し、受渡しの「タイミング」を感覚的につかませる練習の工夫を行わせることを意識した授業展開を考えたい。「近付く－離れる－追いつく－受け渡す」という運動様相を生徒の体が楽しみながらつかんでいく、そんな授業を目指していきたい。

本時の展開

	時	生徒の学習活動と指導上の留意点
はじめ	3分	**集合・あいさつ** ○整列する。本時のペア（学習アドバイザー）を設定する。 ○本時の学習内容・評価規準を「自己評価表」で確認する。 1
場の準備	5分	**本時の授業に必要な練習環境・道具等を自分たちで準備** ○ホワイトボードを見ながら、必要な道具類を用意する。 ・コーン、マーカーを配置 ・ボール、バトン、段ボールを準備
準備運動	8分	**本時の技術習得への予備動作的な動きづくりを意識** ①スクエア鬼ごっこ 2
展開	20分	**本時の課題を達成するための課題練習を行う。** ②前走者と次走者の ｛・動き出し（走り出し）・受渡し｝ のタイミングを見極める練習 ※受け渡すものをバトンに限定せず、バレーボールや段ボールなどを使用し、動き出し（走り出し）と受渡しのタイミングを楽しみながらつかんでいく展開にする。 ③次走者がトップスピードになったときに受渡しをタイミングよく行う練習 3
整理運動	4分	**動的なストレッチを中心に、使ったところをゆったりとほぐす**
片付け	5分	**自分たちで片付け** ○本時のペアで互いに声をかけあって片付けを行う。
まとめ	5分	**本時の学習について振り返る** ○「自己評価表」で自己評価を行う。 ○ペアおよびクラス全体で振り返りを行う。

1 リレーにおける「技術」

【自己評価表（例）】

第６時間目　タイミングを合わせて走り出すことができる。 ○１　タイミングを合わせて、走り出すことができる。 ●打合せをしたポイントに前走者がきたら、後ろを振り返らずに全力で走り出すことができる。（　　）	
第７時間目　タイミングを合わせてバトンを渡すことができる。 ○１　次走者のスピードが十分に高まったところでバトンを渡すことができる。 ●次走者がバトンをもらうために出した手の中に、バトンを押し込みながらバトンを渡すことができる。（　　） ●テイクオーバーゾーンの出口と、次走者の位置を見ながら、次走者のスピードが十分に高まった状態のポイントでバトンを渡すことができる。（　　）	
第８時間目　タイミングを合わせてバトンを受け取るができる。 ○１　タイミングを合わせて、バトンを受け取ることができる。 ●打合せをしたポイントに前走者がきたら、後ろを振り返らずに全力で走り出すことができる。（　　） ●スムーズな加速から中間疾走へとつなぐ走りの中で、確実にバトンを受け取ることができる。（　　）	

＊参考：前掲書

2 準備運動

リレーのバトンの受渡し技術を「前走者が走り、次走者に近付き、次走者はタイミングよく離れ、トップスピードになったときに受け渡す」と捉えた場合、この感覚をゲーム感覚の中で準備運動としてつかませておく。

①スクエア鬼ごっこ

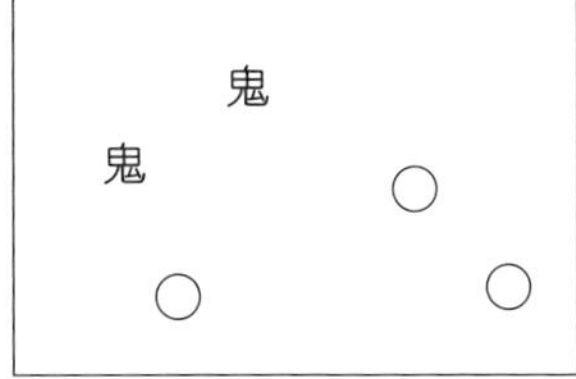

【行い方】
1　「鬼」は２人。バトンを持つ。
2　バトンを持っている鬼しかタッチできない。鬼２人組は自然とバトンパス（前走者が近付き、次走者が逃げながらタイミングを見計らってバトンを受け渡す動き）を行いながら、相手をタッチしに行く。

※発展・工夫

・トライアングル鬼ごっこ（逃げるスペースをスクエアから三角形へ。）

　→　スクエア鬼ごっこよりも鬼も、逃げる生徒も「直線的な動き」（走り）が誘発される。

・バトンではなく、バレーボール、バスケットボール、テニスボールなどを使用する工夫を行うことでさらに楽しさとタイミングの感覚が増す。

3 本時の課題練習

③　次走者がトップスピードになったときに受渡しをタイミングよく行う練習

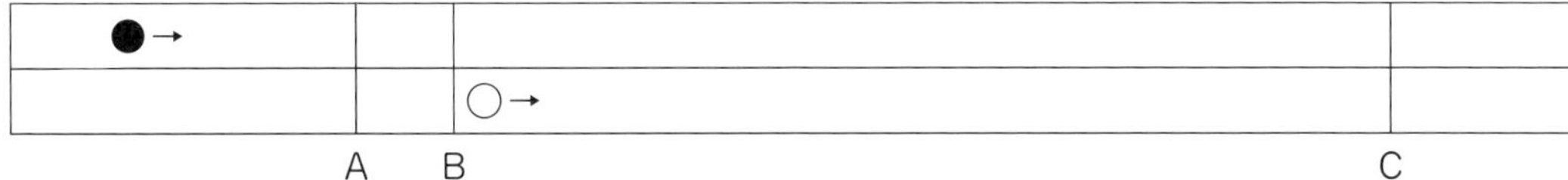

【行い方】
1　●は右手でバトン
2　○はＡに●がきたらタイミングよくスタート（○は左手でもらう）
3　ＡとＢの距離を狭く設定している（15～20足長）ので、○は全力でダッシュ
4　●はスピードを調整しながら、○がトップスピードになったときにバトンを渡す。
前走者と次走者のタイミングをつかませる練習になる。

本時案

リレーカーニバル（競技会）を行おう

9-10/10

本時の目標

スポーツを「する・見る・支える・知る」の視点で捉え、リレーカーニバルの競技運営において、自分に与えられた役割に責任をもって行動することができる。

評価のポイント

「主体的に取り組む態度」を中心に、授業の活動に対して、ルールやマナーを守り、自主的に、そして、自分の役割に責任をもって活動することができたか。

中心活動における指導のポイント

point　単元のまとめ段階として、計画的な競技会の運営を入れることで、生徒が短距離走に関する見方・考え方を働かせ、課題を発見し、合理的な解決に向けた学習過程を通して、豊かなスポーツライフを実現するための資質・能力を伸ばすことが可能となる。これまで「できた、できなかった」「楽しい、楽しくない」で終わらせていた保健体育の授業が、生徒の深い学びを誘発していくきっかけになるはずである。

本時の展開

	時	生徒の学習活動と指導上の留意点
はじめ	3分	**集合・あいさつ** ○整列する。 ○本時の学習内容・評価規準を「自己評価表」で確認する。
場の準備	5分	**リレーカーニバルに必要な環境・道具等を自分たちで準備** ○学習カード、ホワイトボードを見ながら、必要な道具類を用意する。 ○リレーチームを決定する（４人×９チーム）。
準備運動	8分	**本時の技術習得への予備動作的な動きづくりを意識** ○これまでの授業で学んだ練習の中からチームで選択し、練習を行う。
展開	5分	**リレーカーニバルを行う** 1 ○開会式　終わり次第競技開始 ○50m（４人×９組） ※先ほど決定したリレーチームのメンバーで競う。 ○４×100m リレー（１組目：４チーム　２組目：５チーム） ※授業の時間的に余裕があれば、各組の上位２チーム、合計４チームで決勝を行う。 ○表彰式
整理運動	5分	**動的なストレッチを中心に、使ったところをゆったりとほぐす**
片付け	20分	**自分たちで片付け** ○本時のペアで互いに声をかけあって片付けを行う。
まとめ	5分	**本時の学習について振り返る** ○「自己評価表」で自己評価を行う。 ○ペアおよびクラス全体で振り返りを行う。

資料

リレーカーニバル実施 大会要項

3年　　組　　番　氏名（　　　　　　　）

■リレーカーニバルのおおまかな流れについて

1　グラウンドの準備
2　自分（およびチーム）に与えられた役割に必要な道具等の準備
・ストップウォッチ（　）個　・デジタルタイマー1個
・観察用の赤白旗（4本セット）　・記録用紙　・筆記用具
・ピストル（紙雷管含む）
3　開会式
4　競技
5　表彰式
6　片付け　→　あとはいつもどおり「自己評価表」記入　→　授業終了

■競技ついて

（50m）1組目　Aチームの4人（1レーン　2レーン　3レーン　4レーン）
2組目　Bチームの4人（1レーン　2レーン　3レーン　4レーン）
：
9組目　Iチームの4人（1レーン　2レーン　3レーン　4レーン）
（4×100m リレー）
1組目　A・B・C・D・Eチームの5チーム
2組目　F・G・H・Iチームの4チーム
※時間があれば各組の上位2チーム、合計4チームで決勝

■役割について

○開会式…Aチーム（メンバーで考えて実施　※時間が長くならないように注意。3分程度）
○50mのスターター…Bチームで。（9組目はAチームで）
※「オンユアマーク、セット、（バン）」 フライングは責任をもって止める。
○50mのタイム計測…Iチームで。ストップウオッチ4台。8・9組目はCチームで。
→　タイムはゴール後にタイム計測した人が着実に走った選手に伝えること。
ゴール後、自己評価表にタイムを記録しておく。
○4×100mリレーの1組目
・スターター…Fチームで。
・監察…Gチームで。選手が目の前を通過したら白旗を上げる(何かあれば赤旗)。
・タイム計測…Hチームで。
○4×100mリレーの2組目
・スターター…Dチームで。
・監察…Eチームで。選手が目の前を通過したら白旗を上げる(何かあれば赤旗)。
・タイム計測…Aチームで。
○表彰式…Iチーム（メンバーで考えて実施　※時間が長くならないように注意3分程度）
○片付けは全員で行う。

～ポイント～
大事なことは、間違えてもよいので「自分および自分たちで」考えて運営することです。
『する、見る、支える、知る』の視点をもって、楽しみましょう！

陸上競技

5 走り幅跳び

8時間

単元の目標

(1)次の運動について、記録の向上や競争の楽しさや喜びを味わい、技術の名称や行い方、体力の高め方、運動観察の方法などを理解するとともに、各種目特有の技能を身に付けることができるようにする。

単元計画（指導と評価の計画）

1時（導入）	2／5時（課題発見）
単元の学習内容を把握し、目標設定をする。	記録会を通して、現状を把握し、自己や仲間の課題を見付け出す。
1 走り幅跳びの特性を知り自己の目標を設定しよう POINT：単元の学習内容を把握し、授業の約束事を確認するとともに、目標記録を設定する。 **[主な学習活動]** ○集合・あいさつ ○単元の目標や学習の流れの確認 ○授業の約束事の確認 ○走り幅跳びの特性の理解 ○準備運動 ○立ち幅跳びの計測 ○50m走の計測 ○整理運動 ○目標設定・学習の振り返り	**2／5 自己や仲間の課題を見付け出そう** POINT：課題を見付け出すために記録会を行う。グループ内でICT機器を用いて撮影し合い、技術に関する課題を見付け出す。 **[主な学習活動]** ○集合・あいさつ ○本時の学習課題等の確認 ・学習課題の確認、記録会の行い方、役割分担 ○準備運動 ○助走練習 ○記録会 ○グループ内で映像を確認し合い、自己や仲間の課題の発見 ○整理運動 ○学習の振り返り
[評価計画] 知①② 態①	**[評価計画]** 知③ 思① 態③

単元の評価規準

知識・技能	
○知識 ①陸上競技の各種目で用いられる技術の名称があり、それぞれの技術には、記録の向上につながる重要な動きのポイントがあることについて、学習した具体例を挙げている。 ②技術と関連させた運動や練習を繰り返したり、継続して行ったりすることで、結果として体力を高めることができることについて、言ったり書き出したりしている。 ③自己の動きや仲間の動き方を分析するには、自己観察や他者観察などの方法があることについて、言ったり書き出したりしている。	○技能 ①踏み切り前３～４歩からリズムアップして踏み切りに移ることができる。 ②踏み切りでは上体を起こして、地面を踏みつけるようにキックし、振り上げ脚を素早く引き上げることができる。 ③かがみ跳びやそり跳びなどの空間動作からの流れの中で、脚を前に投げ出す着地動作をとることができる。

イ　走り幅跳びでは、スピードに乗った助走から力強く踏み切って跳ぶことができるようにする。

知識及び技能

⑵動きなどの自己や仲間の課題を発見し、合理的な解決に向けて運動の取り組み方を工夫するとともに、自己の考えたことを他者に伝えることができるようにする。 **思考力、判断力、表現力等**

⑶陸上競技に自主的に取り組むとともに、勝敗などを冷静に受け止め、ルールやマナーを大切にすること、自己の責任を果たそうとすること、一人一人の違いに応じた課題や挑戦を大切にしようとすること（など）や、健康・安全を確保することができるようにする。 **学びに向かう力、人間性等**

3～4時（展開①）／6～7時（展開②）	8時（まとめ）
自己の課題の解決に向けて、グループで意見を出し合いながら練習に取り組む。	記録会を行い、学習の成果を確認する。
3～4／6～7　自己の課題を解決して記録を伸ばそう POINT：自己の課題解決に向けて、グループで学習に取り組む。展開①では共通学習、展開②では課題別学習に取り組む。 **[主な学習活動]** ○集合・あいさつ ○本時の学習課題等の確認 ○準備運動・動きづくり ○課題練習 ・助走、踏み切り、空中動作、着地 （展開①）：共通学習　（展開②）：課題別学習 ○整理運動 ○学習の振り返り	**8　学習の成果を発揮し自己記録の更新を目指そう** POINT：これまでの学習（技能のポイントや自己の課題）を振り返り、自己記録の更新を目指して、グループで記録会を行う。 **[主な学習活動]** ○集合・あいさつ ○本時の学習課題等の確認 ○準備運動 ○記録会のための練習 ○記録会 ○整理運動 ○学習の振り返り
[評価計画] 技①②③　思②③④　態④⑤	**[評価計画]** 技①②③　思⑤　態②

思考・判断・表現	主体的に学習に取り組む態度
①選択した運動について、合理的な動きと自己や仲間の動きを比較して、成果や改善すべきポイントとその理由を仲間に伝えている。 ②自己や仲間の技術的な課題やその課題解決に有効な練習方法の選択について、自己の考えを伝えている。 ③選択した運動に必要な準備運動や自己が取り組む補助運動を選んでいる。 ④体力や技能の程度、性別等の違いに配慮して、仲間とともに陸上競技を楽しむための活動の方法や修正の仕方を見付けている。 ⑤陸上競技の学習成果を踏まえて、自己に適した「する、みる、支える、知る」などの運動を継続して楽しむための関わり方を見付けている。	①陸上競技の学習に自主的に取り組もうとしている。 ②勝敗などを冷静に受け止め、ルールやマナーを大切にしようとしている。 ③仲間と互いに合意した役割について自己の責任を果たそうとしている。 ④一人一人の違いに応じた課題や挑戦を大切にしようとしている。 ⑤健康・安全を確保している。

本時案

走り幅跳びの特性を知り自己の目標を設定しよう 1/8

本時の目標

走り幅跳びの特性を知るとともに、基礎体力の計測を通して、自己の目標を設定することができる。

評価のポイント

走り幅跳びの学習に、自主的に取り組もうとしているか。

単元の導入における指導のポイント

point　生徒が本単元での学習内容の見通しをもつことで、単元終了後の自己の姿がイメージできるようにする。また、授業の進め方や約束事を具体的に把握することで、毎時の授業がスムーズに進むようにするとともに、「めやす表」を用いて自己の具体的な目標をもつことができる。

本時の展開

	時	生徒の学習活動と指導上の留意点
はじめ	7分	**集合・あいさつ** ○単元の目標や学習の流れを確認する。 ○授業の約束事を確認する。 1
走り幅跳びの特性	5分	**走り幅跳びの特性を知る** ○走り幅跳びの技術には、記録の向上につながる重要な動きのポイントがある。 ○技術と関連させた運動や練習を繰り返したり、継続して行ったりすることで、結果として体力を高めることができる。
準備運動	5分	**走り幅跳びに関連する運動をする** ○動的ストレッチを行う。 （足や足首、アキレス腱、股関節、肩、肩甲骨） ○素速い動きを行う。
基礎体力の計測	20分	**基礎体力の計測をする** ○グループ分けを行う。 ○計測の目的、方法、役割分担を行う。 ○場の準備 ○計測 ［立ち幅跳び］　3回計測 ［50m走］　2回計測 ○後片付け
整理運動	3分	**運動で使った部位をゆったりとほぐす** ○足を中心によく使った部位を中心にほぐす。
まとめ	10分	**グループで本時の学習について振り返る** 2 ○基礎体力の計測の結果から、走り幅跳びの目標記録をめやす表で設定する。 ○振り返りシートで本時の学習を振り返る。 ○次時の学習予定を知る。

1 授業の約束事と走り幅跳びの基本ルール

〔約束事〕

①グループで協力し合いながら学習を行う。

②グループで目標達成や課題解決を目指す。

③砂場に人がいなくなってから、次の人が練習や助走を行う。

④記録計測を行うときは、審判係が合図する。

⑤助走は「行きます！」と、発声してから開始する。

〔基本ルール〕

①踏み切り線を越えたらファールとする。

（記録会でファールした場合は、参考記録として記録を計測する。）

②踏み切り線と、踏み切り線から最も近い着地点の垂線を計測する。

2 目標設定のための「めやす表」

○「めやす表」を使用して目標を設定する。 学習カード

走り幅跳び　めやす表

3年　　組　　番　氏名（　　　　　　　）

☆目標記録を設定しよう！☆

◇立ち幅跳びと 50m 走の記録から、走り幅跳びの目標記録を設定します。

《立ち幅跳びの記録》	《50m 走の記録》	《目標記録》
(cm)	(秒)	(cm)

《目標記録の算出方法》

{(立ち幅跳びの記録) ×1.5}－{(50m 走の記録) ×25}＋280

◇授業で測定した記録と、目標記録との差を得点化します。

[得点表]

得　点	6	7	8	9	10
測定記録－目標記録	0cm~ 14cm	15cm~ 29cm	30cm~ 44cm	45cm~ 59cm	60cm~
	-1cm~-15cm	-16cm~-30cm	-31cm~-45cm	-46cm~-60cm	-61cm~
得　点	5	4	3	2	1

◇授業の成果を記録しよう！

日　付	今日の最高記録	目標記録との差	得　点
／	cm	cm	
／	cm	cm	
／	cm	cm	
／	cm	cm	
／	cm	cm	
／	cm	cm	
／	cm	cm	

本時案

自己や仲間の課題を見付け出そう

2・5/8

記録会での役割分担のポイント

point　役割分担を確実に行う。計測者（踏み切り判定を兼ねる）2人、撮影者（整地を兼ねる）1人、競技者（記録者を兼ねる）1人でローテーションする（グループの人数によっては踏み切り判定者、整地者、記録者を設ける）ことで、安全面への配慮と効率的な学習活動を行うことができる。

本時の目標

・記録会を通して、自己や仲間の課題を見付け出すことができる。
・自己の役割を果たそうとしている。

評価のポイント

・自己や仲間の動きを比較して、改善すべきポイントやその理由を仲間に伝えることができているか。
・仲間と互いに合意した役割について自己の責任を果たそうとしているか。

本時の展開

	時	生徒の学習活動と指導上の留意点
はじめ	2分	**集合・あいさつ** ○本時の学習課題や学習の流れを確認する。
記録会の行い方と役割分担	5分	**記録会の行い方と役割分担を確認する** ○グループ編成 ○記録会の行い方 ○グループ内での役割分担
準備運動と助走練習	10分	**走り幅跳びに関連する運動をする** ○動的ストレッチを行う。 （足や足首、アキレス腱、股関節、肩、肩甲骨） ○素速い動きを行う。 **助走練習を行う** 1 ○助走開始の目安となるラインを引く（15m・20m・25m） ○助走→踏み切り→空中動作→着地の感覚を知る。
記録会と課題設定	25分	**走り幅跳びの記録計測をする** ○グループごとにローテーション ○場の準備 2 ○計測　3～6回計測（ICT 機器を用いて撮影） ［第2時］○自己や仲間の課題を見付け出す。 ［第5時］○課題の達成状況の確認と今後の課題の確認。 ○目標記録の確認（めやす表） ○後片付け
整理運動	3分	**運動で使った部位をゆったりとほぐす** ○足を中心によく使った部位を中心にほぐす。
まとめ	5分	**グループで本時の学習について振り返る** ○振り返りシートで本時の学習を振り返る。 ○次時の学習予定を知る。

1 助走練習の方法

〔助走のポイント〕
①よい踏み切りにつながるための助走。
②リズミカルに徐々にスピードを上げていくような走り方。
③助走距離（歩数）は20m～25m（15歩～17歩）。
④３つの局面「加速局面」「疾走局面」「踏み切り局面」をつくる。
⑤踏み切り前３歩をリズムアップして、踏み切りにつなげる。

〔助走のリズム〕
※スピードに乗って、しっかりと踏み切ることができる歩数を見付ける。

	加速局面	**疾走局面**	**踏み切り局面**
[15歩]	4歩	6歩	5歩
☆数え方☆	「1・2・3・4」	「1・2・3・4・5・6」	「1・2**・タ・タ・タン**」
[17歩]	6歩	6歩	5歩
☆数え方☆	「1・2・3・4・5・6」	「1・2・3・4・5・6」	「1・2**・タ・タ・タン**」

2 記録会の場の設定

○助走開始の目安として、15m、20m、25mのラインを引く。
○踏み切り線のところにマーカー（ミニコーン）を置く。
○計測係は、メジャーの０㎝を持つ人が砂場（着地）側、記録を読み上げる人が踏み切り線側にいる。
○撮影者は、整地も兼ね、砂場（着地）側にいる。

資料

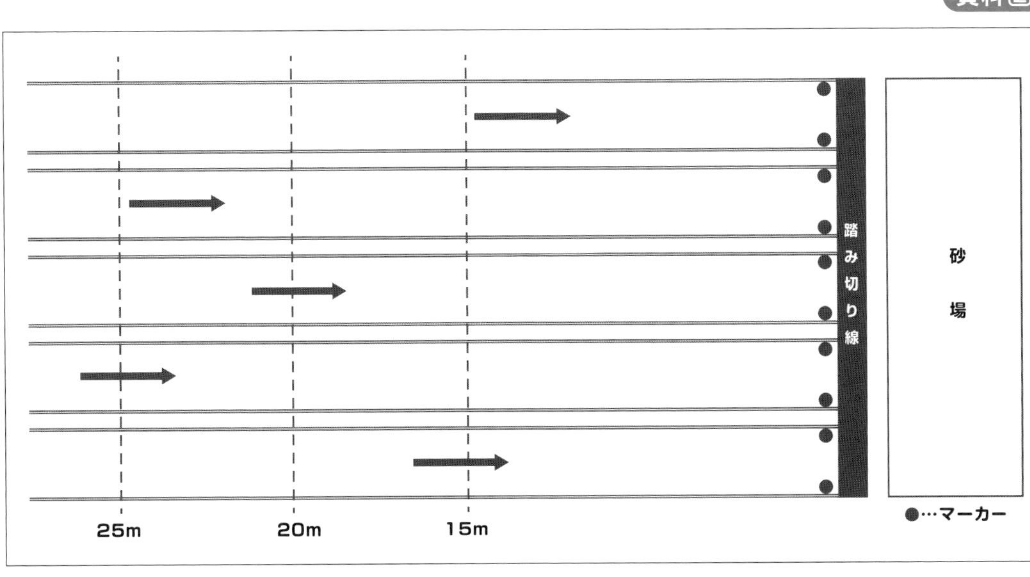

本時案

自己の課題を解決して記録を伸ばそう

3-4 6-7 /8

本時の目標

・課題の解決に向けて、運動の取り組み方を工夫するとともに自己の考えたことを他者に伝えることができる。
・一人一人の課題や挑戦を大切にしようとすることができる。

評価のポイント

・課題の解決に向けて、運動の取り組み方を工夫するとともに自己の考えたことを他者に伝えることができているか。
・一人一人の課題や挑戦を大切にしようとしているか。

中心活動における指導のポイント

point　走り幅跳びの技能は「助走」「踏み切り」「空中動作」「着地」の４つの局面が中心となり、これらの技能を高めることが記録の向上につながる。中でも、よい踏み切りができるようになることが、よい空中動作や着地につながり、助走スピードを跳躍に生かせるような助走距離やリズムを身に付けることが、よい踏み切りにつながるなど、技能のつながりを意識した学習を行う。

本時の展開

	時	生徒の学習活動と指導上の留意点
はじめ	7分	**集合・あいさつ** ○本時の学習課題や学習の流れを確認する。 ○［第３時］グループ編成 1
準備運動と動きづくり	15分	**走り幅跳びに関連する運動をする** ○動的ストレッチを行う。 （足や足首、アキレス腱、股関節、肩、肩甲骨） ○動きづくりを行う。 （スキップ　リズムジャンプ　倒れ込みダッシュ）
課題練習	20分	**課題別練習を行う** 2 ○場の準備 ○自己の課題に応じた練習を行う。 ・助走、踏み切り、空中動作、着地 ・［第３～４時］ 共通学習で、４つの技能のポイントに応じた練習を行う。 ・［第６～７時］ 課題別学習で、自己の課題に応じて練習の場を選択する。 ・ICT 機器を用いて撮影し合い、視覚的にフィードバックを行い、アドバイスし合う。
整理運動	3分	**運動で使った部位をゆったりとほぐす** ○足を中心によく使った部位を中心にほぐす。
まとめ	5分	**グループで本時の学習について振り返る** ○振り返りシートで本時の学習を振り返る。 ○次時の学習予定を知る。

1 グループ編成について

○１グループ４人～６人、男女混合のグループを編成する。
○第２時の記録会の記録を参考に、各グループでメンバーの跳躍距離の合計が同じになるように編成する。
○リーダー、副リーダー等、全員で役割を分担する。

課題別練習の例（その①）

〔助走練習の例〕

※「助走練習の方法」（P73）参照

〔踏み切り練習の例〕

◇踏み切りのポイント

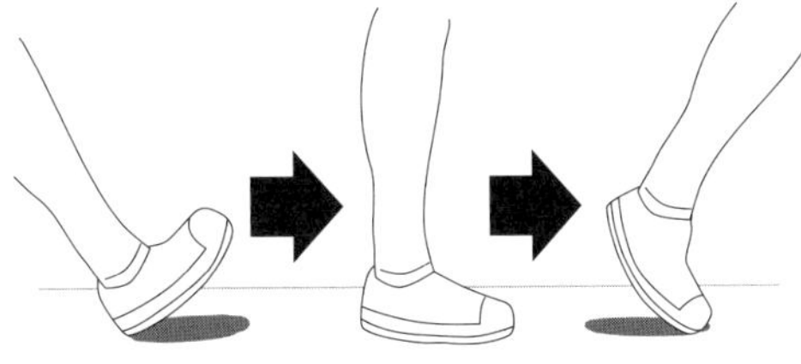

◇ロイター板と跳び箱を使った練習

◇踏み切り後の姿勢

○最後の「タ・タ・タン」と、かけあがるイメージを意識→空中動作と着地の練習にもつながる。
○慣れてきたら、跳び箱を無くして、ロイター板での踏み切りに移行する。
※はじめは短い（５歩）助走から、徐々に助走距離を伸ばす（11歩・15歩）。
※ロイター板の手前にミニハードルを置き、最後の「タ・タン」のイメージを意識する練習も効果的である（最後の減速を改善）。

◇３歩リズムジャンプ

○前方に走りながら「タ・タ・タン」のリズムで振り上げ脚を前方へ速く引き上げる。
○距離は30m～40m。
※踏み切り足で踏み切り、振り上げ足で着地する。
※上体を起こして、視線を前方に向ける。

本時案

学習の成果を発揮し自己記録の更新を目指そう

8/8

本時の目標

・習得した技能のポイントを生かして、跳躍することができる。
・走り幅跳びを通して、運動を継続的に楽しむための多様な関わり方を見付けることができる。

評価のポイント

・助走、踏み切り、空中動作、着地などの技能が身に付いたか。
・運動を継続して楽しむための多様な関わり方を見付けることができたか。

中心活動における指導のポイント

point　ICT 機器を用いて、単元の中で行う 3 回の記録会の様子を撮影し、保存しておくことで、生徒は自己の技能の習得状況を視覚的に確認することができる。単元が始まった頃の様子と比較し、技能の習得を実感したり、新しい発見があったりすることが、今後の運動に対する自信につながっていく。

本時の展開

	時	生徒の学習活動と指導上の留意点
はじめ	2分	**集合・あいさつ** ○本時の学習課題や学習の流れを確認する。
準備運動と課題別練習	15分	**走り幅跳びに関連する運動をする** ○動的ストレッチを行う。 （足や足首、アキレス腱、股関節、肩、肩甲骨） ○素速い動きを行う。 **課題別練習を行う** 1 2 ○自己の課題に応じた練習を行う。 ・助走、踏み切り、空中動作、着地
記録計測	20分	**走り幅跳びの記録計測をする** ○グループごとにローテーション ○場の準備 ○計測　3～6 回計測（ICT 機器を用いて撮影） ○後片付け
片付け	3分	**運動で使った部位をゆったりとほぐす** ○足を中心によく使った部位を中心にほぐす。
まとめ	10分	**グループで本時の学習について振り返る** ○めやす表で目標記録の確認をする。 ○課題の達成状況の確認をする。 ・ICT 機器を用いて、これまでの映像と比較することで自己の技能の習得状況を視覚的に確認する。 ○振り返りシートで単元の学習を振り返る。

1 課題別練習の例（その②）

〔空中動作・着地練習の例〕

◇台上ジャンプ

○台の上から両足でジャンプして砂場に着地する
※膝から折りたたんで胸に付け、最後に足の裏を前方に伸ばす。
※両足をそろえて着地する。
※足が砂場に着いたら、お尻を素早くかかとのところへスライドさせる。

◇前方にバーを置いて跳躍

○踏み切り線から1.5m～2.0mのところに、30㎝～50㎝くらいの高さでバー（ハードルでもよい）を設置する。
○踏み切った後、前方のバーをまたぐようにジャンプし、両足をそろえて着地する。
※リラックスした空中動作ができるように、バーの位置を工夫する。
※はじめは短い助走から、徐々に助走距離を伸ばす。

2 課題別練習の場の設定

資料

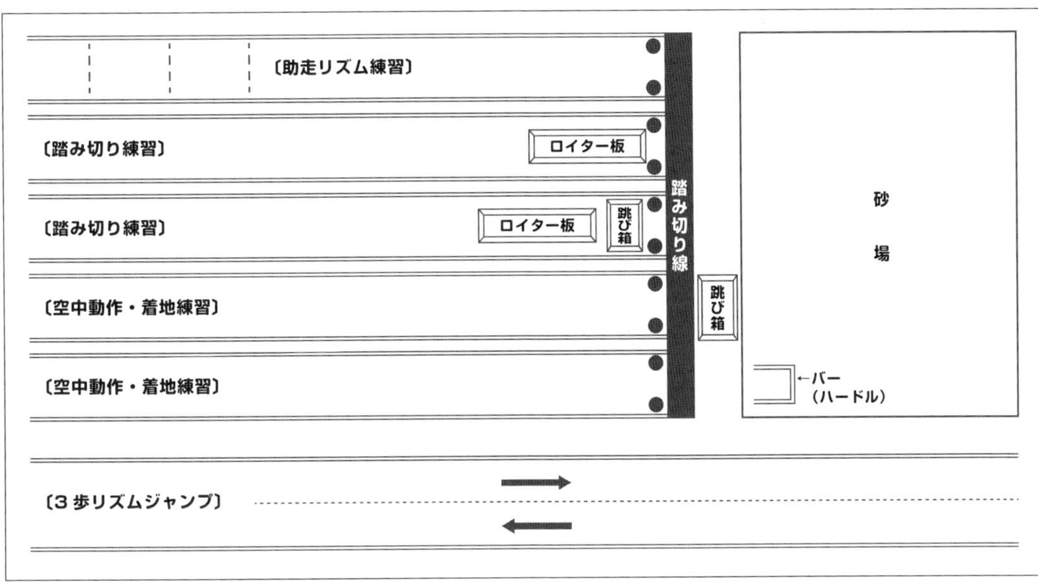

保健

6 感染症の予防

4時間

単元の目標

(1)感染症などの予防について、理解することができるようにする。　**知識及び技能**

単元計画（指導と評価の計画）

1時（導入）	2時（展開①）
感染症の原因とその広がり方について理解することができるようにする。	感染症の予防と治療・回復について理解するとともに、予防の方法について考えることができるようにする。
1　感染症ってどんな病気だろうか？ **[主な学習活動]** ○感染症とはどんな病気か考える。 ○感染症とはどんな病気か細菌とウイルスの違い等について学ぶ。 ○感染症の広がり方について考える。 ○感染症について患者や家族への偏見等についても触れながら、本時に学習したことをまとめる。	**2　感染症を予防するにはどうすればよいだろうか？** **[主な学習活動]** ○感染症の流行が起きたときにとられる対応について考える。 ○感染症の予防について学ぶ。 ○感染症の治療と回復について学ぶ。 ○感染症の流行を止めるためにはどんなことができるか考える。
[評価計画] 知①	**[評価計画]** 知②　思①

単元の評価規準

知識・技能	
①感染症は、病原体が環境を通じて主体へ感染することで起こる疾病であり、適切な対策を講ずることにより感染のリスクを軽減すること、また、自然環境、社会環境、主体の抵抗力や栄養状態などの条件が相互に複雑に関係する中で、病原体が身体に侵入し発病することについて、理解したことを言ったり書いたりしている。 ②感染症を予防するには、発生源をなくすこと、感染経路を遮断すること、主体の抵抗力を高めることが有効であること、また、感染症にかかった場合は、疾病から回復することはもちろん、周囲に感染を広げないためにも、できるだけ早く適切な治療を受けることが重要であることについて、理解したことを言ったり書いたりしている。	③エイズ及び性感染症の疾病概念や感染経路、感染のリスクを軽減する効果的な予防方法を身に付ける必要があることについて、理解したことを言ったり書いたりしている。

⑵感染症の予防に関わる事象や情報から自他の課題を発見し、感染症などのリスクを軽減したり、生活の質を高めたりする視点から解決方法を考え、適切な方法を選択するとともに、それらを伝え合うことができるようにする。 **思考力、判断力、表現力等**

⑶感染症の予防について、自他の健康の保持増進や回復についての学習に自主的に取り組もうとすることができるようにする。 **学びに向かう力、人間性等**

3時（展開②）	4時（まとめ）
性感染症とはどんな病気なのか理解するとともに、その予防方法について考えることができるようにする。	エイズとはどんな病気なのか理解するとともに、その予防法について考える活動に自主的に取り組むことができるようにする。
3　性感染症とはどんな病気だろうか？ **[主な学習活動]** ○感染症と性感染症の違いについて考える。 ○性感染症とはどんな病気なのか学ぶ。 ○性感染症の予防について学ぶ。 ○性感染症について本時に学習したことをまとめる。	**4　エイズとはどんな病気だろうか？** **[主な学習活動]** ○エイズとはどんな病気か考える。 ○エイズとはどんな病気なのか学ぶ。 ○エイズの予防について学ぶ。 ○感染症や性感染症等について、本単元で学習したことをまとめる。
[評価計画] 思②	**[評価計画]** 知③ 態①

思考・判断・表現	主体的に学習に取り組む態度
①感染症の予防について、習得した知識を自他の生活に適用したり、応用したりして、疾病等に係るリスクを軽減し健康を保持増進する方法を選択している。 ②性感染症の予防について、習得した知識を自他の生活と関連付け疾病等にかかるリスクを軽減する方法を選択しているとともにそれらを他者に伝えている。	①感染症の予防について、課題解決に向けての学習に自主的に取り組もうとしている。

1 時

感染症ってどんな病気だろうか？

本時の目標

感染症の原因とその広がり方について理解することができるようにする。

評価のポイント

感染症とはどのような病気で、何が原因でどのように広がっていくのか理解できたか、学習カードやノートに具体例を示しながら書けているか。

本時の板書のポイント

point 用語や内容について分かりやすく板書することで、授業後半の話合いの基礎知識になるようにする。

感染症の原因とその広がり方について理解しよう！

感染症の原因⇒病原体（細菌やウイルス）

感染⇒病原体が体の中に侵入して定着・増殖すること。

感染症の発生には
主体と環境の条件が関係する。

主体の条件	栄養状態や抵抗力など
環境の条件	温度や湿度、人口密度、交通など

本時の展開 ▷▷▷

1 感染症とはどんなものなのか知っていることを挙げてみる

「感染症とはどんなものでしょうか」と発問し、各グループで「感染症の原因・種類」と「感染症の広がり方」とに分けて整理し、自分たちが知っていることを整理するとともに、感染症の原因や広がり方にはいろいろあることに気付かせ、学習課題を設定する。

2 感染症とはどんな病気か、主体と環境の条件について学ぶ

ポイントは、環境の条件・主体の条件！
感染症の原因

感染症の原因となる病原体について、「感染」と「発病」「主体」と「環境」の条件など、基本的な知識について板書し、説明をする。また、ポイントとして「環境の条件・主体の条件」が関係することを押さえる。

○病原体の広がり方

・日常生活で見られる感染経路の例

飛沫感染	例　インフルエンザ	多くの病原体は複数の経路で感染する。
空気感染	例　結核	
接触感染	例　性感染症	

・新しい感染症やまん延した感染症の問題

交通機関の発達　→　感染症が短期間で世界中に広がる危険性

○人権上の問題

患者やその家族への偏見や差別

3 感染症の広がり方について考える

「感染症はどうやって広がっていくのか考えてみよう」と発問し、感染症の広がり方について様々な経路があることを考えさせる。

次時に行う予防「発生源をなくす」「感染経路を断つ」「抵抗力を高める」につながるよう配慮する。

4 感染症について、本時の内容をまとめる

感染症の原因とその広がり方について振り返り、「感染者やその家族」に対する偏見や差別についても触れ、人権上の問題が起こることを教える。個人の考えや学んだことについて学習カードやノートに記入する。

2 時

感染症を予防するにはどうすればよいだろうか？

本時の目標

感染症の予防と治療・回復について理解するとともに、予防の方法について考えることができるようにする。

評価のポイント

感染症の予防について、疾病等にかかるリスクを軽減し健康を保持増進する方法を選択しているか。それらのことを学習カードやノートに具体例を示しながら書けているか。

感染症の予防をするには
どうすればよいだろうか

感染源をなくす

・患者の早期発見・早期治療
・感染源となる動物・昆虫の駆除
・汚染された物の消毒・滅菌
・患者の隔離や検疫

感染経路を断つ

・手洗いやうがい、マスク、換気
　飲料水などの衛生管理
・学級閉鎖

本時の板書のポイント

point　感染症の予防について分かりやすく板書することで、授業後半の話合いの基礎知識になるようにする。

本時の展開 ▷▷▷

1 「感染症を予防するにはどうすればよいのか」を挙げる

「感染症を予防するためにはどうすればよいでしょうか。知っていることをみんなで話し合ってみよう」と発問し、各グループで予防の方法について「感染経路を断つ」「発生源をなくす」「体の抵抗力をつける」に分けて整理し、学習課題を設定する。

2 感染症の予防について学ぶ

感染源・感染経路・体の抵抗力についての対策があります

感染症の予防

感染症の予防について「感染源についての対策」「感染経路についての対策」「体の抵抗力についての対策」について板書し、説明をする。また、ポイントとして「先ほどの発問に対する生徒たちの考えが、上記３つの対策に当てはまる」ということを押さえる。

抵抗力を高める

・十分な栄養と休養、規則正しい生活
・病原体と闘う抗体をつくる

○感染症の治療と回復

症状がでる・感染の不安がある。

早期に医師の診察・治療を受けることが重要。
治療後も医師の指示に従う。

安静にする・外出を控える。

3 感染症の治療と回復について学ぶ

「感染症の治療と回復」について、感染症に感染してしまった場合に、医師の治療を受けたあとも医師の指示に従わなければならないことを示す。

4 感染症の流行を止めるためにはどんなことができるか本時を振り返る

「自分のクラスが学級閉鎖になったとき、症状のないあなたはどのように過ごしますか？」発問し、その対策について個人の考えや学んだことについて学習カードやノートに記入する。

性感染症とはどんな病気だろうか？

本時の目標

性感染症とはどんな病気なのか理解するとともに、その予防方法について考えることができるようにする。

評価のポイント

性感染症の予防について、習得した知識を自他の生活と関連付け疾病等にかかるリスクを軽減する方法を選択し、それらを他者に伝えている。

本時の板書のポイント

point 性感染症の予防について理解しやすくする。生徒の意見や考え方、回答などをノートや学習カードにまとめやすくなるよう、項目をはっきりさせる。

性感染症とは
どんな病気だろうか

性感染症

・性的接触によって感染する病気

病原体

・精液や膣分泌液、血液などの体液
・性器や口などの粘膜やその周辺の皮ふ

⇓ ※他の人の粘膜や皮ふに接触する。

感染

○問題

性器クラミジア感染
梅毒の感染者が急増 

本時の展開 ▷▷▷

1 「性感染症」とはどんな病気だろうか、知っていることを書いてみよう

「性感染症とはどんな病気でしょうか。知っていることを書いてみよう」と発問し、学習カードを使用し、前時までに学習した、感染症と性感染症の違いについて整理し、学習課題を設定する。

2 性感染症について学ぶ

性感染症についてどんな病気なのか、性感染症の症状や特徴について板書し、説明をする。また、ポイントとして「性器クラミジア感染を中心に若い世代で感染率が高い」ということをしっかりと押さえる。

○性感染症の予防

・たった一度の性的接触でも性感染症にかかる可能性がある。
・はっきりした自覚症状が出ないものや潜伏期間が長いものがある。

⇓

気付かないうちに他の人に感染させてしまう。

⇓

・性的接触をしない。
・コンドームで直接の接触を避ける。

○感染の不安や症状があるとき ⟹ 医療機関で検査・治療

→ 相手も自分も同時に治療を受ける。

若い世代で感染率が高い。

3 性感染症の予防と治療について学ぶ

性感染症に感染しないよう、性的接触をしないこと。もし感染の不安があるときや症状がある時は医療機関で検査・治療を受けることが大切であること。相手も同時に治療を受けなければならないことも併せて示す。

4 性感染症にかからないようにするためにはどんなことができるかを考える

「性感染症にかからないようにするためにどんなことに注意しますか？」と発問し、その対策について個人の考えや学んだことについて話し合い、学習カードやノートに記入する。

4時

エイズとはどんな病気だろうか？

本時の目標

　エイズとはどんな病気なのか理解するとともに、その予防方法について考える活動に自主的に取り組むことができるようにする。

評価のポイント

・エイズの疾病概念や感染経路、感染のリスクを軽減する効果的な予防方法について、理解したことを言ったり書いたりしている。
・感染症の予防について、課題解決に向けての学習に自主的に取り組もうとしている。

本時の板書のポイント

point　生徒の意見や考え方、回答などをノートや学習カードにまとめやすくなるよう、項目をはっきりさせる。

エイズとは
どんな病気だろうか

エイズ ⇒ HIVウイルスに感染 ⇒ 発病
さまざまな感染症やがんにかかりやすくなる。

エイズ（後天性免疫不全症候群）

○感染経路

・性的接触による感染
・血液による感染
・母子感染

本時の展開 ▷▷▷

1 「エイズ」とはどんな病気だろうか知っていることを書いてみよう

　「エイズとはどんな病気でしょうか。知っていることを書いてみよう」と発問し、学習カードを使用し、疾病概念や感染経路について整理し、学習課題を設定する。

2 エイズについて学ぶ

　エイズの疾病概念や感染経路について板書し、説明をする。また、ポイントとして前時に学習した性感染症と同様に「感染経路のほとんどが性的接触によるものである」ということを理解させる。

○エイズの予防

・たった一度の性的接触でもHIVに感染する可能性がある。
・自覚症状が無い期間が長い。

⇓

気付かないうちに他の人に感染させてしまう。

・性的接触をしないことが最も有効。
・コンドームを正しく使用すれば感染の危険性を少なくするのに有効。

○HIV感染しているかどうか

検査によって確かめることができる。

保健所など

3 エイズの予防について学ぶ

エイズに感染しないようにするために性的接触はしないこと、自覚症状の無い期間が長いため、気付かないうちに他の人に感染させてしまうことが少なくないこと、検査によって確かめることができることを理解させる。

4 「HIV に感染しているとショックだから検査はしない」という意見について、どう考えるか

「『HIV に感染しているとショックだから検査はしない』という意見についてあなたはどう考えますか？」と発問し、「感染した人自身の視点」や「感染防止の視点」など様々な視点に立って考える。個人の考えや学んだことについて話し合い、学習カードやノートに記入する。

保健

7 健康を守る社会の取組

4時間

単元の目標

(1)人々の命や健康を守るための、様々な社会の取組について理解することができるようにする。

知識及び技能

単元計画（指導と評価の計画）

1時（導入）	2時（展開①）
人々の健康を守るために、社会では様々な取組が行われていることを理解するとともに、それらの取組が行われている理由について考える。	保健所や保健センターなど、保健機関の活動を理解するとともに、有効に利用するための方法を考えることができるようにする。
1　私たちの健康はどのように守られているのかな？ **[主な学習活動]** ○日本人の平均寿命が世界一である理由を考える。 ○学校や自分たちの住む地域で、どのような活動が行われているかを調べる。 ○健康を守るには、どうすることが必要なのかを考える。 ○バリアフリーやユニバーサルデザインを理解し、どのような町づくりが必要かを考える。	**2　保健機関の役割と活動とは？** **[主な学習活動]** ○健康に関することについて、どこに相談すべきかについて考える。 ○保健所と保健センターの活動について調べる。 ○身近な保健機関で行われている活動について調べる。 ○どのような場合に、保健所や保健センターを利用したらよいかを考える。
[評価計画] 知① 思①	**[評価計画]** 知② 思②

単元の評価規準

知識・技能	
①人々の命や健康は、個人の努力だけでなく、社会の様々な取組により守られていることについて、理解したことを言ったり書いたりしている。 ②健康を保持増進し、病気を予防するには、必要に応じて保健所や保健センターなどの保健機関を利用することが大切であることを、言ったり書いたりしている。 ③医療機関の役割について知るとともに、必要に応じて適切に利用することが大切であることを、言ったり書いたりしている。 ④医薬品には、主作用と副作用があること及び使用回数や使用量などの使用法があり、正しく使	用する必要があることについて、言ったり書いたりしている。

⑵健康を守る社会の取組について習得した知識を自他の生活に適用したり、応用したりして、疾病等にかかるリスクを軽減し、健康を保持増進する方法を選択できるようにする。

思考力，判断力，表現力等

⑶健康を守る社会の取組について関心をもち、課題の解決に向けた学習に自主的に取り組もうとすることができるようにする。

学びに向かう力、人間性等

3時（展開②）	4時（まとめ）
診療所や総合病院など医療機関の役割を理解するとともに、必要に応じて医療機関を選択し利用するための活動に自主的に取り組むことができるようにする。	医薬品の作用を理解するとともに、正しい使い方について考えることができるようにする。
3　医療機関の役割とは？ **[主な学習活動]** ○病気やけがをした際にどうすればよいのかを考える。 ○医療機関の種類や役割、活動について調べる。 ○かかりつけ医をもつことの利点について考える。 ○医療機関を利用する際の留意点をノートにまとめる。	**4　医薬品の正しい使い方とは？** **[主な学習活動]** ○自分たちが使用している医薬品や保健機能食品にはどのようなものがあるか調べ、分類する。 ○医薬品の作用と副作用について考える。 **5　医薬品を正しく使用するとは？** **[主な学習活動]** ○お薬手帳や医薬品の説明書に記載されている内容について知る。 ○お薬手帳はなぜ必要なのかを考える。 ○医薬品の正しい使い方をノートにまとめる。
[評価計画] 知③	**[評価計画]** 知④　思③　態①

思考・判断・表現	主体的に学習に取り組む態度
①健康を保持増進するための、個人の取組と社会の取組について調べ、なぜそのような活動が行われているのかを他者と話し合ったり、筋道を立てて伝え合ったりしている。 ②保健機関、医療機関の活動について整理し、習得した知識を生かして利用するための方法について考えたり、ノートに記述したりしている。 ③医薬品の正しい使い方について学んだ知識をもとに、これまでの使い方の課題を発見したり、改善するための考えをノートに記述したりしている。	①健康を守る社会の取組について、課題解決に向けての学習に自主的に取り組もうとしている。

1時

私たちの健康はどのように守られているのだろう？

本時の目標

人々の健康を守るために、社会では様々な取組が行われていることを理解するとともに、それらの取組が行われている理由について考えることができるようにする。

評価のポイント

人々の健康は、社会の様々な取組によって守られていることを理解し、発表したり、考えをノートにまとめたりしているか。

本時の板書のポイント

point　平均寿命から日本の公衆衛生に関心をもたせ、様々な社会の取組を理解できるようにする。

ねらい　人々の健康を守るため

1. 各国の平均寿命について調べよう。
〔インターネットで調べる〕
日本人　84.3歳（世界1位）
＊WHO2021世界保健統計

国によって差が生じるのはなぜなのか。その要因は何かを考える。

2. 健康を守るための取組とはどのようなものか発表しよう。
(1) 個人では？　学校では？
これらの取組で十分なのだろうか？

(2) 地域では？
・健康診断 ・予防接種 ・体力づくり
・栄養教室
・その他（　　　　　　　　）

本時の展開 ▷▷▷

1 日本人の平均寿命からなぜ長生きできるのかを考える

日本人と世界の人々の平均寿命を調べることで、日本人の平均寿命が世界のトップクラスであることに気付き、その理由を考える。生徒からは、遺伝、医学の進歩、栄養がよいことなどの発言が予想されるが、それだけなのかさらに考える時間を設定することで、社会の取組に気付けるようにする。

2 身近な社会での取組について調べ、理解する

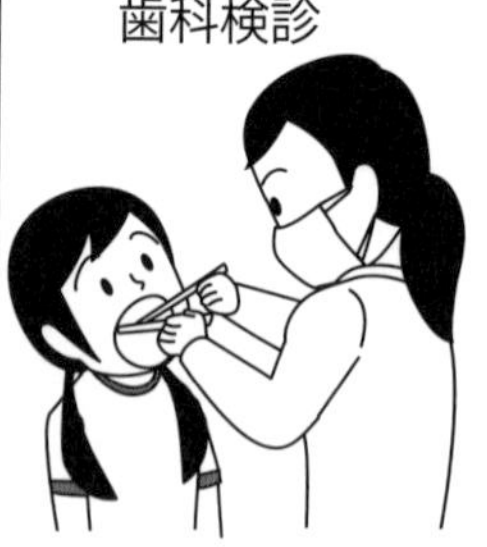

「健康を守るための取組は？」と発問し、家庭や個人、学校の取組について考え、これで十分なのかどうかを問い、さらに地域の活動に視野を広めて考えを引き出す。そして、健康を守るために様々な社会の取組があることに気付けるようにする。

に、社会ではどのような取組が行われているのか調べよう。

3. 社会の様々な取組を調べよう。〔インターネットで調べる〕

- 国 ───→ 厚生労働省
  憲法や法律
- 都道府県 ──→ 保健所
- 市区町村 ──→ 保健センター
- 世界 ───→ 世界保健機関
  (WHO)

新型コロナウイルスやインフルエンザの対応を参考に考えるよう助言する。

4. 健康な生活を送るにはどんなことが必要なのだろう？

- バリアフリー ・ユニバーサルデザイン
- ヘルスプロモーションの考え方
- 社会の取組

まとめ

○人々の健康を守る社会の取組について分かったこと

3 地域や国など行政が行っている取組を調べる

社会の取組として、各機関の存在や仕組みを知るとともに、その活動について、地域の保健だよりやインターネットで調べる。その際、新型コロナウイルスやインフルエンザなどの感染予防の取組を振り返らせ、生徒のイメージを高め、学習意欲を引き出す。

4 健康な生活を送るために必要な取組について考える

バリアフリーやユニバーサルデザインを理解することで、どのような町づくりが必要なのかを考える。まとめでは、人々の健康を守るための社会の取組について習得した知識をもとに、今後の実践について自分の考えをノートにまとめる。

2 時

保健機関の役割と活動とは？

本時の目標

保健所や保健センターなど、保健機関の活動を理解するとともに、有効に利用するための方法を考えることができるようにする。

評価のポイント

保健センターの機能や活動について、習得した知識を生かしてどのように利用していくかを考えたり、ノートにまとめたりしている。

本時の板書のポイント

point　保健所と保健センターの活動を対比することで、その違いを分かりやすくする。

（ねらい）保健機関の役割や活動

1. 次の場合、どこに相談したらよいか考えよう。
   - 健康診断を受けたい。
   - 予防接種を受けたい。
   - 害虫を駆除したい。
   - 生活習慣病を予防したい。

2. 保健機関の活動を調べよう。
〔インターネットで調べる〕

保健所の主な活動	保健センターの主な活動
・地域保健の向上　・統計 ・環境衛生 ・医事及び薬事 ・保健師　・公共医療事業 ・母性及び乳児 ・歯科保健 ・精神保健　・感染症予防	・健康相談　・保健指導 ・栄養指導　・検診業務 ・歯科保健指導 ・予防接種　・研修会 ・健康づくり推進

本時の展開 ▷▷▷

1 健康に関する相談はどこにすればよいのか考える

「健康についてどこに相談すべきか？」と発問し、生徒の発言を板書する。ほとんど利用の実績がないことが想定されることから、生徒間で話し合う時間を設定することで考えを引き出す。

2 保健所と保健センターの活動を調べる

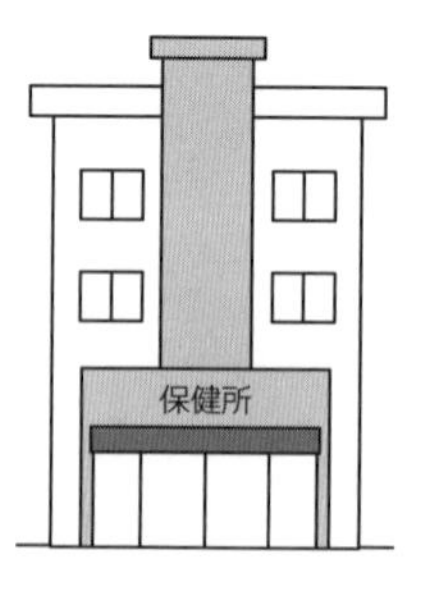

保健機関としての保健所や保健センターの存在を知らせ、インターネットで仕組みや活動内容を調べ、ノートに整理するよう指示する。その際、保健機関が担っている活動が多岐にわたっていること、また、自分たちの生活に密接に関わっていることを押さえる。

を学び、適切な利用の仕方を考えよう。

3. 保健所・保健センターを利用するにはどうしたらよいのか調べよう。
・保健所や保健センターはどこにあるの？　〔地域の広報誌やインターネットで調べる〕
・保健所と保健センターの役割の違いは何だろう？
・身近にある保健機関で行われている実際の活動は？

4. 自分や家族が受けられる健康サービスを利用しよう。
・どんなサービスを受けたいか？
・そのためにはどうすればよいのか？

保健師を招いて説明することで理解を深める

まとめ

◯保健機関の活動について分かったこと
◯身近にある保健機関を利用できること

3 保健だよりからさらに詳しい活動内容を理解する

インターネットで、保健機関の発行する「保健だより」などから様々な活動を詳しく調べるよう指示する。保健師をゲストティーチャーとして招き、保健機関の取組や地域の課題などについて説明してもらうことで、生徒の理解を深める。

4 自分や家族がどのように保健機関を利用するか考える

保健機関の活動を知り、今後、自分や家族がどのような場合に保健機関を利用したらよいかを考えさせ、ノートにまとめるよう指示する。その際、保健機関の行う活動は自分たちの身近な存在であることに気付かせる。

3 時

医療機関の役割とは？

本時の目標

診療所や総合病院など医療機関の役割を理解するとともに、必要に応じて医療機関を選択し利用するための活動に自主的に取り組むことができるようにする。

評価のポイント

医療機関の役割や機能について、習得した知識を生かしてどのように利用すべきかを考えたり、ノートにまとめたりしている。

本時の板書のポイント

point 医療機関の役割について整理し、正しい選択ができるよう様々なケースを例に考えられるよう板書する。

(ねらい) 医療機関の役割を学び、

1. 病気やけがをしたとき、身近な医療機関だとどこで受診すればよいでしょうか？
   - のどの痛みがあり、咳や鼻水が出るとき
   - 40度近くの発熱があるとき
   - 腹部に激しい痛みがあり、動くことができないとき
   - 足首をひねり、激しい痛みがあるとき

選んだ理由を確認する

2. 医療機関の種類と役割を考えよう。〔インターネットで調べる〕
   (1) 病院と診療所、総合病院と特定機能病院の違いは？
   (2) どのような診療科があるのか？
   受診したことのある科名
   その他に調べた科名

本時の展開 ▷▷▷

1 病気やけがをしたときにどうすればよいかを考える

病気やけがをした際に、自分の住む地域のどの医療機関を受診すべきか発表する。その際、実際の病院名などでもよいこととする。また、その理由について適切な判断であったかを考える。

2 病院や診療所などの医療機関の種類と役割を知る

教科書や資料から、医療機関の種類や役割を調べノートに整理する。インターネットでも詳しく調べ、グループで情報を整理することで、多くの情報をもとに実態を理解できるようにする。なお、かかりつけ医より総合病院の利点が少ないというものではないことを説明すること。

適切な利用の仕方を考えよう。

3. かかりつけ医や総合病院を受診する際の利点は？

かかりつけ医の利点　総合病院の利点

4. 次の場合に必要なことは何か発表しよう。

・総合病院で受診するには？
・救急車を呼ぶときは？
・症状の伝え方は？
・受診したあとの生活は？

グループで活動させ
多くの考えを引き出す

まとめ

○医療機関について学んだこと
○受診とともに処方が必要となること

3 かかりつけ医をもつことの利点を考える

これまでの生活を振り返り、かかりつけ医と総合病院を受診した際の経験をもとに考える。また、他者の考えを聞くことを通して、様々な利点について気付けるようにする。

4 医療機関を受診する際の留意点を整理する

グループで考えを出し合い、どのような注意や配慮が必要かをノートにまとめさせ、グループ内で整理した上で発表する。

また、受診して終わるのではなく、医師や薬剤師から今後の指示や処方箋が出されることに触れ、次時への関心がもてるようにする。

4 時

医薬品の正しい使い方とは？

本時の目標

医薬品の作用を理解するとともに、正しい使い方について考えることができるようにする。

評価のポイント

医薬品の正しい使い方に関心をもち、適切に使用しようとしている。

本時の板書のポイント

point　お薬手帳や医薬品の説明書に記載してある内容を知ることで、正しく使うために必要な事項を確認する。

ねらい　医薬品の作用を学び、

1. 薬局やドラッグストアで購入できる医薬品や保健機能食品を分類しよう。
   - ・医薬品
   - ・医薬部外品
   - ・保健機能食品

医薬品や保健機能食品等の一覧を授業者が作成して提示し、グループで付箋紙を使うなどして分類させる。

2. 医薬品の作用について考えよう。
   〔インターネットで調べる〕
   - ・主作用とは？
   - ・副作用とは？

本時の展開 ▷▷▷

1 量販店などで販売している医薬品や保健機能食品を調べる

普段使用している医薬品や保健機能食品など、身近なところに健康に関する多くの商品があることを知る。また、それらは目的や機能によって分類されることを知らせる。

＊消費者庁 HP「栄養食品企画」ページ内「健康や栄養に関する食品表示制度とは」 参照

2 医薬品の主作用と副作用について確認する

医薬品には主作用と副作用があり、副作用が現れることで健康に問題が生じることを理解できるようにする。その際、自分や家族の経験などを発表することで身近な問題として捉えられるようにする。

正しく使用することができるようにしよう。

3. 「お薬手帳」や医薬品の「説明書」について調べよう。

(1) 記載されている内容は？

お薬お手帳　医薬品の説明書

実際に「お薬手帳」と一般医薬品の「説明書」を提示し確認させる

(2) 「お薬手帳」はなぜ必要なのだろう？

4. 医薬品を使用する際の注意点を整理しよう。

・今までの反省
・使用する際に必要な注意点

まとめ

○医薬品の正しい使い方
○健康を守るために実践すること

3 お薬手帳と医薬品の説明書の記載内容を確認し意義を考える

「お薬手帳」と医薬品の「説明書」を提示し、どのような内容が記載されているか確かめさせ、使用する際はどのようなことに注目すべきかを気付かせる。また、なぜ「お薬手帳」が必要なのかを考えるよう指示する。

4 医薬品を正しく使用するために注意すべきことをまとめる

これまでの生活を振り返り、正しく医薬品を使用していたのか、今後はどのように医薬品を使うべきか、ノートにまとめるよう指示する。

＊日本学校保健会「学校保健ポータルサイト」テーマ別関連ページ直リンク「医療品に関する教育」 参照

8 水泳（4泳法・複数の泳ぎ・リレー）

(18時間)

単元の目標

(1)次の運動について、記録の向上や競争の楽しさや喜びを味わい、技術の名称や行い方、体力の高め方、運動観察の方法などを理解するとともに、効率的に泳ぐことができるようにする。 **知識及び技能**

単元計画（指導と評価の計画）

1～3時（導入）	4～6時（展開①）	7～10時（展開②）
単元の学習の進め方を知り、1・2年生で学んだ泳法を復習する。	既習の泳法を効率的にするための方法を知る（4泳法）。	バディでお互いの泳ぎを観察・助言し合い、自己や仲間の課題を解決する（泳法選択）。
1　学習の流れ・今の泳力を知ろう **2～3　既習の泳法を復習しよう** POINT：学習資料や学習カードを用いて授業を進め実践を通して既習の学習を振り返る。 **[主な学習活動]** ○集合・あいさつ等 ○オリエンテーション ・単元目標・学習の道筋の確認 ・事故防止の心得、健康・安全確認の方法（バディチェック）の確認 ○準備運動～シャワー ○入水～水慣れ ○4泳法を泳いでみる ○既習の泳法の復習 ○退水～バディチェック ○振り返り	**4～6　4泳法の効率的な泳ぎ方を知ろう** POINT：各泳法、運動局面における動きのポイントを、実践を通して知る。 **[主な学習活動]** ○集合・あいさつ ○本時の目標等の確認 ○事故防止の心得、健康安全 ○バディチェック～準備運動～シャワー ○入水～水慣れ ○全泳法に共通する効率的に泳ぐためのポイントを知る。 ○各泳法の各動作局面のポイントを、実践を通して知る。 ○退水～バディチェック ○振り返り（学習カード記入）	**7～10　泳法を選択し、効率のよい泳ぎを身に付けよう** POINT：同じ課題をもつ仲間と協力し、学習カードやICTを活用して学習を進める。 **[主な学習活動]** ○集合・あいさつ ○本時の目標等の確認 ○課題解決の方法を知る ○泳法・課題別グループ編成 ○グループチェック～準備運動～シャワー～補助運動 ○泳法観察・ストロークカウント～課題発見（学習資料・ICT活用） ○課題に応じた練習方法の選択 ○再度、泳法観察とストロークカウント ○退水～グループチェック ○振り返り（学習カード記入）
	[評価計画] 知① 態③	**[評価計画]** 技①②(選択した泳法) 知② 思①③

単元の評価規準

知識・技能	
○知識 ①水泳の各種目で用いられる技術の名称があり、それぞれの技術には、効率的に泳ぐためのポイントがあることについて、学習した具体例を挙げている。 ②自己の動きや仲間の動き方を分析するには、自己観察や他者観察などの方法があることについて言ったり書き出したりしている。	○技能（泳法はクロールの例） ①水面上の腕は、ローリングの動きに合わせてリラックスして前方へ動かすことができる。 ②泳ぎの速さに応じて、顔を横に向ける大きさを調節して呼吸動作を行うことができる。 →各泳法の評価規準は、学習指導要領解説の例示を参照。 ③各泳法で泳ぎ始めるスタートができる。 ④各泳法をつなぐターンができる。

(2)泳法などの自己や仲間の課題を発見し、合理的な解決に向けて運動の取り組み方を工夫するとともに、自己の考えたことを他者に伝えることができるようにする。 **思考力、判断力、表現力等**

(3)水泳に自主的に取り組むとともに、勝敗などを冷静に受け止め、ルールやマナーを大切にしようとすること、自己の責任を果たそうとすること、一人一人の違いに応じた課題や挑戦を大切にしようとすることなどや、水泳の事故防止に関する心得を遵守するなど健康・安全を確保することができるようにする。 **学びに向かう力、人間性等**

11〜13時（展開③）	14〜16時（展開④）	17〜18時（まとめ）
複数の泳法の組合せ方とリレーの行い方を（スタート・ターン）を知る。	速く泳いだり、長く泳いだりする泳ぎの特徴を知り、自己や仲間の課題を解決する。	自己の目標に応じた種目で、記録会を行い、記録の向上や競争の楽しさを味わう。
11〜13 複数の泳法やリレーを楽しもう POINT：自分に合った組合せ方やリレーに取り組む。 **[主な学習活動]** ○集合・あいさつ ○本時の目標等の確認 ○複数の泳ぎ方を知る（第11時） ○リレーの方法、ルールを知る（第13時） ○ルールやマナーを大切にすること知り考える（第13時） ○グループチェック〜準備運動〜シャワー補助運動 ○スタート・ターン練習 ○複数の泳法を泳ぐ（第12時） ○リレーを実施する（第13時） ○退水〜グループチェック ○振り返り（学習カード記入）	**14〜15 記録会に向けた課題を解決しよう／16 記録会のルールや進め方を知ろう** POINT：目的に応じた技能課題について、学習カードや ICT を活用して学習を進める。 **[主な学習活動]** ○集合・あいさつ ○本時の目標等の確認 ○課題内容別グループの確認 ○記録会のルール確認とリレーの工夫（第16時） ○グループチェック〜準備運動〜シャワー〜補助運動 ○泳法の要点と練習方法を知る ○課題（学習資料・ICT 活用）と練習方法を選んでペアで伝え合い、活動する ○退水〜グループチェック ○振り返り（学習カード記入）	**17〜18 仲間と協力して記録会を楽しもう** POINT：記録会を成功させ、単元のまとめで成果を振り返る。 **[主な学習活動]** ○集合・あいさつ ○本時の目標等の確認 ○記録会の役割分担と責任を果たすこと知る ○グループチェック〜準備運動〜シャワー〜補助運動 ○開会式（第17時） ○記録会 ・個人種目 ・リレー ○閉会式（第18時） ○退水〜グループチェック ○振り返り ○単元全体まとめ（第18時） （まとめを学習カードに記入）
[評価計画] 知①	**[評価計画]** 技③④(選択した泳法) 思②④	**[評価計画]** 態①② 総括的な評価

思考・判断・表現	主体的に学習に取り組む態度
①選択した泳法について、合理的な動きと自己や仲間の動きを比較して、成果や改善すべきポイントとその理由を仲間に伝えている。 ②自己や仲間の技術的な課題やその課題解決に有効な練習方法の選択について、自己の考えを伝えている。 ③選択した泳法に必要な準備運動や自己が取り組む補助運動を選んでいる。 ④体力や技能の程度、性別等の違いに配慮して、仲間とともに水泳を楽しむための活動の方法や修正の仕方を見付けている。	①勝敗などを冷静に受け止め、ルールやマナーを大切にしようとしている。 ②仲間と互いに合意した役割について自己の責任を果たそうとしている。 ③水の事故防止の心得を遵守するなど健康・安全を確保している。

本時案

学習の流れ・今の泳力を知ろう

本時の目標

単元の学習の進め方を知り、今の泳力を確認する。

評価のポイント

初回はオリエンテーションと力試しの内容であるため、評定につなげる記録に残す評価（評価規準）の設定はないが、単元の学習の流れや、自分の泳力を確かめられたかについて、観察や学習カードの記述で確認する。

中心活動における指導のポイント

point　オリエンテーションは、学習に必要な情報を確実に伝えることが大切である。口頭だけでなく、視覚的に確認できるよう、学習資料を用意したり、掲示物を準備したりといった工夫をするとよい。

力試しでは、第１・２学年学んだ泳法で泳ぐ。本書では、第１・２学年で４泳法を学んでいる想定であるので、４泳法の力試しを設定している。

本時の展開

	時	生徒の学習活動と指導上の留意点
はじめ	5分	○プールサイドに集合し、整列する。 ○あいさつをする。 ○出席をとりつつ、健康観察をする。
オリエンテーション	10分	○単元の目標と学習の道筋の確認をする。 1 ○事故防止、健康・安全確認の方法（バディチェック）を確認する。 ○学習のルール、留意点等を確認する。
導入活動	10分	○準備運動 2 ○シャワー　～　プールサイドの所定の位置に移動 ○水慣れの活動①（腰掛キック、水かけ等）～　入水 ○水慣れの活動（ボビングジャンプ・壁キック・体ほぐしの要素を取り入れたゲーム：じゃんけん遊びなど）
力試し	20分	**自分の泳力を知る** 3 ○４泳法を泳いでみる（最大50m）。 ・バディで泳距離を測ってみる。 ・学習カードの記録表に記入する。
まとめ	5分	○退水 ○バディチェック（人数確認、健康観察） ○よく使った部位をストレッチする。 ○学習の振り返りをする（時間があれば、プールサイドで記入）。

1 オリエンテーション

○単元全体の学習の見通しをもつ。

●単元の目標を明示する。

●単元全体の学習の道筋を確認する。
単元の流れを、図示する。

●事故防止の心得を確認する。

> 例）
> ・体調がすぐれないときは無理をしない
> ・プールサイドは走らない
> ・勝手に入水しない（飛び込まない）
> ・入水前・退水後にシャワーを十分に浴びる

プリントを配ったり、プールサイドにあるホワイトボードなどがあれば掲示してもよい。

●健康・人数（安全）確認の方法を確認する。

【バディチェックの方法（例）】

①教師の「バディ」の合図で手をつなぎ、高く挙げる。

②教師の「番号」の合図で、順に番号を言いながら手を下す。

③最後の組は、人数を報告する。

「バディ！」（教師）
「オー！」（生徒）

2 導入活動の工夫

準備運動
（泳ぎにあったものを選択）

各種キックで元気よく
ウォーミングアップ

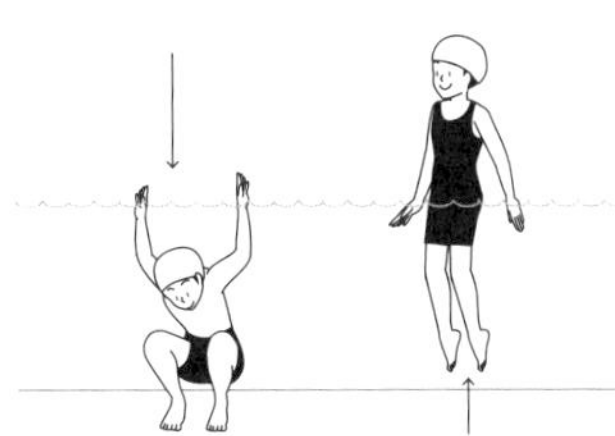

ボビングジャンプで
呼吸も練習

3 自分の泳力（既習の泳法）を知る

プールサイドにメジャーを設置して、バディが距離を計測するとともに、泳ぎを観察し、気付いた点を記入する。

泳者は、その内容を見て、さらに自己評価や感想を書き加える。

学習カード（抜粋）

●クロール（記録者：　　　　　　）
・泳距離　　　　m
・泳ぎの様子　よかった点や課題
（　　　　　　　　　　　　　　　　　　　　）
・自己評価・感想
（　　　　　　　　　　　　　　　　　　　　）

●平泳ぎ（記録者：　　　　　　）
・泳距離　　　　m
・泳ぎの様子　よかった点や課題
（　　　　　　　　　　　　　　　　　　　　）
・自己評価・感想
（　　　　　　　　　　　　　　　　　　　　）

本時案

既習の泳法を復習しよう

本時の目標

第１・２学年で学んだ泳法のポイントを復習する。

評価のポイント

復習の内容であるため、評定につなげる記録に残す評価（評価規準）の設定はないが、第１・２学年のときに学んだ内容を思い出すことができたか、観察及び学習カードの記述で確認する。

中心活動における指導のポイント

point　本書では、第１・２学年に４泳法を学んでいることを想定し、４泳法の復習を設定している。

教師が一つ一つポイントを示し、実践を通して既習の泳法を思い出すようにする。

泳距離はプールを横に使うなど、短い距離を何度も繰り返すようにし、泳力に自信がない生徒もストレスなく取り組めるようにする。バディで助言し合ってもよい。

本時の展開

	時	生徒の学習活動と指導上の留意点
はじめ	3分	○プールサイドに集合する。 ○あいさつをする。 ○本時の学習の目標、流れを確認する。
導入活動	10分	○バディチェック（人数確認、健康観察） ○準備運動～シャワー～プールサイドの所定の位置に移動 ○水慣れ①（腰掛キック、水かけ等） 入水 ○水慣れ②（ボビングジャンプ、体ほぐしの運動の要素を取り入れた水中ゲームなど）
復習（泳法）	30分	**既習の泳ぎの復習（要点の確認）** 1 2 第２時：クロール・平泳ぎ 第３時：背泳ぎ・バタフライ
まとめ	7分	○退水 ○バディチェック（人数確認、健康観察） ○よく使った部位をストレッチする。 ○学習の振り返りをする。 （時間があれば、プールサイドで記入）

1 クロール・平泳ぎの復習ポイント（第２時）

〔クロール〕

・水中で肘を曲げて腕全体で水をキャッチし、Ｓ字やＩ字を描くようにして水をかく。

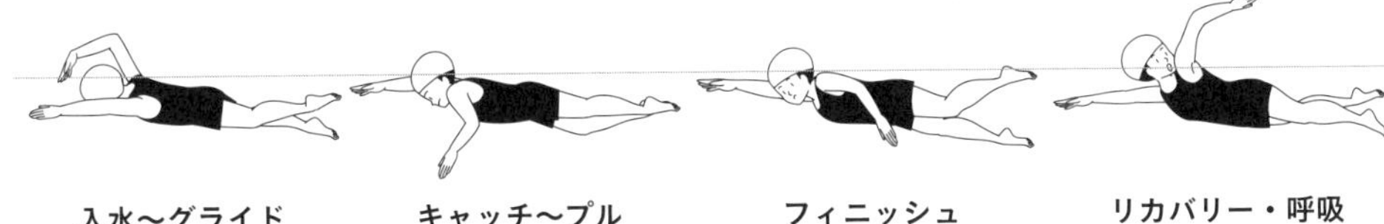

入水〜グライド　キャッチ〜プル　フィニッシュ　リカバリー・呼吸

ローリングの動作に合わせて横向きで呼吸をする。

〔平泳ぎ〕

・肩より前で、両手で２つの円を描くように（逆ハート型）水をかく。

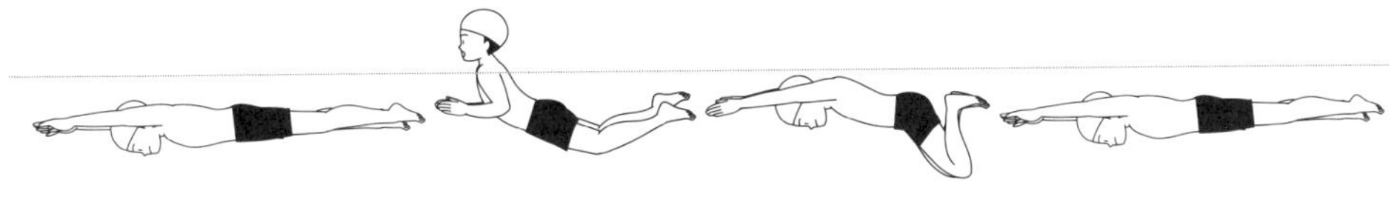

グライド
キックの蹴り終わりに合わせて伸び（グライド）をとる（長く伸びるキックをする）。

フィニッシュ・呼吸
プルのかき終わりに合わせて顔を水面上に出して息を吸う。

リカバリー〜キック

グライド

2 背泳ぎ・バタフライの復習ポイント（第３時）

〔背泳ぎ〕

・頭を下げ、腰が曲がらないように、背中を伸ばして水平に浮いた姿勢をつくる。

入水〜グライド

キャッチ・プル
水中では、肘が肩の横で60〜90度くらい曲がるようにしてかく。

プッシュ

リカバリー
水面上の腕は、手と肘を高く伸ばし、進行方向にまっすぐ動かす。

〔バタフライ〕

手の入水時とかき終わりのときに、それぞれキックを打つ。

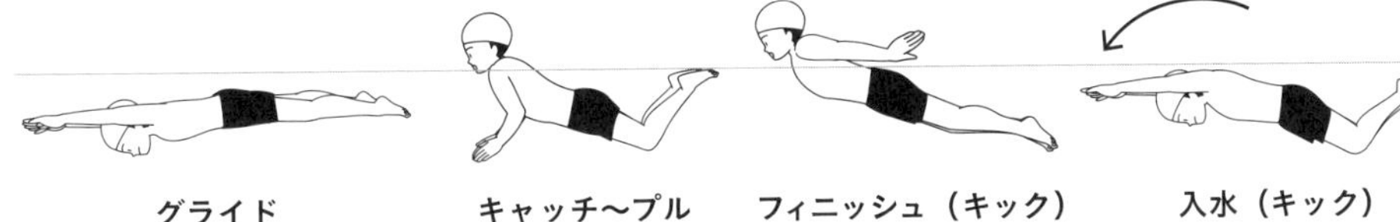

グライド

キャッチ〜プル

フィニッシュ（キック）〜リカバリー（呼吸）
プルのかき終わりと同時にキックを打つタイミングで、顔を水面上に出して呼吸する。

入水（キック）

本時案

4泳法の効率的な泳ぎ方を知ろう

本時の目標

既習の泳法を効率的にするための方法（4泳法）、水泳の事故防止の心得を知る。

評価のポイント

水泳の技術の名称、効率的に泳ぐためのポイント（知識）については、授業後に記述する学習カードにより評価する。水の事故防止の心得の遵守など（主体的に学習に取り組む態度）については、本時に観察で評価するが、単元全体を通じた取組状況も評価する。

中心活動における指導のポイント

point　既習の泳法における効率よく泳ぐポイントを学ぶ。

全ての泳法において、「抵抗を避ける」、「抵抗をとらえて推進力を得る」ことが大事であることを理解させる。

その上で、第7時から課題学習につなげるために、各泳法における運動局面ごとの動きのポイントを、実践を通して学んでいく。

プールを横に使うなど、短い距離を何度も実施することで、体力的な負荷を軽減し、泳ぎ方に集中できるようにする。

本時の展開

	時	生徒の学習活動と指導上の留意点
はじめ	3分	○プールサイドに集合する。 ○あいさつをする。 ○本時の学習の目標、流れを確認する。 ○事故防止の心得の遵守の大切を確認する。
導入活動	10分	○バディチェック（人数確認、健康観察） ○準備運動～シャワー～プールサイドの所定の位置に移動 ○水慣れ①（腰掛キック、水かけ等） 入水 ○水慣れ②（ボビングジャンプ、体ほぐしの運動の要素を取り入れた水中ゲームなど）
泳法のポイント学習	30分	○全泳法に共通する効率的に泳ぐためのポイントを知る。1 ・抵抗を避ける　（ストリームライン） ・抵抗をとらえて推進力に変える話（腕全体で水をとらえる動作、足の甲や足裏で水をとらえる動作など） ○各泳法におけるキック・ストローク・呼吸の各局面の動作ポイントを、実践を通して知る。 ・第4時：クロール・平泳ぎ 2 3 ・第5時：背泳ぎ 4 ・第6時：バタフライ 5
まとめ	7分	○退水 ○バディチェック（人数確認、健康観察） ○よく使った部位をストレッチする。 ○学習の振り返りをする（泳法の知識と課題、事故防止の心得を守れたか、学習カードに記入）。 …時間があれば、プールサイドで記入する。

1 全ての泳法に共通する２つの重要ポイント

・抵抗を避ける（ストリームライン）

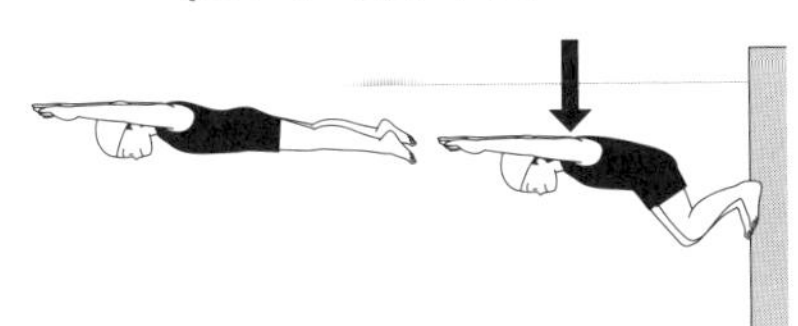

蹴伸びの姿勢

・抵抗をとらえて推進力にかえる（ハイエルボー）

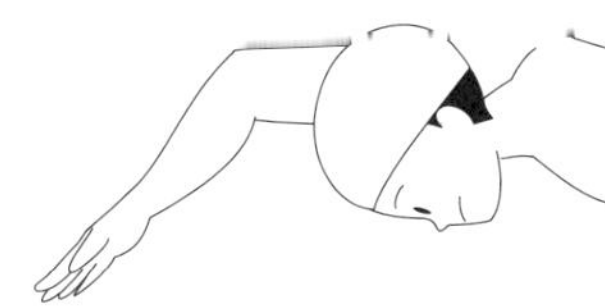

クロールのキャッチ

（足首を伸ばす・曲げる）

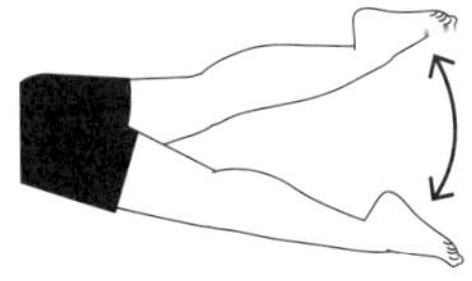

クロールの足首（伸ばす）

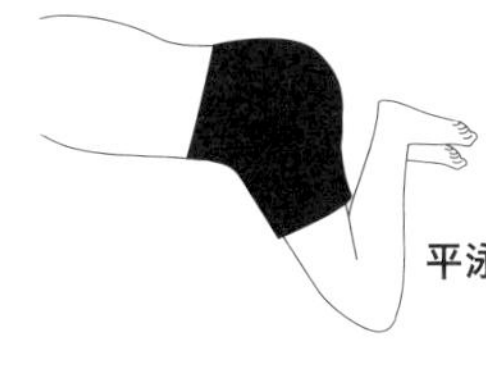

平泳ぎの足首（曲げる）

2 クロールの効率を高めるポイント（第４時）

・水面上の腕は、ローリングの動きに合わせてリラックスして前方へ動かす。
・泳ぎの速さに応じて、顔を横に向ける大きさを調節して呼吸する（必要最小限の動きで）。

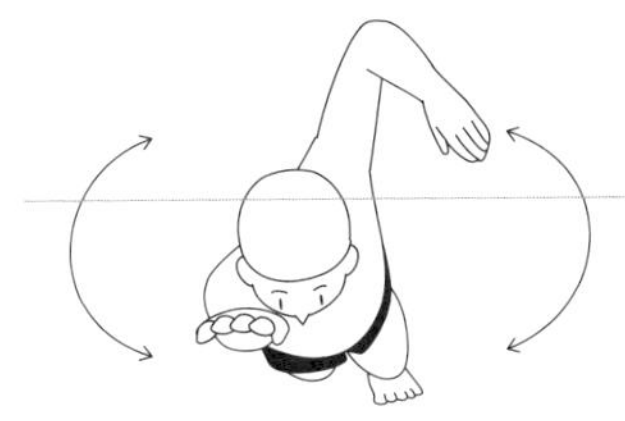

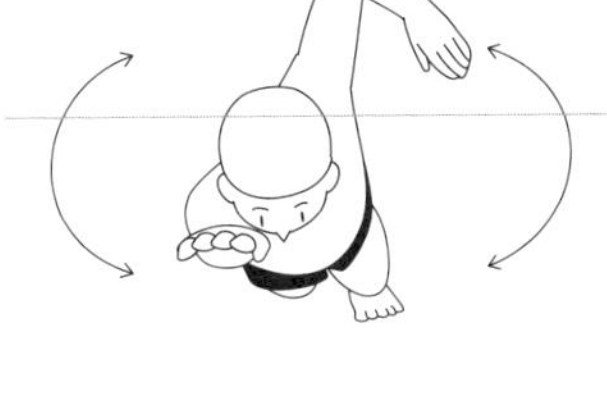

3 平泳ぎの効率を高めるポイント（第４時）

・肩より前で、両手で逆ハート型を描くように強くかく。
・かき終わりに合わせて顔を水面上に出して呼吸し、キックの蹴り終わりに合わせて伸び（グライド）をとる（１回のストロークで大きく進む）。

平泳ぎのストロークの軌跡

4 背泳ぎの効率を高めるポイント（第５時）

・水面上の腕は肘を伸ばし、肩を支点にして肩の延長線上に小指側からまっすぐ水に入れる。
・一連のストロークで、肩をスムーズにローリングさせる。

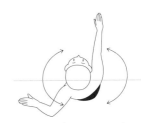

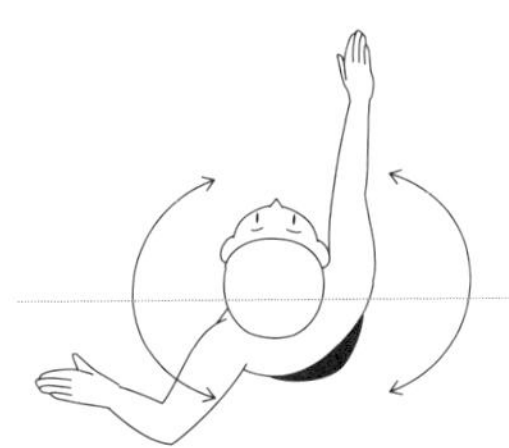

背泳ぎのローリング

5 バタフライの効率を高めるポイント（第６時）

・腕を前方に伸ばし、手のひらが胸の前を通るようなキーホールの形を描くようにする。
・腰や太ももくらいまで大きくかく（ロングアームプル）。
・手を水に入れるときのキック、かき終わりのときのキック、呼吸を一定のリズムで行う。

バタフライのストロークの軌跡

本時案

泳法を選択し、効率のよい泳ぎを身に付けよう

7-10/18

本時の目標

バディでお互いの泳ぎを観察・助言し合い、自己や仲間の課題を見付け、練習方法を選び、効率的な泳法を身に付ける（泳法選択）。

評価のポイント

効率的な泳法（技能）の評価については観察で行うが、泳法分析カードの記録も参考にするとよい。自己観察や他者観察などの方法（知識）、成果や改善すべきポイントの伝達や練習方法の選択（思考・判断・表現）の評価については、学習カードの記述により行う。

中心活動における指導のポイント

point 同じ課題をもつ仲間と協力し、学習カードやICTを活用して学習を進める。

お互いの泳法観察だけでなく、ストローク数を数えることにより、効率的に泳げたか検討する。一かきでどれくらい進めたかを計算してもよい。

練習方法の選択では、課題に応じた練習方法を資料に載せておき、適切なものを選ぶようにする。

自分の動きを自分で確認したり、見本となる動きと比較したりする場合はICTなどを活用するとよい。

本時の展開

	時	生徒の学習活動と指導上の留意点
はじめ	3分	○プールサイドに集合する。 ○あいさつをする。 ○本時の学習の目標、流れを確認する。
導入活動	10分	○課題解決の方法を知る。 ○泳法・課題別にグループを組む。 1 ○グループチェック ○準備運動　～シャワー　…グループで選び実践する。 ○補助運動（水慣れ等）　…グループで選び実践する。
課題学習	30分	○泳法観察・ストロークカウントスイムで泳ぎの効率を分析する（学習資料・ICT 活用）。 2 ○自分とペア（トリオ）の泳ぎを撮影し、見本の動きと比較してよい点と改善点を確認し伝える。 2 ○課題に応じた練習方法を選び取り組む。 3 ○泳法観察・ストロークカウントスイムで泳ぎの効率を分析する（学習資料・ICT 活用）。 2
まとめ	7分	○退水 ○グループチェック（人数確認、健康観察） ○よく使った部位をストレッチする。 ○学習の振り返りをする。（泳法の知識と課題を学習カードに記入）…時間があれば、プールサイドで記入する。

1 泳法別・課題別グルーピング

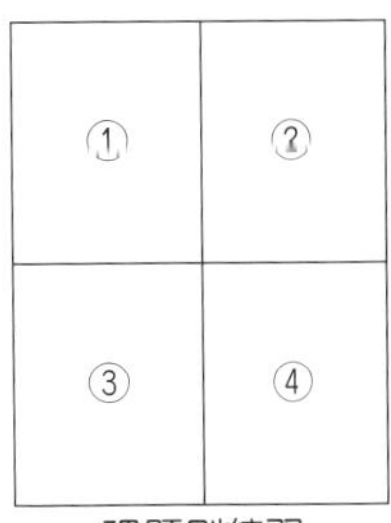

課題別練習
プールレイアウト

○課題を同じくする生徒同士でトリオやバディを組み、教え合いを促進する。
○準備運動や補助運動などの選択も、このグループで行う。
（例）①クロールの横向き呼吸
②平泳ぎのキック（足裏）
③背泳ぎの姿勢とキック
④バタフライのストロークとキックのタイミング
※どの課題でもプールサイドが使えるようにするとともに、泳ぐ距離を短くし、何度も繰り返すようにする。

2 効率的な泳ぎ身に付けるための課題を見付ける（泳法観察・ストロークカウント）

○バディ、トリオでプールサイドや、プールの中から仲間の泳ぎを観察し、どのような動きになっているか伝える。
○ICT（タブレット等）を活用して、泳ぎを仲間に撮影してもらい、見本となる動画と比較して、課題を見付ける。
○7割くらいの力で泳いでストロークの数を数え、泳ぎの効率性を検討する。

3 練習方法の選択（学習資料から、または自分で工夫して）

【学習資料】

①クロールの横向き呼吸に課題
⇒ ビート板を用い、ワンハンドアップで、ローリングを行いながら呼吸をする。※ビート板に頼らない。

②平泳ぎの足裏でのキックに課題
⇒ プールサイドで仰向け姿勢・壁・板を使ってキックを行う…バディが補助をする。※補助者も動きを確認する。

③背泳ぎの姿勢とキックに課題
⇒背浮きの補助をし、水平に浮けるようになったらキックを打つ。
※肺に息をためて胸を張り、頭を沈める。

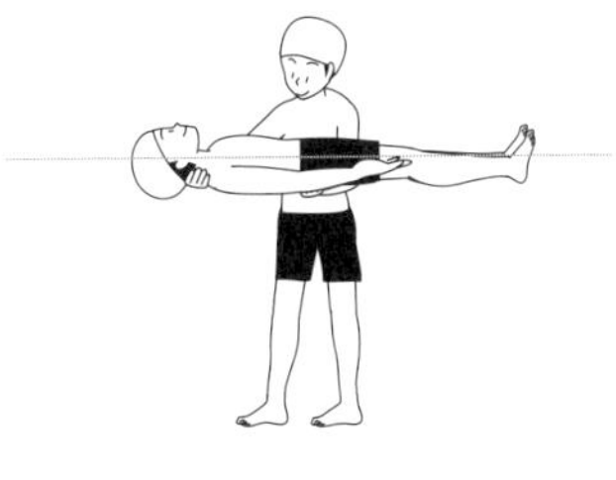

④バタフライのストロークとキックのタイミングに課題
⇒陸上でタイミング練習（足踏みでキックのタイミング学ぶ）
※トーン・トン…と声をかけながら。片手バタフライでタイミング練習を行う。

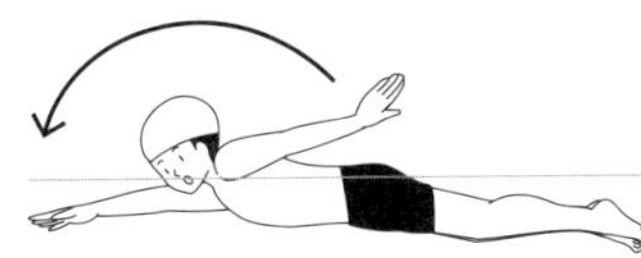

本時案

複数の泳法を組み合わせて楽しもう

11-12/18

本時の目標

・既習の４泳法から２～４泳法を選択し、続けて泳ぐことができるようにする。
・「スタート」、「ターン」の行い方を理解し、できるようにする。

評価のポイント

スタート及びターンの行い方のポイント（知識）については、授業後に記述する学習カードにより評価する。スタート及びターン（技能）については、習得に一定の学習時間が必要になることから、第14・15時に観察で評価する。

中心活動における指導のポイント

point　第３学年から学習する「複数の泳法」は泳ぎをつなぐ楽しさを味わわせる。第４～６時に学習した４泳法から、自分が得意とする泳法やチャレンジしたい泳法などを組み合わせる。できる泳法や挑戦してみたい泳法を選んで泳ぐことができるようにする。併せて、スタートとターンについて学習し、効率のよい泳ぎにつなげる。

本時の展開

	時	生徒の学習活動と指導上の留意点
はじめ	3分	○プールサイドに集合 ○挨拶 ○本時の学習の目標、流れを確認する。
入水前活動	10分	○複数の泳ぎ方を組み合わせる方法を知る。◀1 ○距離別グループを編成する。 ○グループチェック（人数確認、健康観察） ○準備運動～シャワー…グループで選び実践する。 ○補助運動（水慣れ）…グループで選び実践する。
スタート、ターン 複数の泳法	30分	○スタートとターンの教師や生徒の見本やICTを活用して、ポイントを確認する。◀2 ◀3 ○同じ泳法で練習する。（ペア・トリオ） ○複数の泳法を泳ぐ。 ・距離を選択して自分が考えた組み合わせで泳ぐ。
まとめ	7分	○退水 ○グループチェック（人数確認・健康観察） ○よく使った部位をストレッチする。 ○学習の振り返りをする。 ○スタート、ターンの知識、泳ぎの組合せを学習カードに記入…時間があれば、プールサイドで記入する。◀4

1 自分に合った複数の泳法の組み合わせを工夫しよう（例）

＊組合せの視点：続けて泳ぐ能力、体力面、得意な泳法、泳法をつなぐ順番など
○好きな二泳法を選んで泳ぐ（例）クロール＋背泳ぎ
○好きな二泳法を交互に選んで泳ぐ（例）クロール＋平泳ぎ＋クロール＋平泳ぎ
○前半は得意な泳法＋後半は楽に泳ぐ泳法（例）バタフライ＋平泳ぎ
○自分の得意な三泳法を選んで泳ぐ（例）背泳ぎ＋クロール＋平泳ぎ
○個人メドレー（バタフライ→背泳ぎ→平泳ぎ→クロール）

2 スタートのポイントを確認しよう

・体を沈め、両足で壁を力強く蹴る。
・ストリームラインを作り、抵抗を減らす。
・減速する前に、力強いキックを打って、推進力を高め、泳ぎにつなげる（平泳ぎは水中で一かき一蹴りをするのもよい）。

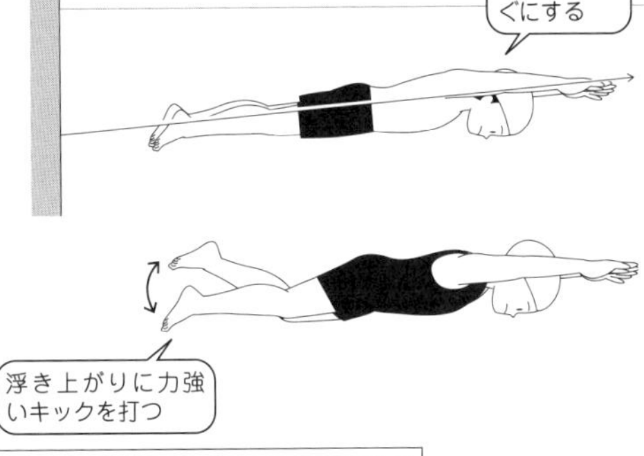
体を真っ直ぐにする
浮き上がりに力強いキックを打つ

3 ターンのポイントを確認しよう

・ターン手前５ｍから泳ぎのスピードを落とさずに壁に手をつく（平泳とバタフライは両手）。
・片手を壁に残し、体を小さく丸めて方向を変えて抵抗を減らす。
・壁をけりだす。

自由形、平泳ぎ、バタフライ➡背泳ぎ

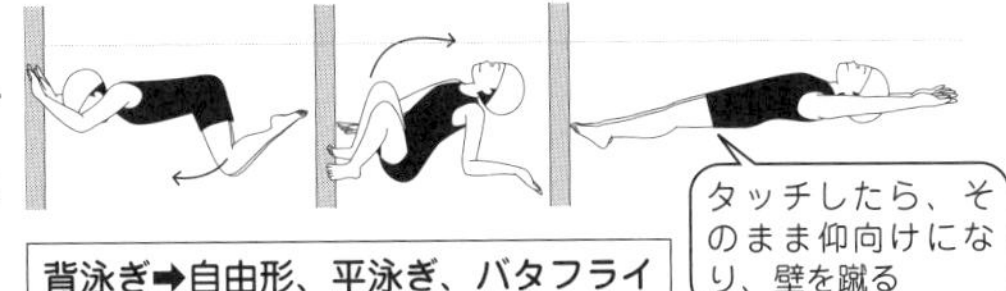
タッチしたら、そのまま仰向けになり、壁を蹴る

背泳ぎ➡自由形、平泳ぎ、バタフライ

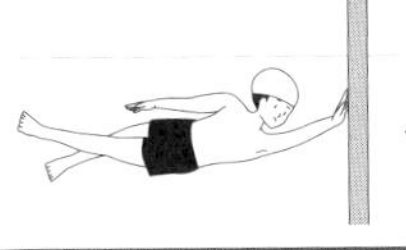
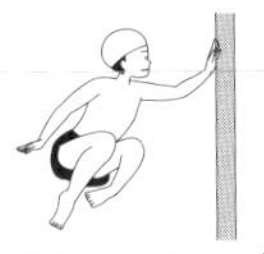
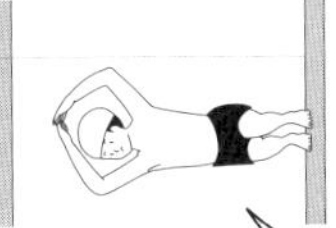

片手でタッチしたら、膝を引き寄せながら体を回転させ、下向きで壁を蹴る

4 生徒の学習カードの一部と記載例

学習カード（抜粋）記入例

動きのポイントやコツを記入しよう。

	その動きのポイントやコツ（具体的な知識）	何のためにその動きが必要かな？
スタート	・頭を両手で挟んで、体をまっすぐにしてストリームラインを作る ・キックを打って浮き上がる	・体を小さくして、抵抗を減らす ・キックを打って推進力を高める
ターン	・ターン手前５ｍから、ターンまでの距離を調整する ・膝をできるだけ胸に近づけ方向を変える ・壁を両足で強く蹴る	・体を小さく丸めて抵抗を減らす ・壁を蹴って、推進力を得る

本時案

リレーを楽しもう

本時の目標

・競泳的なリレー種目として、チームで競い合うことができるようにする。
・勝敗を冷静に受け止め、ルールやマナーを大切にしようとすることができるようにする。

評価のポイント

ルールやマナー（主体的に学習に取り組む態度）については、観察で評価するが、学習カードの記述も参考にするとよい。なお、主体的に学習に取り組む態度は習得に一定の学習時間が必要になることから、第17時に観察で評価する。

中心活動における指導のポイント

point　リレーは第３学年から学習する種目である。水泳ではチームで競う唯一の種目であり、個人で勝敗を競う以上に、仲間と協力して競争する楽しさを味わわせたい。同時に、勝敗を冷静に受け止めルールやマナーを大切にすることの意義を理解し、取り組めるよう意見を出し合い、意識を高め、行動化につなげる。

本時の展開

	時	生徒の学習活動と指導上の留意点
はじめ	3分	○プールサイドに集合 ○挨拶 ○本時の学習の目標、流れを確認する。
入水前活動	10分	○リレーの方法やルールを知る。1 ○チームを発表する。2 ○ルールやマナーを大切にすること知り、考える。3 ○グループチェック（人数確認、健康観察） ○準備運動～シャワー　…グループで選び実践する。 ○補助運動（水慣れ等）…グループで選び実践する。
リレー	30分	○順番などの作戦や練習をチームタイムで活動する。4 ○１回目のリレーを行う。 ○順番などの作戦や練習をチームタイムで活動する。 ○２回目のリレーを行う。 ○３回目のリレーは生徒の意見を聞いて内容を決定する。 ○総合得点を発表する。 （１回目のリレー～総合得点の発表：5）
まとめ	7分	○退水 ○グループチェック（人数確認、健康観察） ○よく使った部位をストレッチする。 ○学習の振り返りをする。 ○ルールやマナーについて、学習カードに記入する。 　…時間があれば、プールサイドで記入する。

1 リレーのルールと行い方（例）～得点制の場合～

【ルール】
・リレーの引き継ぎは、前泳者が壁にタッチしたらスタートする。
・全ての泳者は水中からのスタートとする。

○チーム人数と内容（泳法等）を決定し、チーム内で順番を決める。
○順位を判定する。総合順位はポイント制の得点合計とする。
（1位5点、2位4点、3位3点、その他2点等）

	1回目	2回目	合計点
Aチーム			
Bチーム			

2 チーム編成の仕方（例）

○リレーの目的に適したチーム編成をする（4～6人）。
・これまでのグループを基本とする。
・測定した記録を参考に、均一化を図ったチームを作成する。

3 勝敗を冷静に向け止め、ルールやマナーを大切にする態度の学習をしよう

○記録や勝敗を競うときに大切にしたいルールやマナーを考える。
・勝敗を冷静に向け止め、ルールやマナーを大切にすることはなぜ必要かを知る。
・どのようなマナーがよいか意見を出す。

・優れたコメントは次回の授業で紹介する。
・不十分な場合は助言・コメントし、理解させ、行動化につなげるよう支援する

学習カード記入例（抜粋）

	＊学習したことを（　　）の中に記入しよう	教師の確認
勝敗を冷静に向け止め、ルールやマナーを大切にする理由	・勝敗の結果から、自分の（課題）を見付け、新しい（課題追求）につなげる。 ・（友情）を深めたり、仲間との（連帯感）を高めたりする。 ・（生涯）にわたって運動を継続するための重要な要素。	
どんなマナーがあるとよいかな？	・今までの学習を振り返って、勝敗を受け止めたり調整したりする。 ・どんな状況になっても（大きく差がつくなど）最後まで全力で泳ぎ続ける。 ・勝敗にかかわらず、チーム内・外で良い頑張りや行動に声をかける。	

4 チームタイムを工夫しよう

【作戦タイム】
○泳ぐ順番を工夫する
・スピードに自信がある人を何番目にするかなどを決める。
【練習タイム】
○引き継ぎで短縮する
・タッチするスピードを落とさない。
・泳ぐスピードを予測して準備する。
・仲間から、泳いでいる選手とスタートの間合いを見て、合図をかける。

5 リレー内容（例）生徒の状況を踏まえて実施しよう

【単一の泳法】
○1つの泳ぎで（クロールのみ等）
・4人1チームで1人25mを泳ぐ100mリレー
【複数の泳法】
○各自が得意な泳法（複数の泳法可）で泳ぐ
・4人1チームで1人50mを泳ぐ200mリレー
○伸び代リレー
・6人1チームで、1人25mを泳ぐ150mリレー
・事前に測定した記録をもとにチームを編成する
・合計タイムを基準に、短縮した記録で勝敗を競う
○メドレーリレー
・4人1チームで1人25mを泳ぐ100mリレー
・背泳ぎ→平泳ぎ→バタフライ→クロール

本時案

記録会に向けて課題を解決しよう

本時の目標

安定したペースで泳いだり、速く泳いだり、長く泳いだりする泳ぎの特徴と練習方法を知り、自己や仲間の技術的な課題やその課題解決に有効な練習方法の選択を自己の考えを伝えることができるようにする。

評価のポイント

第11・12時に行ったスタート及びターン（技能）の評価については、観察で行う。課題や課題解決に有効な練習方法（思考・判断・表現）の評価については、学習カードの記述で行う。

中心活動における指導のポイント

point　まとめの記録会で自分が挑戦する種目に向けてよりよい実践、パフォーマンスが発揮できるよう、課題に応じた練習方法を選択し、自分の考えを伝え合いながら課題を解決する。

安定したペースで泳ぐ、速く泳ぐ、長く泳ぐ特徴や、すでに学習した泳ぎのポイントを課題の視点とし、知識を活用した課題解決学習を進める。

本時の展開

	時	生徒の学習活動と指導上の留意点
はじめ	3分	○プールサイドに集合 ○挨拶 ○本時の学習の目標、流れを確認する。
入水前活動	10分	○速く泳ぐ、長く泳ぐ、それぞれの特徴を捉え、適した泳ぎ方のポイントと練習方法を知る（第14時）。◀1 ○グループチェック（人数確認、健康観察） ○準備運動～シャワー　…グループで選び実践する。 ○補助運動（水慣れ等）…グループで選び実践する。
課題練習	30分	○課題を選び、練習選択について、見本の泳ぎやICT資料などを活用してペアやトリオでアドバイスし合う。 ○課題別コースでペアやトリオで練習する。 ・速く泳ぐ練習 ・長く泳ぐ練習 ◀1 ・スタート ・ターン ◀2 ・効率的な泳ぎを身に付ける練習 ◀3
まとめ	7分	○退水 ○グループチェック（人数確認、健康観察） ○よく使った部位をストレッチする。 ○学習の振り返りをする。 ○課題と練習内容、ペアへのアドバイスを学習カードに記入 ◀4 …時間があれば、プールサイドで記入する。

1 目的別の泳ぎの特徴と練習方法（例）

それぞれの目的に応じて、泳ぎ方の特徴を確認し、練習方法を選んでみよう。

	泳ぎ方の特徴	練習方法
安定したペースで長く泳ぐ	・自分の体力に応じた一定のテンポで泳ぐ ・安定した低い位置での呼吸とリズム ・キャッチの前に十分伸びる	・インターバル（25m ×α本） ・時間泳（３～５分程度） ・キャッチアップ（手を前で合わせる）
速く泳ぐ	・呼吸はできるだけ短時間に行う ・幅の小さなキックを打つ ・キャッチを速くする	・短い距離をダッシュし、回転を上げる ・スタートを高めるスタートの練習 ・スピードを落とさないターンの練習

2 スタート・ターンのポイント（推進力を高め、抵抗を減らす）と課題練習

スタート・ターンのポイント（推進力を高め、抵抗を減らす）

課題を選び○を入れて、ポイントを意識して練習しよう

学習カード記入例

スタートの局面	課題	ポイントやコツ
準備の姿勢と壁けり		・体を水に沈め、壁を両足で力強く蹴る。
ストリームライン姿勢	○	・手で頭を挟み、プールの底を見る（頭がですぎない）。 ・体をまっすぐにする。
浮き上がり		・浮き上がりのキックの意識とタイミングを図る。 （8m程度ダッシュし、スタートに集中して練習する）
ターンの局面	**課題**	**ポイントやコツ**
壁に手や足をつける		・減速しないで壁にタッチする。 ・壁までのストローク数を数えて調整する。
方向を変換する		・両腕タッチする平泳ぎと背泳ぎは、素早く片手を離す。 ・両膝を胸に近付けるように抱え込み、体を回転する。 （予め壁に片手をついて体を支え、体の向きを素早く変える練習）
壁を蹴り泳ぎ始める	○	・壁を両足でしっかり蹴る。 （壁の手前5mからターン後5mまで、集中して繰り返す）

3 泳ぎの課題の視点と練習内容（例　平泳ぎ）

	課題（例）	泳ぎのコツ	練習方法
キック	抵抗を減らす ・蹴った後の伸びが足りない	・蹴った後に両足をそろえて伸びてみよう ・両足の小指が触れ合うように伸ばそう	①壁キック（壁に手をついてキック） ②ビート板キック（ビート板を使って） ③面かぶりキック（両腕を前に伸ばし、顔を水中につけてキックする） ④気をつけキック（手は体側につけて、引きつけた時に足先にタッチする）
プル（腕のかき）	推進力を得る ・水をつかめていない 抵抗を減らす ・お腹の辺りまで後ろにかきすぎる	・肩より前で逆ハート型を描くようにかこう ・かき終わりは顔の前で拝むように両手を合わせ、脇を閉めよう ・脇を閉めると同時に肩甲骨をあげるようなイメージ	①水中に立ったり、歩いたりしながら練習 ②ドル平（脚はドルフィンキック） ③プルブイを脚に挟んだプル（キックを使わず、プルに集中する）

キック、プル、呼吸・コンビネーションの課題を選び、泳ぎ方のコツや練習方法を確認しよう。

4 生徒の学習カードの一部と記載例

自分の課題	選んだ練習とその理由	○○からアドバイス	教師の確認
・平泳ぎで長く泳ぐために、しっかり伸びてストローク数を減らす。	・キャッチの前に伸びる泳ぎができるように、面かぶりキックと、２キック１プルの練習を選んだ。	・速くかきすぎて、頭が上がりすぎているから、伸びと姿勢を意識した練習をやってみよう。	

本時案

記録会で泳ぐ泳法の学習、ルール、進め方を知ろう

16/18

中心活動における指導のポイント

point　記録会に向けて、簡易ルールのポイントを確認し、記録会の進め方を知る。また、記録会で行うリレーについて、第13時に行ったリレーを踏まえ、みんなが楽しむためのルールや内容を考えて調整することが大きなテーマとなる。一人一人の違いに応じた課題や挑戦を大切にしたい。

本時の目標

・記録会の進め方を知り、準備を行う。
・体力や技能の程度、性別等の違いに配慮して、仲間とともに水泳を楽しむための活動の方法や修正の仕方を見付けることができるようにする。

評価のポイント

体力や技能の程度、性別等の違いに配慮して、仲間とともに楽しむための活動の方法やその修正の仕方（思考・判断・表現）の評価については、学習カードの記述で行う。

本時の展開

	時	生徒の学習活動と指導上の留意点
はじめ	3分	○プールサイドに集合 ○挨拶 ○本時の学習の目標、流れを確認する。
入水前活動	15分	○記録会のルールを確認する。1 ○記録会で行うリレーについて、みんなが楽しめるリレー内容を話し合い、調整する。2 ○グループチェック（人数確認、健康観察） ○準備運動～シャワー　…グループで選び実践する。 ○補助運動（水慣れ等）…グループで選び実践する。
記録会にむけた課題練習	25分	○記録会に向けた個人の課題練習 3 ・チャレンジタイム（測定や撮影） ・課題別反復練習 ○チーム練習タイム 4 ・引き継ぎ練習 ・リレー種目の教え合い
まとめ	7分	○退水 ○グループチェック（人数確認、健康観察） ○よく使った部位をストレッチする。 ○学習の振り返りをする。 ○仲間とともに水泳を楽しむための活動の方法や修正の仕方を学習カードに記入…時間があれば、プールサイドで記入する。

1 記録会の主な簡易ルールの確認

（第１・２学年のときより、少し正式にルールに近付ける）

（スタート）

・スターターの長めのホイッスルの合図で水中に入る。

・スターターの号令でスタートの姿勢を取って、静止する。

・出発の合図でスタートする。

（泳法・ターン）

・自由形と背泳ぎ：ターンとゴールタッチはプールの壁に体の一部が接触すればよい。

・背泳ぎ：ターン動作を除き、あお向けの姿勢を保つ。

・平泳ぎ・バタフライ：両足と両腕の動作は左右対称となる。ターンとゴールタッチは両腕同時に行う。

2 記録会で行うリレーの内容をみんなで考えよう！

（考える視点）

・様々な違いを超えてスポーツを楽しむためには、一人一人の違いに応じた配慮をすること

・違いに応じた配慮の仕方

（具体的な視点）

・距離・内容・チーム人数・道具など

リレーの楽しみ方の工夫

体力や能力のレベル、性別に関係なく、みんなで楽しむためのアイデアをグループごとに考えてみよう。

〈生徒の学習カードの一部と記述例〉

・みんなが楽しくリレーをするための内容や方法を、みんなで考えてみよう。

自分の考え	チームで話し合って調整した内容（例）
内容・ルールの調整のアイデア	【内容】 ○100m ユニバーサルリレー（４人） ・泳ぐ距離（12.5m ＋25m ＋37.5m ＋25m）を組み合わせる。 ○200m バラエティーリレー（４人） ・得意な種目を２種目組み合わせて50m を泳ぐ。 ○50m ターンリレー（５人） ・１人10m、壁から５m 離れた位置からスタートし、ターンをして交代する。 【ルール】通常の内容に適用 ○経験者はビート板でキックのみとする。 ○１チームに１人は足ひれなどの道具を使用してもよい。
・リレーの距離は同じでも、人によって距離を変える。	
その理由	
・経験者や男女の体力に応じた内容にするとよいから。	

3 記録会に向けた個人課題練習タイム

○チャレンジタイム

・同じ種目を泳ぐペアやトリオで記録会の種目を泳いで測定・撮影する。

○課題別反復練習

・スタート・泳ぎ・ターンの確認をする。

4 チーム練習タイム（第13時参照）

○引き継ぎの練習

○チーム内でリレー種目の課題の確認、教え合いなど

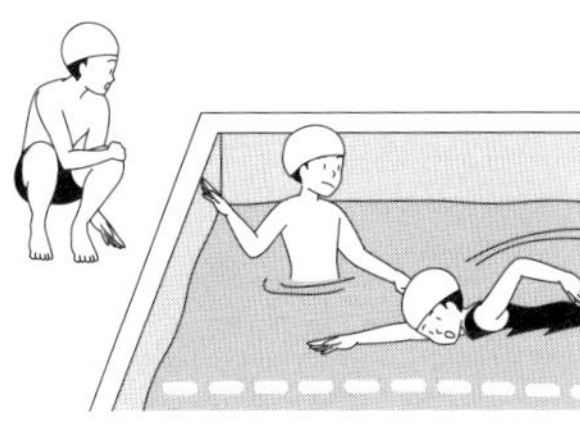

本時案

仲間と協力して記録会を楽しもう

本時の目標

・仲間とともに合意した役割について自己の責任を果たすことができるようにする。

評価のポイント

第13時に行ったルールやマナーを大切にする、自己の責任を果たそうとする（主体的に学習に取り組む態度）の評価については、観察で評価する。第18時については総括的に評価する。

中心活動における指導のポイント

point　記録会では、これまでの学習の成果が発揮できるようにすることと、役割分担をした責任を自主的に果たせるよう取り組ませる。また、様々な役割を行うことで、水泳との多様な関わり方も体験できるようにしたい。
単元のまとめとして、これまでの学習を通した変化（成果）と多様な楽しさについてまとめる。

本時の展開

	時	生徒の学習活動と指導上の留意点
はじめ	3分	○プールサイドに集合 ○挨拶 ○本時の学習の目標、流れを確認する。
入水前活動	10分	○記録会の役割分担を決め、責任を果たす意義を知る。 1 -① ○グループチェック（人数確認、健康観察） ○準備運動～シャワー　…グループで選び実践する。 ○補助運動（水慣れ等）…グループで選び実践する。
記録会	27分	○開会式（第17時） ○記録会（第17・18時） 1 -② ・速く泳ぐ：25m、50m（４泳法、複数の泳法） ・長く泳ぐ：100m、３分間泳、５分間泳（クロール、平泳ぎ、複数の泳法） ○工夫したリレー（新たに作成したチーム） ○閉会式（第18時） 1 -③
まとめ	15分	○退水 ○グループチェック（人数確認、健康観察） ○よく使った部位をストレッチ ○記録会の振り返りと単元全体のまとめを行う。 2 ・学習カードを活用して、自分の変化や成果を中心に振り返る。 ・グループで共有する。 ・全体で学習の成果と振り返る。

1 記録会を楽しもう

①役割分担の確認と自己の責任を果たそう

係	内　容	25・50m 担当者	100m 担当者	3分間泳 担当者
計　時　係	スタートの合図で計時を始め、泳者が壁にゴールタッチした瞬間に計測を終える。			
記録記入係	計時係の記録を記入する。事前に測定した記録からの伸び率を計算する。			
スターター	スタートの構えの準備ができたことを確認して、スタートの合図を出す。			
選手呼び出し係	次に泳ぐ選手にレーンを伝える。			
泳法観察係	各泳法のルールの泳ぎを確認する。			
折り返しターン係	ターンの動きを確認する。			

○同じ種目の生徒同士で集まり、役割を分担する。

○記録会で「どのように」自分の責任を果たしたらよいのか、「何のために責任を果たすのか」を理解して取り組む。

②記録会の種目の工夫

○速く泳ぐ：25m、50m（クロール、平泳ぎ、背泳ぎ、バタフライ、複数の泳法）

○長く泳ぐ：100m、3分間泳、5分間泳（クロール、平泳ぎ、複数の泳法）

○リレー　：前時に生徒が工夫して調整したリレー

③閉会式を盛り上げよう

○伸び率 MVP を発表する。

・単元の初めに測定した記録を参考とし、伸び率を算出する。

○マナーMVP 受賞者を決める。

・第13時の学習を踏まえてグループから選出し、内容を紹介する。

2 単元を通して、学習の成果を振り返ろう

○記録や泳ぎの変化、課題解決の方法をまとめ、態度面については、特に頑張って取り組んだことを振り返るとともに、グループ内で伝え合う。「する・みる・支える・知る」観点で水泳の楽しさを振り返り、高等学校での学習につなげる。

学習カード（抜粋）記入例

【まとめのワークシート　学習を振り返って自分とグループの成果を確認しよう】

内容	自分の成果		グループの成果（仲間のよい点を記入）
○記録の変化	種目（　100m 平泳ぎ　）伸び率（　108　）% 初回（　分　秒）→ 記録会（　分　秒）		
○泳ぎの変化	・泳ぎとスタートで、抵抗を減らす姿勢と伸びができるようになった。		
○課題発見や練習方法の選択	・ストローク数が多いのは、伸びが足りなかったので、伸びをとるために、2キック1スイムを多く練習した。ターンの動作も改善した。		
○取り組む態度	○なぜ大切なのか	○どのように取り組めたか	
・ルールやマナー			
・責任を果たす	・社会生活で必要な責任感を身に付ける。	・必要な用具を準備し、ルールを確認しながら集中して審判をした。	
・事故防止、健康・安全			
これからやってみたい水泳の「する・見る・支える・知る」楽しさについて考えてみよう。			
「する・見る・支える・知る」楽しさ　○で囲んで記入する。			

ダンス

9 現代的なリズムのダンス

9時間

単元の目標

(1)次の運動について、感じを込めて踊ったり、みんなで自由に踊ったりする楽しさや喜びを味わい、ダンスの名称や用語、踊りの特徴と表現の仕方、交流や発表の仕方、運動観察の方法、体力の高め方などを理解するとともに、イメージを深めた表現や踊りを通した交流や発表をすることができるようにする。

ウ　現代的なリズムのダンスでは、リズムの特徴を捉え、変化とまとまりを付けて、リズムに乗って全身

単元計画（指導と評価の計画）

1時（導入）	2～3時（展開①）
単元の流れと学習内容を確認し、特性や用いられる名称や用語を振り返る。	既習の動きやリズムに同調する動きで踊る。
1　学習の進め方とダンスの特性を知ろう POINT：ダンスの鑑賞を通し、学習を進めていく上で大切な知識を確認する。 **[主な学習活動]** ○集合・あいさつ ○単元の目標や学習の流れの確認 ○ダンスに関する名称や用語の確認 ○リズム遊び ○リズムダンスの導入 ・リズムの特徴をつかむ。 ○学習の振り返り	**2～3　交流ダンスを教え合おう** POINT：交流ダンスの習得に向けた教え合いを通して、今後のグループ活動につながる行動の仕方を身に付ける。 **[主な学習活動]** ○集合・あいさつ ○リズムダンスの導入 ○交流ダンスの練習 ・ペア活動→グループ活動 ○発表会に向けて ○学習の振り返り
[評価計画] 知①	**[評価計画]** 知② 技① 思① 態①

単元の評価規準

知識・技能	
○知識 ①ダンスには、身体運動や創作作品に用いられる名称や用語があることについて、学習した具体例を挙げている。 ②それぞれのダンスの交流や発表の仕方には、簡単な作品の見せ合いや発表会などがあること、見る人も拍手をしたりリズムをとるなどして交流し合う方法があることについて、学習した具体例を挙げている。	○技能 ①簡単なリズムの取り方や動きで、音楽のリズムに同調したり、体幹部を中心としたシンプルに弾む動きをしたりして自由に踊ることができる。 ②リズムの取り方や動きの連続のさせ方を組み合わせて、動きに変化を付けて踊ることができる。

で踊ることができるようにする。　**知識及び技能**

⑵表現などの自己や仲間の課題を発見し、合理的な解決に向けて運動の取り組み方を工夫するとともに、自己や仲間の考えたことを他者に伝えることができるようにする。
思考力、判断力、表現力等

⑶ダンスに自主的に取り組むとともに、互いに助け合い教え合おうとすること、作品や発表などの話合いに貢献しようとすること、一人一人の違いに応じた表現や役割を大切にしようとすることなどや、健康・安全を確保することができるようにする。　**学びに向かう力、人間性等**

4～8時（リレー・展開②）	9時（まとめ）
これまでの学習を発展させ、グループごとにダンスを構成する。	グループ同士で発表会を行う。
4～8　グループでダンスをつくろう POINT：これまで学習した知識や行動の仕方を生かし、発表に向けたダンスを構成する。 **［主な学習活動］** ○集合・あいさつ ○リズムダンスの導入 ○グループでダンスの構成 ○修正・確認 ○リハーサル ○話合い ○学習の振り返り	**9　全員が楽しむ発表会にしよう** POINT：誰もが楽しめる発表会の実現に向けた行動の仕方を大切にする。 **［主な学習活動］** ○集合・あいさつ ○準備 ○ダンスの発表 ○意見交流 ○学習の振り返り
［評価計画］ 技② 思②③ 態②③	**［評価計画］** 総括的な評価

思考・判断・表現	主体的に学習に取り組む態度
①選択した踊りの特徴に合わせて、よい動きや表現と自己や仲間の動きや表現を比較して、成果の改善すべきポイントとその理由を仲間に伝えている。 ②健康や安全を確保するために、体調や環境に応じた適切な練習方法等について振り返っている。 ③体力の程度や性別等の違いに配慮して、仲間とともにダンスを楽しむための活動の仕方や修正の仕方を見付けている。	①仲間に課題を伝え合ったり教え合ったりして、互いに助け合い教え合おうとしている。 ②一人一人の違いに応じた表現や交流、発表の仕方などを大切にしようとしている。 ③健康・安全を確保している。

本時案

学習の進め方とダンスの特性を知ろう

1/9

本時の目標

単元の流れとダンスに関する名称や用語を確認し、これからの学習における基本的な知識を体験的に理解する。

評価のポイント

身体運動や創作作品に用いられる名称や用語があることについて、学習した具体例を挙げているか。

中心活動における指導のポイント

point　第1・2学年の学習を深め、基本的な知識を活用し自主的な学びを展開していきたい。第1時にはそのベースとなる事柄を一方的な説明ではなく、鑑賞や実際の動きの中で体験的に理解できるように工夫する。

本時の展開

	時	生徒の学習活動と指導上の留意点
はじめ	5分	**集合・あいさつ** ○整列する。 ○単元計画を掲示し、学習の流れを確認する。 1 ○本時の学習内容を知る。
ダンスについて	15分	**ダンスの鑑賞** ○鑑賞を通して創作ダンス、フォークダンス、現代的なリズムのダンスの特徴を復習する。 ○スライドを使ってダンスに関する名称や用語を確認する。
リズム遊び	10分	**手拍子遊び** ○曲のビートに合わせて手拍子をする。 ○アフタービートのリズムで手拍子をする。 **遊び歌** ○２人組で「あんたがたどこさ」などのリズム遊びを行う。
リズムダンスの導入	15分	**ロックとヒップホップについてそれぞれの特徴をつかむ** **(1)ロックのリズムで動く** ○ロックの場合は、シンプルなビートを強調する。 ○リズムに合わせて弾んだり進んだりする。 2 **(2)ヒップホップのリズムで動く** ○ヒップホップの場合は、ロックよりも遅いテンポで強いアクセントがあるため、１拍ごとにアクセントのある動きをする。 3
まとめ	5分	**本時の振り返り** ○ダンスに関する名称や用語を学習カードで整理する。 4 ○振り返りを記入する。

1 単元の流れの説明

〇単元計画（指導と評価の計画など）をもとに学習の流れを説明する。
〇各時間のめあてを示し、見通しを立てやすくする。学習カードの振り返り欄にあらかじめ示しておく。

学習カード（抜粋）

1	（めあて：　ダンスに関する知識を得よう。　　　）	
2	（めあて：　教え合いを大事にしよう。　　　）	
	（めあて：　発表に向けた活動の仕方を考えよう。）	

2 ロックのリズムで動く

〇動きの例：ビートに合わせて、
・その場で左右に弾む。
・弾みながら進む。
・足うち、ケンケンパー、回転などを取り入れながら進む。
※慣れてきたらアフタービートの動きを入れるとよい。

3 ヒップホップのリズムで動く

〇動きの例：ビートに合わせて、
・座った状態で上半身を曲げたり伸ばしたりする。
・全身を使って、縦のりの動きをする。

4 ダンスに関する名称や用語

〇動きの例：ビートに合わせて、
・座った状態で上半身を曲げたり伸ばしたりする。
・全身を使って、縦のりの動きをする。
・「ユニゾン」「カノン」などを解説する。

本時案

交流ダンスを教え合おう①　2/9
〜教え合いを大切にしよう〜

本時の目標

簡単な振り付けをもとにリズムに乗って踊る楽しさを味わい、仲間と教え合いながら活動する。

評価のポイント

・簡単なリズムの取り方や動きで、音楽のリズムに同調したり、体幹部を中心としたシンプルに弾む動きをしたりして自由に踊ることができているか。
・よい動きや表現と自己や仲間の動きや表現を比較して、成果や改善すべきポイントとその理由を伝えることができているか。

中心活動における指導のポイント

point　円滑な教え合いの実現には、単に教え合いの時間を確保するだけでは不十分である。既習の知識をもとに生徒が思考を整理した上で表現できるよう、学習カードを活用するなどといった工夫をする。

本時の展開

	時	生徒の学習活動と指導上の留意点
はじめ	5分	**集合・あいさつ** ○整列する。 ○本時の学習内容を知る。
準備運動	5分	**準備運動** ○教師主導で各関節の柔軟運動を行う。 ○前時の導入で用いたリズムダンスを行う。 1
交流ダンスの教え合い	25分	**交流ダンスの習得に向けた活動** ○本時の交流ダンスについて、教師の解説や動画を見ながら模倣する。 2 ○ペアになって習得に向けた練習をする。 3 ○教え合いの際のアドバイスの例を提示する。 ○学習カードを活用し、改善点やその理由を伝え合う。
グループ分け	10分	**発表会に向けて活動するグループを決める** 4 ○必要な役割を決める。 ○チーム名を決める。 ○グループ活動への多様な参画の仕方を知る。 ○使用したい曲やダンスのイメージを出し合う。
まとめ	5分	**本時の学習の学習を振り返る** ○学習カードに振り返りを記入する。

1 リズムダンスの導入

○ビートに合わせた動きを、ウォーミングアップとして毎時間行う。
・生徒の興味・関心のある流行の曲（ロックのリズムなど）を使用するとよい。
・ビートに合わせて大きく動くことを大切にする。

2 交流ダンス

○本時の課題となるダンスを選ぶ。
・ここでは生徒の興味・関心を高めるため、流行のダンスを簡単にしたものなどを取り入れてもよい。
・簡単な動きなどを取り入れたダンスを教師が構成する。
・曲のサビのみをメインにするなど、１分程度の難易度が高すぎないものがよい。

3 円滑な教え合いにつながる学習カード

○生徒が思考したことを整理できるよう学習カードを活用する。　**学習カード（抜粋）**
○教え合いの際のアドバイスの例を提示する。

＿＿＿＿＿＿さんへ

改善できるところ	その理由など
例）肩甲骨を動かして腕を回そう。	例）肩甲骨を動かしながら回すと、振りが大きくなりお手本のようなダイナミックな動きに見えるから。

4 グループ編成の仕方

○円滑な活動ができるようグループ編成をする。
●Ａ案：４～８人と人数のみ指定し、編成を生徒に委ねる。
●Ｂ案：「意欲」「リーダー性」「協調性」「技能」の４つの観点から、４～８人でチームという編成を教師が行う。

○自主的な活動につなげる工夫
●グループ活動への多様な参画方法を例示する。
●多様な参画の仕方について、学習した具体例を挙げる。

＊ 国立教育政策研究所教育課程研究センター『「指導と評価の一体化」のための学習評価に関する参考資料【中学校　保健体育】』（令和２年３月）P77を参照

本時案

交流ダンスを教え合おう②～発表会に向けた活動の仕方を考えよう～

3/9

本時の目標

楽しい発表会の形やそれに向けたよりよいグループ活動の仕方を考える。

評価のポイント

・ダンスの交流や発表の仕方には、簡単な作品の見せ合いや発表会などがあること、見る人も拍手をしたりリズムをとるなどして交流し合う方法があることについて、学習した具体例を挙げているか。

・仲間に課題を伝え合ったり教え合ったりして、互いに助け合い教え合おうとしているか。

中心活動における指導のポイント

point　全員が楽しむということをテーマに活動の仕方を考えさせたい。そのためには、様々な違いに配慮しながら活動することが大切であるということを、ダンスという特性を生かし、多様な表現の仕方があることを教えていきたい。

本時の展開

	時	生徒の学習活動と指導上の留意点
はじめ	5分	**集合・あいさつ** ○グループごとに整列する。 ○本時の学習内容を知る。 めあて：発表に向けた活動の仕方を考えよう。
準備運動	5分	**準備運動** ○グループごとに各関節の柔軟運動を行う。 ○前時同様のリズムダンスを行う。
交流ダンス	15分	**交流ダンスの完成に向けた活動** ○前回の交流ダンスの完成に向けグループで協力しながら練習する。
よりよい活動に向けて	10分	**楽しい発表会の形を考える** 発問：みんなが楽しんでいる発表会をイメージしてみよう。 ○発表者側、見る側全員が楽しんでいる姿をイメージする。 ○グループで話し合い、意見を出し合う。 ○話合いで出た意見を共有する。◀1 ○発表に向けた活動のグループの活動方針を決める。◀2
発表に向けた構成	10分	**ダンスの構成を始める** ◀3 ○学習カードにある構成の手順をもとにグループごとに考える。
まとめ	5分	**本時の学習の学習を振り返る** ○学習カードに振り返りを記入する。

1 意見交流の仕方

○円滑な活動ができるようグループ編成をする。
・A案：各グループごと、付箋紙に書き出しホワイトボードに貼る。
　B案：タブレット端末を活用して共有する。
○主体的な活動につなげる工夫
・グループ活動への多様な参画方法を例示する。

2 グループの活動方針の決め方

○円滑な活動ができるよう、次の順で決める。
・楽しい発表会の形→必要な行動の仕方→グループの活動方針

3 ダンスの構成

○円滑な活動ができるよう手順と規定を示したグループシートを配布する。

学習カード

グループシート

3年　　組　　番　氏名（　　　　　　　　）

STEP1：役割分担をしよう！

役割	主な仕事	氏名
班長	●班の活動や話合いがスムーズに進むようまとめる。	組　番（　　　　）
副班長	●班長のサポートをし、班の活動をよいものにする。	組　番（　　　　）
振り付けリーダー	●発表に向けてダンスを構成する際の中心となる。 ●練習の際のカウントをとる。	組　番（　　　　）
		組　番（　　　　）
	●活動時間を多くつくることができるよう、準備・片付けをすみやかに行う。 ●班のみんなが楽しめるよう気を配る。 ● ●	組　番（　　　　）
		組　番（　　　　）
		組　番（　　　　）
		組　番（　　　　）

STEP2：方向性を決めよう！　［力強く　クールに　かわいく　明るく　など］

STEP3：使用したい曲を選ぼう！
○　各自で準備しよう。BPM120程度がおススメ！

STEP4：作品にステップを取り入れよう！
●チャールストン
アメリカのチャールストン市で生まれた。膝を近付けた状態で足を前後または左右に踏み出すステップ。
●クラブ
ヒップホップ以外のジャンルでも使われることが非常に多い。左右のかかと・つま先のつく順番をずらしながら、ハの字・逆ハの字をつくるようにして踏むステップ。
●ランニングマン
走るようなイメージで、その場で踏み続けるようなステップ。
●ポップコーン
「ヒップホップ」の王道。多くのダンサーが振付に使っているステップ。

この中から少なくとも一つ作品に取り入れよう！

STEP5：作品にステップを取り入れよう！
○　シンコペーションやアフタービート、休止や倍速など、リズムに変化をつけよう。
○　一人一人の能力を生かす動き、相手と対応、カノンやシンメトリー、隊列の変化を入れるとおもしろい。

本時案

グループでダンスをつくろう① ～健康・安全を確保して活動しよう～

4/9

本時の目標

グループ活動の際、健康・安全を確保し体調や環境に応じた練習の仕方を考える。

評価のポイント

健康や安全を確保するために、体調や環境に応じた適切な練習方法等について振り返っているか。

中心活動における指導のポイント

point　健康・安全を確保した活動ができるよう、活動の後の振り返りを充実させる。具体的な行動の仕方について教師側から提示するのではなく、保健分野の学習と関連させ、既習の知識を活用し、具体的な事例について思考を深めることができるようにする。

本時の展開

	時	生徒の学習活動と指導上の留意点
はじめ	5分	**集合・あいさつ** ○グループごとに整列する。 ○本時の学習内容を知る。 めあて：健康・安全に活動しよう。
準備運動	5分	**準備運動** ○グループごとに各関節の柔軟運動を行う。 ○前時同様のリズム運動を行なう。
グループ活動	25分	**発表に向けてのダンスを構成する** ○前回に引き続きグループシートを活用しながらダンスを構成する。 ○振り付けリーダーを中心に構成・練習する。1 ○タブレット端末を活用し流行りのダンスなどを参考にする。 ○適宜休憩を入れるなど、健康・安全を確保する。
グループ活動の振り返り	10分	発問：健康・安全な活動ができていましたか。 ○グループで発問について振り返り意見を出し合う。 ○特に、熱中症対策について考えを深める。 ○次回以降より健康・安全を確保するための具体的な行動の仕方を考え学習カードに記入する。2
まとめ	5分	**本時の学習の学習を振り返る** ○学習カードに振り返りを記入する。 ○次回の学習内容を確認する。

1 助言の仕方

〇活動が円滑に進まないグループに対しては助言を行う。
例）グループの方針、方向性をもとにいろいろな動画を見てみよう。

2 健康・安全を確保するための具体的な行動の仕方

〇夏場に多い熱中症を取り上げ、保健分野の学習を踏まえた具体的な行動の仕方を考える。
〇その他、考えられる事故の予防について、各自、学習カードに行動の仕方を記入する。

学習カード（抜粋）

〇考えられる危険と予防するための行動を具体的に考えよう。

考えられる危険	未然に防ぐための行動、留意点
例）夏の暑さによる熱中症	

〇生徒の状況によって、練習や活動に潜む危険因子を例示する。
・踊りたいという気持ちが先行して、動きに対する準備が整っていないと、身体のバランスが崩れ、腰や膝の痛み、捻挫などにつながる。
・練習時間を確保するためにクールダウンを疎かにすると筋疲労が蓄積したり、けがを誘発したりすることがある。
・体力などの違いを考慮せず練習した結果、体調を崩す人が出ることがある。

※健康・安全の視点は、この単元のみならず保健分野との関連が特に大切である。

本時案

グループでダンスをつくろう②

5-7/9

中心活動における指導のポイント

point　第３時の学習など、他者との関わりの中で求められる行動を体現できるよう、活動の中でよい行動が見られた場合は振り返りなどで共有する。

本時の目標

グループ活動を行う中で、これまで学習した知識や思考したことを具体化できるようにする。

評価のポイント

・体力の程度や性別等の違いに配慮して、仲間とともにダンスを楽しむための活動の仕方や修正の仕方を見付けているか。
・一人一人の違いに応じた表現や交流、発表の仕方などを大切にしようとしているか。
・健康・安全を確保して行動しているか。

本時の展開

	時	生徒の学習活動と指導上の留意点
はじめ	5分	**集合・あいさつ** ○グループごとに整列する。 ○本時の学習内容を知る。 めあて：みんなで楽しく活動しよう。違いのよさを大事にしよう。完成度を高めよう。
準備運動	5分	**準備運動** ○グループごとに各関節の柔軟運動を行う。 ○前時同様のリズムダンスを行う。
グループ活動	30分	**発表に向けてのダンスを構成する** ○前回に引き続きグループシートを活用しながらダンスを構成。 ○タブレット端末で撮影し、確認・修正を随時行う。 ○適宜グループ間の見せ合いを行い、意見を交流する。
活動の振り返り	5分	○グループ活動について振り返り、意見を出し合う。 ○各グループ１人、かがやき大賞を決める。1 ○次回の活動の流れを確認する。
まとめ	5分	**本時の学習の学習を振り返る** ○学習カードに振り返りを記入する。

本時案

グループでダンスをつくろう③ ～健康・安全を確保して活動しよう～ 8/9

本時の目標

リハーサルを通して発表に向けた最後の確認を行い、動きに変化を付けて踊ることができるようにする。

評価のポイント

リズムの取り方や動きの連続のさせ方を組み合わせて、動きに変化を付けて踊ることができているか。

中心活動における指導のポイント

point　本時のリハーサルを通しての技能指導は、次回が発表となるため細かな指導ではなく、修正が容易にできる事柄についての助言程度とする。例えば「振りが大きく見えるよう親指を外に向けてみよう」「立ち姿に角度を付けてみよう」などアドバイスをする。

本時の展開

	時	生徒の学習活動と指導上の留意点
はじめ	5分	**集合・あいさつ** ○グループごとに整列する。 ○本時の学習内容を知る。 めあて：発表に向けて自信を得よう。
準備運動	5分	**準備運動** ○グループごとに各関節の柔軟運動を行う。 ○前時同様のリズムダンスを行う。
リハーサル	30分	**次回の発表に向けてのリハーサル** **(1)グループごとに踊りの確認を行う** ○グループごとに5分間、踊りの確認・修正を行う。 **(2) 1グループずつリハーサルを行う** ○リハーサルを待っている間は踊りの確認・修正を行う。 ○各グループ順番に、入退場を含め通して踊る。 1 ○タブレット端末を活用し、動画を撮影する。 **(3)動画をもとに踊りの確認や修正を行う** ○動画を確認し残り時間で最後の修正を行う。
アピールタイム	5分	**次回の発表に向けたアピール** ○各グループ代表者が、発表の際に見てほしいポイントや意気込みを簡潔に話す。
まとめ	5分	**本時の学習の学習を振り返る** ○学習カードに振り返りを記入する。

本時案

全員が楽しめる発表会にしよう ～これまでの取組の成果を交流しよう～

9/9

本時の目標

各グループ取り組んできたダンスを発表し、自分のみならず他者の取組の成果も大切にする。

評価のポイント

ここまでの学習における総括的な評価を行う。

中心活動における指導のポイント

point 楽しい発表会にするためには、発表する側だけでなく、見る側の関わり方も大切である。これまでの学習を振り返り、簡潔に共通理解を図りたい。「～しないようにしよう」などのルール確認ではなく、「～しましょう」など、発表に向けての心得を全員で確認するとよい。

本時の展開

	時	生徒の学習活動と指導上の留意点
はじめ	2分	**集合・あいさつ** ○グループごとに整列する。 ○本時の学習内容を知る。 めあて：楽しい発表会にしよう。
準備運動	5分	**準備運動** ○グループごとに各関節の柔軟運動を行う。
発表会	30分	**これまで取り組んできたダンスの発表を通し交流する** **(1)グループごとに踊りの最終確認を行う** ○グループごとに5分間、踊りの確認・修正を行う。 ○舞台の準備を行う（範囲を決めた床でもよい）。 **(2)1グループずつ発表を行う** ○第3時の学習をもとに楽しい発表会にするための共通理解を図る。◀1 ○教師は全体の司会、アナウンスを行う。 ○各グループ順番に発表する。◀2 ○発表が終わるごとにPMIシートを記入する。◀3
意見交流	5分	**発表を見た感想を交流する** ○記入したPMIシートをもとに、意見交流をする。◀4
まとめ	5分	**現代的なリズムのダンスを振り返る** ○学習カードに現代的なリズムのダンスを通して学んだことなどを振り返り記入する。◀5

1 楽しい発表会にするために

◯第５時の学習で出た意見をもとに共通理解を図る（例：見る人は拍手をしたりあいづちを打ったりしてリズムをとろう。これまでの努力を尊重しよう、など）。

2 発表順の決め方

・Ａ案：第７時の活動時に各グループの代表が話し合い、発表会全体のバランスを考えながら発表順を決める。
・Ｂ案：くじ引きで発表順を決める。

3 PMI シートを記入する

学習カード（抜粋）

[P]Plus：よかったところなど	[M]Minus：○○だと、もっとよかった
[P]Interest：ときめいた、興味が湧いた、疑問に感じたこと　など	

4 意見交流の仕方

・Ａ案：記入した PMI シートをもとに数名が発表する。
・Ｂ案：PMI シートを生徒のタブレット端末に配布、入力しオンライン上で共有する。
→授業終了後、記入した PMI シートを体育館などに掲示するなどの工夫も考えられる。

5 現代的なリズムのダンスの振り返り

◯９時間にわたる現代的なリズムのダンスの自己の取組について、公正、協力、責任、参画、共生、健康・安全の観点を踏まえ、具体的に自身の行動を振り返る。

学習カード（抜粋）

特によくできた取組	**［　公正　協力　責任　 参画　認め合い　健康・安全　］**
具体的に ・グループの課題の解決するため、話合いの際自分の考えを述べることができた。	

ダンス

10 創作ダンス

9時間

単元の目標

(1)次の運動について、感じを込めて踊ったり、みんなで自由に踊ったりする楽しさや喜びを味わい、ダンスの名称や用語、踊りの特徴と表現の仕方、交流や発表の仕方、運動観察の方法、体力の高め方などを理解するとともに、イメージを深めた表現や踊りを通した交流や発表をすることができるようにする。

ア　創作ダンスでは、表したいテーマにふさわしいイメージを捉え、個や群で、緩急強弱のある動きや空

単元計画（指導と評価の計画）

1時（導入）	2～5時（展開）
ダンスの体力の高め方について理解し、既習の内容を復習しながら、現代的なリズムのダンスと創作ダンスの違いを体験する。	表したいテーマにふさわしいイメージを捉え、動きに変化を付けて、即興的に表現する。
1　学習の進め方と創作ダンスの特性を学ぶ POINT：ダンスの体力の高め方について理解し、創作ダンスの学習について確認する。 **[主な学習活動]** ○集合・あいさつ ○ダンスの種類と表現の仕方について理解する。 ○単元の目標や学習の道筋の確認 ○ペアウォーミングアップ ○既習の内容の復習 「走る－止まる」 ○整理運動 ○学習の振り返り	**2～5　表したいテーマにふさわしいイメージを捉え、変化を付けて即興的に表現する** POINT：多くの仲間の個性を尊重しながら、個や群で緩急強弱のある動きや空間の使い方で変化を付けて、即興的な表現に取り組む。 **[主な学習活動]** ○集合・あいさつ ○今日の学習の流れの確認 ○ウォーミングアップ／前時の復習 ○ひと流れの動き（即興的な表現）に取り組む。 ・表したいテーマの例から、動きに変化を付けて素早く即興的に表現する。 ○見せ合いの活動 ○学習の振り返り
[評価計画] 知③	[評価計画] 知①② 技①～⑤ 思① 態③

単元の評価規準

知識・技能	
○知識 ①それぞれの踊りには、その踊りの特徴と表現の仕方があることについて、学習した具体例を挙げている。 ②自己の動きや仲間の動き方を分析するには、自己観察や他者観察などの方法があることについて、言ったり書き出したりしている。 ③いろいろな動きと関連させた柔軟運動やリズミカルな全身運動をすることで、結果として体力を高めることができることについて、言ったり書き出したりしている。	○技能 ①「出会いと別れ」では、緩急強弱を付けて繰り返して表現することができる。 ②「ねじる一回る一見る」では、変化や連続のあるひと流れの動きで表現することができる。 ③「力強い感じ」では、対照を明確にするような簡単な構成で表現することができる。 ④「大回り一小回り」では、ダイナミックに空間が変化するように動くことができる。 ⑤「椅子」では、「もの」との関わり方に着目して表現することができる。 ⑥気に入ったテーマを選び、ストーリー性のある運びで、簡単な作品にまとめて踊ることができる。

間の使い方で変化を付けて即興的に表現したり、簡単な作品にまとめたりして踊ることができるようにする。 **知識及び技能**

⑵表現などの自己や仲間の課題を発見し、合理的な解決に向けて運動の取り組み方を工夫するとともに、自己や仲間の考えたことを他者に伝えることができるようにする。

思考力、判断力、表現力等

⑶ダンスに自主的に取り組むとともに、互いに助け合い教え合おうとすること、作品や発表などの話合いに貢献しようとすること、一人一人の違いに応じた表現や役割を大切にしようとすることなどや、健康・安全を確保することができるようにする。 **学びに向かう力、人間性等**

6～9時（まとめ）

テーマにふさわしいイメージを深めて、ひとまとまりの作品にまとめて踊る。また、ひとまとまりの作品を発表し、互いの違いに応じた表現を認め合う。

6～8　イメージを深めて、ひとまとまりの作品にまとめて踊り、発表する

POINT：仲間とともに工夫しながら、表したい内容のテーマにふさわしいイメージを深めて表現できるように踊り込んで表現する。グループごとに作品を発表し、それぞれの仲間の表現を楽しむ。

[主な学習活動]

○集合・あいさつ
○今日の学習の流れの確認
○グループウォーミングアップ
○ひとまとまりの作品創作に取り組む。
・表したい内容のテーマにふさわしいイメージを深めて表現できるように、踊り込む。
○作品を見せ合う発表の活動
○学習の振り返り

[評価計画] 技⑥　思②③　態①②

思考・判断・表現	主体的に学習に取り組む態度
①それぞれのダンスに応じて、表したいテーマにふさわしいイメージや、踊りの特徴を捉えた表現の仕方を見付けている。 ②作品創作や発表会に向けた仲間と話し合う場面で、合意形成するための関わり方を見付け、仲間に伝えている。 ③ダンスの学習成果を踏まえて、自己に適した「する、みる、支える、知る」などの運動を継続して楽しむための関わり方を見付けている。	①ダンスの学習に自主的に取り組もうとしている。 ②作品創作などについての話合いに貢献しようとしている。 ③健康・安全を確保している。

本時案

学習の進め方と創作ダンスの特性を学ぶ

1/9

本時の目標

創作ダンスの単元の学習内容を知り、ダンスの体力の高め方を理解することができる。

評価のポイント

いろいろな動きと関連させた柔軟運動やリズミカルな全身運動をすることで結果として体力を高めることができることについて、言ったり書き出したりしているか。

中心活動における指導のポイント

point　現代的なリズムのダンスは、ロックやヒップホップ等のリズムの特徴を捉えて「弾み」や「縦のり」といった基本となる動きをもとに、自由にリズムに乗ることを楽しむダンスである。一方、創作ダンスは、イメージにふさわしい動きを捉え、動きに変化を付けて踊ることがねらいとなる。それぞれのダンスの特性を理解させて、一人一人の違いに応じた表現を楽しめる、自由で受容的な雰囲気づくりがポイントとなる。また、ダンスの体力の高め方について、ダンスの映像を通して、ダンスの動きはいろいろな動きが組み合わさっていることを理解させる。

本時の展開

	時	生徒の学習活動と指導上の留意点
はじめ	3分	**集合・あいさつ** ○筆記用具 or タブレット端末を持って整列する。 ○本時の学習内容を知る。
ダンスについての知識の学習（体力の高め方）①	7分	**〈復習〉ダンスを継続することで高まる体力→柔軟性や平衡性、全身持久力** **創作ダンスの作品映像を見る** ○グループに分かれ、グループ内で協力して、どのような動きが入っていたかを書き出す（例：ジャンプ、ターン等）。 1 ○体力ごとに動きを分類する。 ※タブレット端末の機能を用いてもよい。
単元の確認	2分	**9時間の単元の学習内容とねらい、評価について確認する**
ペアウォーミングアップ	18分	**ペアでウォーミングアップを行う** ○ジャンケン股割や、とんねるくぐり、タッチ＆エスケープを行う。 2
既習の内容	10分	**〈復習〉「走る－止まる」** 3 ○３名グループで「走る－止まる－走る－止まる－走る－止まる・止まる・止まる」を実際に動きながら行う。リーダーを交代しながら行う。 ○止まる際に視線の先を決める。 ○「走って止まるもの」のイメージを決めて、３人組で実施する。
整理運動	10分	**手、足など運動使ったところをゆったりとほぐす**
まとめ	5分	**クラス全体で本時の学習について振り返る** ○ダンスの体力の高め方、創作ダンスの特性について学習カード（またはタブレット端末）に記入する。

1 ダンスの体力の高め方

○ダンスは、決められた動きを何度も繰り返すものではなく、様々な動きが組み合わされている。それらの動きを継続することで結果として体力の向上につながっていることをダンスの映像を見ながら確認し、ダンス継続の意義の１つとして生徒に理解させる。

⑴中学校第１学年及び第２学年の復習として、ダンスに関連して高まる体力について思い出させる。

⑵４～５名のグループをつくり、付箋紙を配付して、ダンス作品の映像を見て、出てきた動きをできるだけたくさん書き出させる。

⑶グループ内で協力して、体力要素ごとに分類する。

学習カード記入例

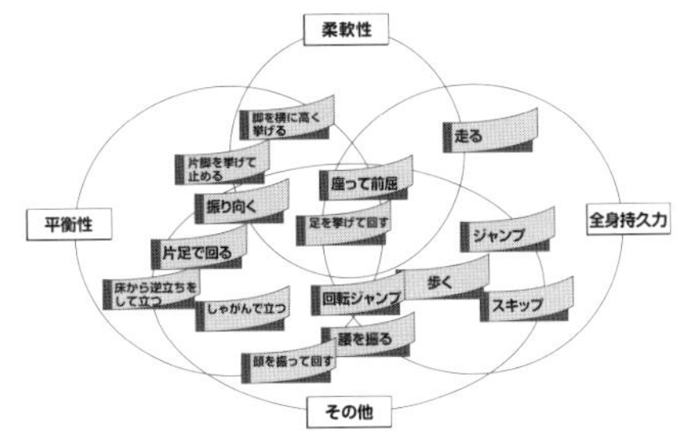

2 タッチ&エスケープ

○ペアの鬼ごっこと似ているが、「前の人は鬼に背中をタッチされないように逃げる」というたった１つのルールを追加することで、ただ走り回るだけではなく、フェイントをかけたり、方向転換やジャンプをしたり、回転してみたり、床を使ってみたりと、様々な動きが生まれる。次の「走る – 止まる」につながる動きとなる。

⑴教師が、ただ走って逃げるだけではなく、「こんな動きがあるよ」と示範を見せると、生徒たちが具体的な動きをイメージできて、多くの動きが生まれやすくなる。

⑵エネルギーを使うので、20秒間、30秒間などと時間を決めて、集中して実施するとよい。その代わり、教師と生徒でその時間内は全力で行うことを約束する。BGM としてテンポの速い曲をかけると雰囲気が出やすい。

3 「走る – 止まる」に「見る」を加える

○次時の「ねじる – 回る – 見る」の活動につながるよう、「走る – 止まる」の「止まる」のポーズの際に、視線を意識させる。

⑴教師のリズム太鼓に合わせて、３人組で「走る – 止まる – 走る – 止まる – 走る – 止まる・止まる・止まる」を実際に動きながら行う。リーダーが先頭、もう２人はリーダーの真似をする。リーダーの視線の先もしっかりと観察して、真似をする。

⑵次に既習の内容と同じ方法で、動きにイメージをつけさせるが、まずは教師が例を出して、示範をする。「見る」を加えることでイメージも、コンタクトや蚊、片思いの人等、「走る – 止まる」のときにはあまり出てこなかったイメージが出てくる可能性もある。３人組で実施し、はじめとおわりにポーズをつける。

本時案

表したいテーマにふさわしいイメージを捉え、変化を付けて即興的に表現する

2-6/9

本時の目標

表したいテーマにふさわしいイメージを捉え、個や群で緩急強弱のある動きや空間の使い方で変化を付けて、即興的に表現することができる。

評価のポイント

・自己や仲間の動きの分析には、自己観察や他者観察などの方法があることについて、言ったり書き出したりしているか。
・実施する際、空いている場所を見付けて活動したり、体調に合わせて動きを加減したりして、健康・安全を確保して活動しているか。

中心活動における指導のポイント

point　第2～6時は、中学校第1学年及び第2学年で学んだ即興表現の内容をより発展させたり深めたりする時間となる。表したいテーマにふさわしいイメージを、具体的なものから、抽象的なものや人の感情等に広げて表現できるよう、段階を追って指導していく。単元後半の発表も意識させ、見る人に表現したいことが伝わりやすいように、イメージを端的に捉えたり、動きを明確にしたり、変化を付けたりする生徒の自主的な活動を充実させる。ICT機器も有効活用して、探究的な学びを展開することがポイントである。

本時の展開

	時	生徒の学習活動と指導上の留意点
はじめ	3分	**集合・あいさつ** ○筆記用具かタブレット端末を持って整列する。 ○本時の学習内容を知る。
ウォーミングアップ／前時の復習	15分	**ペアでウォーミングアップを行う** ○タッチ＆エスケープ ○「走る－止まる」＋「見る」
活動Ⅰ	15分	**「ねじる－回る－見る」** 1 ○教師の指示で、まずは1人で様々なねじり方、回り方、視線を試す。 ○ペアになって動く。ねじる際に、絡み合ったり、もたれかかったり、1人ではできない動きを工夫する。また見る際も、2人で同じ方向を見てみたり、他の方向を見たり、見つめ合ったりして、動きのレパートリーを増やす。 ○4～6人のグループでイメージを出し合って、イメージにふさわしい「ねじる－回る－見る」を創作し、動きを切らさず、ダイナミックに、緩急強弱を付け、体を極限まで使って表現する。
見せ合いの活動	10分	**クラスの半分ずつ発表** ○きょうだいグループ同士でタブレット端末を用いて、動きを撮影する。仲間の動きを見て、よかったところを伝え合い、また動画を見て自分たちの課題を見付ける。
まとめ	7分	**クラス全体で本時の学習について振り返る** ○健康・安全を確保できたか、運動観察の方法についてまとめる、見せ合いの活動での気付きを学習カード（またはタブレット端末）に記入。

1 毎時の授業展開の例

○単元を通して、最終のゴール像を教師と生徒双方で共有し、毎時間の活動が単発で終わらないように意識することが重要である。そのためにも、毎時間の中で前時の復習を取り入れ、学習したことを再度実践し、また知識としても理解させ（「わかる」と「できる」の往還）、本時のメインとなる活動も次時や単元のゴールへどのようにつながるのかを生徒に伝えながら展開していくことが大切である。

2 ダンス授業での主体的・対話的で深い学び

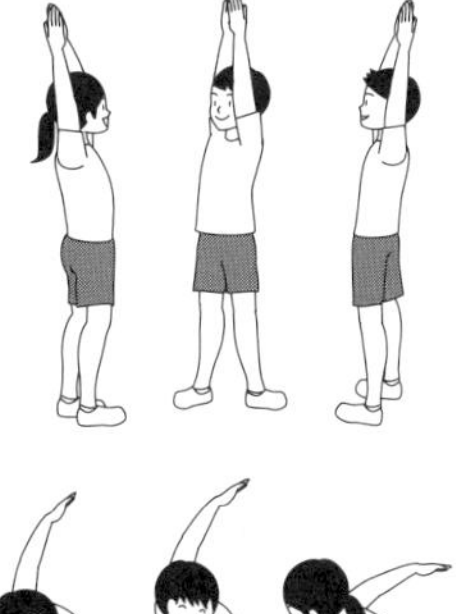

○平成29年告示の学習指導要領では、「主体的・対話的で深い学び」の実現に向けた授業改善が求められている。ダンス授業ではこれまでも、生徒自身が自ら考え、その想いを他者に伝えながら、よりよい動きをつくり出していく、探究型の課題解決型学習を主体とした授業展開がなされてきた。しかし、一部で、ダンスの得意な生徒に指導が任せきりになってしまっている授業、教師が学習指導要領の指導すべき内容を伝えることなく、すぐにグループでの活動を開始するような放置型のグループ活動のみの授業も散見される。

生徒の自主的な学びを保障するため、教師自身が単元を通して指導すべき内容を理解した上で、設定されたねらいやゴールに生徒を導く問いかけや言葉かけ、教材、学習内容を検討し、学び方を工夫することが重要である。

3 ダンス授業での ICT 活用

○GIGA スクール構想により、全国でタブレット端末やノート型の学習用端末の導入が進んでいる。体育館にも通信環境が整備されている場合は、カメラ機能を用いて動きの動画や写真を撮影し、課題の発見に役立てたり、学習カードの代わりに端末にまとめの内容等を記入することで、生徒間で意見を共有し合ったり、教師側の生徒の評価材料の整理も簡便になるなど、学習環境の向上に非常に有効なツールである。体育館に生徒たちが学習用端末を持参する場合には、体育館の指定の場所に端末の保管場所を決め、床にそのまま置くことがないよう注意する。効率よく、また有効的に、さらに安全に活用することが重要である。

本時案

イメージを深めて、ひとまとまりの作品にまとめて踊り、発表する

7-9/9

本時の目標

テーマにふさわしいイメージを深めて、ひとまとまりの作品にまとめて踊って発表し、互いの違いに応じた表現を認め合うことができる。

評価のポイント

学習成果を踏まえて、自己に適した「する、みる、支える、知る」などの運動を継続して楽しむための関わり方を見付けているか。

中心活動における指導のポイント

point　第7～9時は、単元前半の即興的な表現から、表したいテーマにふさわしいイメージを一層深めて、変化や起伏のある「はじめ－なか－おわり」の構成で表現して踊ることがねらいとなる。生徒に好きなテーマを選択させ、同じテーマを選んだ仲間でグループを構成し、表したいイメージの動きにはじめとおわりを付け、簡単な作品にまとめさせる。見る人に表現したいことが伝わるように、作品を深め、踊り込む時間をとって、作品をしっかりと仕上げられるよう教師はサポートする。

本時の展開

	時	生徒の学習活動と指導上の留意点
はじめ	3分	**集合・あいさつ** 〇筆記用具かタブレット端末を持って整列する。 〇本時の学習内容の確認をする。
ウォーミングアップ／発表に向けての練習	10分	**グループでウォーミングアップを行う** 〇ジャンケン股割、足ジャンケン、とんねるくぐりの中から、グループで1つ選択して実施する。 **発表に向けて、作品の練習** 各グループで発表に向けての最終確認を行う。
発表準備	15分	〇発表順を決める。 〇タイトルをホワイトボードに書く。 〇撮影用カメラ、学習カードかタブレット端末の準備をする。
発表		**グループごとに発表を行う** 1 〇各グループの発表前にリーダーから、タイトルと見どころ、工夫したところを一言で発表する。 〇グループの発表が終わったごとに、学習カードかタブレット端末に感想（よかった点・採点等）を記入する。 〇数名の生徒が、代表でコメントを発表する。
振り返り	7分	**グループごとに自分たちの動画を見て、成果と課題を共有する** 〇学習カードかタブレット端末に自分たちのグループのダンスについての感想（よかった点・採点等）を記入する。
まとめ	15分	**単元のまとめを行う** 2 〇授業全体の活動について振り返る。 〇ダンスへの4つの関わり方を学習し、各グループでどのような関わり方ができるかを書き出す。 〇自分は今後、どのようにダンスに関わっていきたいかを記入する。

1 発表の際の学習カードの例

○全員が練習の成果をしっかりと発揮でき、気持ちよく発表することができるように、発表に向けた準備や環境設定等を教師側がある程度リードしながらも、生徒が主体として実施できるように工夫する。発表の際には、ダンスを発表する側と鑑賞する側に、以下の約束事をしてから開始する。

(1)ダンスを発表する側は、個や群の動きを明確に、緩急強弱・静と動の変化、列や円などの空間の使い方に変化を付けるなど、見ている側に表したいテーマにふさわしいイメージがしっかりと伝わるよう、作品の変化と起伏をはっきりと表現して、心を込めて踊る。

(2)見る側は、ダンスの動きに間違いはなく、表現の違いを楽しむこと、グループが工夫した動きや表現を発見できるようしっかりと鑑賞し、踊り終わったあとは、大きな拍手をして、頑張りを称える。

2 生涯スポーツの実践に向けて

○ダンスの単元を振り返り、学習の成果を踏まえて、ダンスを生涯にわたって継続して楽しむための関わり方を見付けることができるよう思考を巡らす時間をとる。

(1)グループで「する、みる、支える、知る」の4つの関わり方にはどのようなものがあるか考えさせる。教師側がいくつか例を示すと、イメージしやすい。

例：する（高校でダンス部に入る）、みる（テレビの歌番組でみる）、支える（学校の文化祭の発表の手伝い）、知る（どのようなダンスのジャンルがあるのかインターネットで調べる）

(2)いろいろな関わり方を共有した上で、自分自身は今後、どのように関わることができそうか考えさせる。なかなか思い付かない生徒には、高等学校で、社会に出てから、高齢になってから等、具体的な時期を提示する等、生徒が具体的なイメージをもつことができるような声かけを心がける。

学習カード

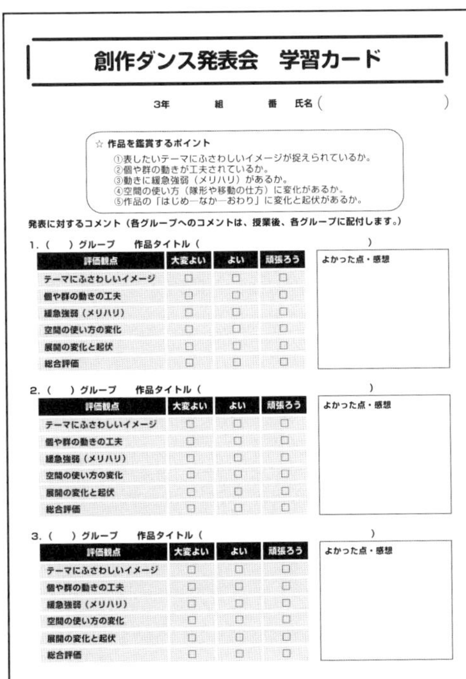

創作ダンス発表会　学習カード

3年　　組　　番　氏名（　　　　　　）

☆ 作品を鑑賞するポイント
①表したいテーマにふさわしいイメージが捉えられているか。
②個や群の動きが工夫されているか。
③動きに緩急強弱（メリハリ）があるか。
④空間の使い方（隊形や移動の仕方）に変化があるか。
⑤作品の「はじめ―なか―おわり」に変化と起伏があるか。

発表に対するコメント（各グループへのコメントは、授業後、各グループに配付します。）

1.（　）グループ　作品タイトル（　　　　　）

評価観点	大変よい	よい	頑張ろう
テーマにふさわしいイメージ	□	□	□
個や群の動きの工夫	□	□	□
緩急強弱（メリハリ）	□	□	□
空間の使い方の変化	□	□	□
展開の変化と起伏	□	□	□
総合評価	□	□	□

よかった点・感想

2.（　）グループ　作品タイトル（　　　　　）

評価観点	大変よい	よい	頑張ろう
テーマにふさわしいイメージ	□	□	□
個や群の動きの工夫	□	□	□
緩急強弱（メリハリ）	□	□	□
空間の使い方の変化	□	□	□
展開の変化と起伏	□	□	□
総合評価	□	□	□

よかった点・感想

3.（　）グループ　作品タイトル（　　　　　）

評価観点	大変よい	よい	頑張ろう
テーマにふさわしいイメージ	□	□	□
個や群の動きの工夫	□	□	□
緩急強弱（メリハリ）	□	□	□
空間の使い方の変化	□	□	□
展開の変化と起伏	□	□	□
総合評価	□	□	□

よかった点・感想

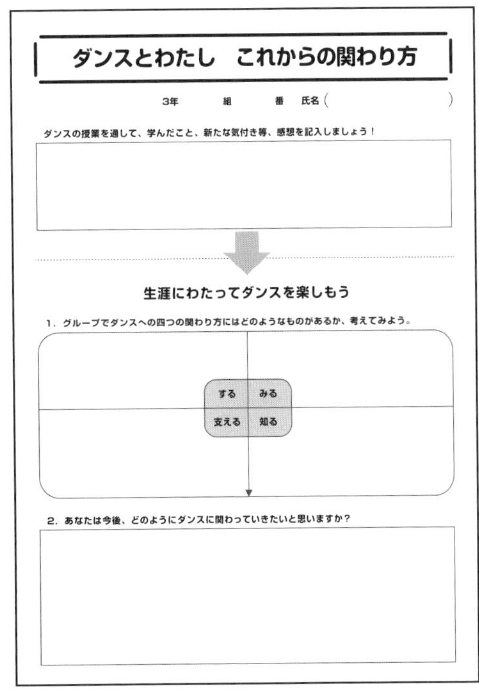

ダンスとわたし　これからの関わり方

3年　　組　　番　氏名（　　　　　　）

ダンスの授業を通して、学んだこと、新たな気付き等、感想を記入しましょう！

生涯にわたってダンスを楽しもう

1. グループでダンスへの四つの関わり方にはどのようなものがあるか、考えてみよう。

する　みる
支える　知る

2. あなたは今後、どのようにダンスに関わっていきたいと思いますか？

球技

11 ゴール型：サッカー

（18時間）

単元の目標

(1)次の運動について、勝敗を競う楽しさや喜びを味わい、技術の名称や行い方、体力の高め方、運動観察の方法などを理解するとともに、作戦に応じた技能で仲間と連携しゲームを展開できるようにする。

ア　ゴール型では、安定したボール操作と空間をつくり出すなどの動きによってゴール前への侵入な

単元計画（指導と評価の計画）

1時（導入）	2～6時（展開①）	7～11時（展開②）
単元の目標や内容を知り、単元の進め方とチームごとの役割分担を確認する。	相手を引き付ける動きで、ゴール前に空間をつくり出して攻防を展開する。	パスやドリブルを用いながら、味方と連携してボールをキープして攻防を展開する。
1　学習の進め方とチームでの役割を確認しよう POINT：既習の学習を振り返り、球技ゴール型の学習を進めていく上で大切なことを確認する。 **[主な学習活動]** ○集合・あいさつ ○単元の目標や学習の道筋の確認 ○準備運動 ○既習の技能への取組。 ・サッカーに必要な技能を知る。 ○チーム分けと役割分担 ○メインゲーム ○整理運動 ○学習の振り返り	**2～6　空間をつくり出す動きとゴールへのシュートで攻防を展開しよう** POINT：空間をつくり出す動きのポイントを理解し、適切な練習を選んでゲームで発揮する。 **[主な学習活動]** ○集合・あいさつ ○本時の目標等の確認 ○準備体操 ○ウォーミングアップゲーム ○メインゲーム① ○本時の目標に迫る活動 第２・３時：ドリル練習とタスクゲーム、第４・５時：ゲーム分析と練習選択、第６時：チーム練習と総当たり戦、フェアなプレイについて ○メインゲーム② ○整理運動 ○学習のまとめ ・本時の学習について振り返る。 ・次時の学習内容を知る。	**7～11　キープする動きを用いて攻防を展開しよう** POINT：ボールをキープする動きのポイントを理解し、適切な練習を選びゲームで発揮する。 **[主な学習活動]** ○集合・あいさつ ○本時の目標等の確認 ○準備体操 ○ウォーミングアップゲーム ○メインゲーム① ○本時の目標に迫る活動 第７・８時：ドリル練習とタスクゲーム、第９・10時：ゲーム分析と練習選択、第11時：チーム練習と総当たり戦、一人一人の違いに応じた修正等 ○メインゲーム② ○整理運動 ○学習のまとめ ・本時の学習について振り返る。 ・次時の学習内容を知る。
[評価計画] 知① 思①	[評価計画] 技①② 思① 態①	[評価計画] 技③ 思② 態②

単元の評価規準

知識・技能	
○知識 ①球技の各型の各種目において用いられる技術や戦術、作戦には名称があり、それらを身に付けるためのポイントがあることについて、言ったり書き出したりしている。 ②戦術や作戦に応じて、技能をゲーム中に適切に発揮することが攻防のポイントであることについて、学習した具体例を挙げている。	○技能 ①ゴールの枠内にシュートをコントロールできる。 ②ゴール前に広い空間をつくり出すために、守備者を引きつけてゴールから離れることができる。 ③守備者とボールの間に自分の体を入れてボールをキープできる。 ④ゴールとボール保持者を結んだ直線上で守ることができる。

どから攻防できるようにする。 **知識及び技能**

(2)攻防などの自己やチームの課題を発見し、合理的な解決に向けて運動の取り組み方を工夫するとともに、自己や仲間の考えたことを他者に伝えることができるようにする。**思考力、判断力、表現力等**

(3)（球技に自主的に取り組むとともに）、フェアなプレイを大切にしようとすること、（作戦などについての話合いに貢献しようとすること）、一人一人の違いに応じたプレイなどを大切にしようとすること、互いに助け合い教え合おうとすること（など）や、（健康・安全を確保すること）ができるようにする。 **学びに向かう力、人間性等**

12～16時（展開③）	17～18時（まとめ）
ボールを持っている相手をマークしたり、開いている場所をカバーして攻防を展開する。	チームごとに勝敗を争いながら単元を通して学んだことを振り返る。
12～16　工夫した守備で攻防を展開しよう POINT：マークやカバーの動きのポイントを理解し、適切な練習を選んで、ゲームで発揮しよう。 **[主な学習活動]** ○集合・あいさつ ○本時の目標等の確認 ○準備体操 ○ウォーミングアップゲーム ○メインゲーム① ○本時の目標に迫る活動 第12・13時　ドリル練習とタスクゲーム 第14・15時　ゲーム分析と練習選択 第16時　チーム練習と総当たり戦 互いに助言や助け合う。 ○メインゲーム② ○整理運動 ○学習のまとめ ・本時の学習について振り返る。 ・次時の学習内容を知る。	**17～18　チームで協力してリーグ戦を戦い、学びを振り返ろう** POINT：チームごとに単元の学びを振り返りながら総当たり戦の大会を行う。 **[主な学習活動]** ○集合・あいさつ ○本時の目標等の確認 ○準備体操 ○総当たり戦の大会 ・フェアなプレイを大切にする。 ○表彰式 ○整理運動 ○学習のまとめ ・単元の学習について振り返る。
[評価計画] 技④ 思③ 態③	**[評価計画]** 知② 態①

思考・判断・表現	主体的に学習に取り組む態度
①選択した運動について、合理的な動きと自己や仲間の動きを比較して、成果や改善すべきポイントとその理由を仲間に伝えている。 ②自己や仲間の技術的な課題やチームの作戦・戦術についての課題や課題解決に有効な練習方法の選択について、自己の考えを伝えている。 ③作戦などの話合いの場面で、合意形成するための関わり方を見付け、仲間に伝えている。	①相手を尊重するなどのフェアなプレイを大切にしようとしている。 ②一人一人の違いに応じた課題や挑戦及び修正などを大切にしようとしている。 ③互いに練習相手になったり仲間に助言したりして、互いに助け合い教え合おうとしている。

本時案

学習の進め方とチームでの役割を確認しよう

1/18

本時の目標

単元の目標や内容を知り、単元のルールとチームごとの役割分担を確認できる。

評価のポイント

学習の進め方やチームでの役割分担を適切に把握し、相手を尊重するなどフェアなプレイを大切にできたか。

中心活動における指導のポイント

point　オリエンテーションでは、「単元の見通しをもつ」「自分の役割を知る」「流れを把握する」「約束事について知る」「目標を立てる」ことが必要である。教師が示す単元の流れや約束事と、生徒たちで決めるチームの役割などを明確にすることで、生徒が自分たちで動ける仕組みをつくる。特に、授業前にコートを準備し、チームごとにビブスを着ておくなど、やるべきことを知ることができたかがポイントとなる。リーダーを中心に指示を出しやすい雰囲気をつくり出す。

本時の展開

	時	生徒の学習活動と指導上の留意点
はじめ	3分	**集合・あいさつ** ○本単元のねらいや大切にすることを知る。 ○本時の学習内容を知る。
準備運動	5分	**ウォーミングアップゲームに取り組む** 1 ○足首、手首、ひざなどを動かす。 ○ボールを蹴ったり、止めたり、運んだりする運動をする。
試しのゲーム	30分	**単元の流れを知り、見通しをもつ** **(1)球技のルールと授業の約束、フェアプレイについて知る** 2 ○コートや得点の仕方、技術の名称や成り立ちを知る。 **(2)チーム分けと役割分担** 3 ○自分のチームや相手のチームを確認し、役割分担をする。 **(3)ゲームの準備** ○コートや用具を準備する。 ○１ゲーム３分で行う。 ○フェアプレイについて確認する。 **(4)メインゲームに取り組む（８対８）** ○整列、勝敗の確認、あいさつをする。 ○チームで勝敗を確認し、学習カードに記入する。
整理運動	2分	**太ももや足首など使ったところをゆったりとほぐす**
まとめ	5分	**クラス全体で本時の学習について振り返る** ○今日の「気付き」をタブレット端末に記入する。 ○次時の学習予定を知る。

1 単元を通して行うウォーミングアップゲーム

○単元を通して簡単なゲームの中で基礎技能を身に付ける。

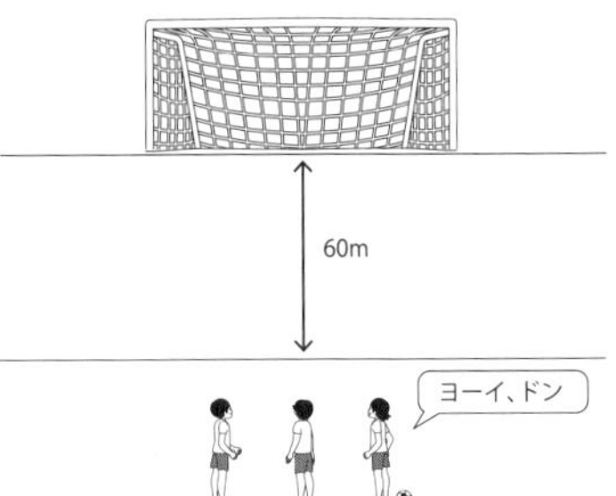

パスしてシュートタイムトライアル
※簡単なゲームの中で、基礎技能を身に付ける。
【ルール】
・３人組でパスを20本つなぎながら60ｍ先のゴールを目指す。
・20本目のパスがシュートになるように工夫をする。
・シュートが入ったときのタイムを競う。

2 健康・安全の確保と相手を尊重するフェアなプレイを大切にすること

球技のルール　授業の約束
1．移動は素早く、駆け足で。
2．係の仕事は素早く、責任をもって行おう。
3．自分勝手な行動は慎み、話は集中して聞こう。
4．ボールを蹴ったり、投げたりするとき、ゴールを運ぶときは、周りの人やものに気を遣おう（ゴールは４人以上で運ぶ）。
5．声かけは積極的に、運動は一生懸命に。
6．用具（ボールやゴール）は大切に→集合時や授業後にボールが落ちていない。
7．靴ひも、メガネ、よそ見に注意。

相手を尊重するフェアなプレイを大切にする
1．ゲームのはじめと終わりに審判の進行であいさつをする（対戦する相手を尊重する）。
2．あいさつ後にはチームで円陣を組んだり、かけ声をチームで決めて声をかけ合う（チームの一体感を高める、チームに粘り強く取り組む雰囲気）。
3．勝敗も大切だが、相手チームと高め合おう。
4．仲間とよいところを素直に認め合う（よりよいプレーをたたえ合う）。

3 チーム編成の仕方と役割分担

【チーム編成】
○チーム間が均等になるよう班編成を行う。教師が次の視点でチーム編成をすることを生徒に伝える。「リーダー性」「技能レベル」「意欲の高さ」「協調性」「８～９人のチーム」。
・他には自分たちでチームを決めたり、体育係が決めたり、名簿順、背の順で決めてもよい。

［役割］３役：キャプテン、副キャプテン、盛り上げ係
［準備、片付け当番］
ボール係（各班２名）：ボールのカゴを出し、ボールを人数分ゴールに入れる→片付ける
ゼッケン係（各班２名）：ゼッケンを用意し、配布する→片付ける
得点版係（各班２名）：得点版を倉庫から出し、コート横に設置する→片付ける
おもり係（各班２名）：ゴールのおもりを準備し、設置する→片付ける
マーカー係（各班２名）：マーカー16枚でドリブル練習の準備をする→片付ける
ゴール係（各班全員）：自分のコートのゴールを運ぶ→片付ける　※必ず４人以上で運ぶ

本時案

空間をつくり出す動きとシュートのポイントを知ろう

2-3/18

本時の目標

ゴールの枠内にシュートをコントロールしたり、ゴール前に広い空間をつくり出すための動きができる。

評価のポイント

・ゴールの枠内にシュートをコントロールできたか。
・ゴール前に広い空間をつくり出すために、守備者を引き付けてゴールから離れることができたか。

中心活動における指導のポイント

point　単元の最初ではゴール前での攻撃を取り上げる。ゴール前でシュートを打ったり、空間をつくり出したりする動きの目指すべきプレイを共通認識させる。また、そのプレイを成り立たせる基礎技能をドリルゲームで確認し、さらに運動課題を焦点化したタスクゲームに取り組み、目的意識や上達の実感が味わいやすいよう工夫している。運動が苦手な生徒も段階を追って自信を付けながら理想とするプレイに近付けるように丁寧に声かけをしていく。

本時の展開

	時	生徒の学習活動と指導上の留意点
はじめ	3分	**集合・あいさつ** ○本時の学習内容を知る。
準備運動	5分	**ウォーミングアップゲームに取り組む** ○足首、手首、ひざなどを動かす。 ○ボールを蹴ったり、止めたり、運んだりする運動をする。
メイン ゲーム ドリル練習 タスク ゲーム メイン ゲーム	30分	**空間をつくり出す動きについて興味をもつ** **(1)メインゲーム①に取り組む（8対8）** **(2)空間をつくり出す動きについて知る** ◀1 ○ゲームにおける空間をつくり出す動きの典型例から具体的な動き方を知る。 ○どのように身に付けていくかの見通しをもつ。 **(3)ドリルゲームに取り組む** ◀2 ○シュートの仕方を練習する。 ○1人～2人で動きの練習を反復する。 **(4)タスクゲームに取り組む** ◀3 ○数的優位な状況で動きの成功体験を積み重ねる。 ○動きのポイントを理解し、つまずきを共有しながら解決に取り組む。 ○チームで協力しながらゲームに取り組む。 **(5)メインゲーム②に取り組む（8対8）** ○整列、勝敗の確認、あいさつをする。 ○ゲームの中で空間をつくり出す動きにチャレンジする。
整理運動	2分	**太ももや足首など使ったところをゆったりとほぐす**
まとめ	5分	**クラス全体で本時の学習について振り返る** ○今日の「気付き」をタブレット端末に記入する。 ○次時の学習予定を知る。

1 メインゲームで目指すべき「空間をつくり出す動き」の姿

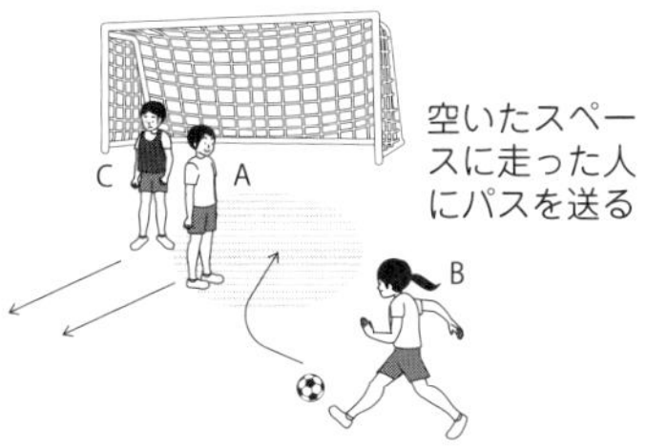

Aが動くことでスペースが生まれ、Bがドリブルできる。自分をマークする相手を動かしスペースを空ける。

【メインゲームのルール】
・キーパーなし、８対８ゲーム
・出たところからキックインで再開
・５分×２の10分間

空間をつくり出す動きの理想像
Aが矢印の方に動くことで、スペースが生まれ、ＢとＣがパス交換できる。守備者を引き付けて、ゴールから離れてゴール前に空間をつくり出す。
仲間のために動くプレイをする。

シュートの理想像
ゴール前の空間を生かしてシュートを打つ。
・シュート前にボールをコントロールする。
・シュートコースを決める。
・そのコースにしっかりボールを蹴る。
・視線の移動は「ボール→ゴール→ボール」

2 空間をつくり出す動きにつながる基礎的な動きを導くドリルゲーム

〔空間をつくり出す動きにつながるドリルゲーム〕

①３人組ドリブルシュート

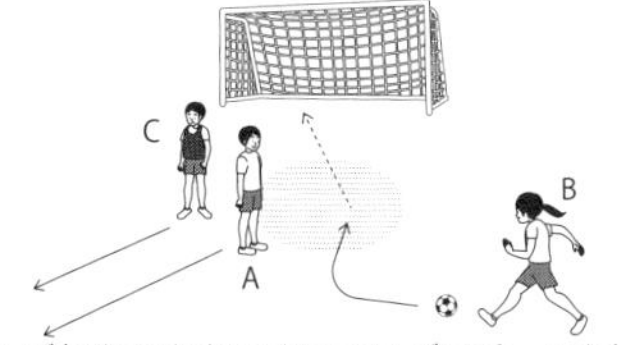

Aが矢印の方向に動いてBがスペースを生かしてドリブルシュート。

②４人組　パスからシュート

Aが矢印の方向へ動いて、BとCでスペースを活用してシュート。

〔シュートのドリルゲーム〕

①壁パスシュート

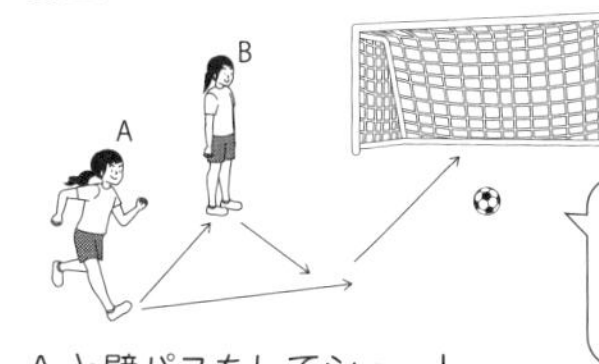

ゴールから離れると味方が使えるスペースができるよ！！

Aと壁パスをしてシュート。

②歩く守備者ありでシュート

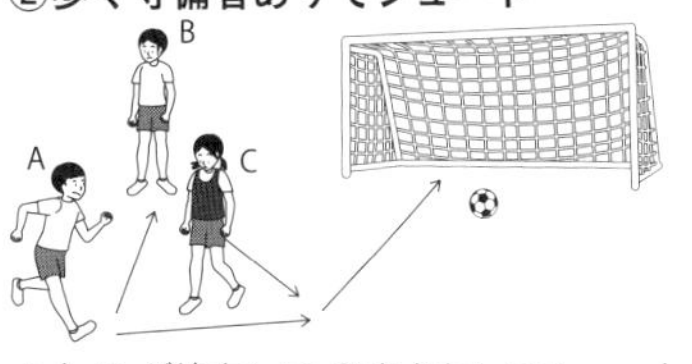

AとBが協力してCをかわしてシュート。

3 空間をつくり出す動きにつながるタスクゲーム

①３対１のシュートゲーム

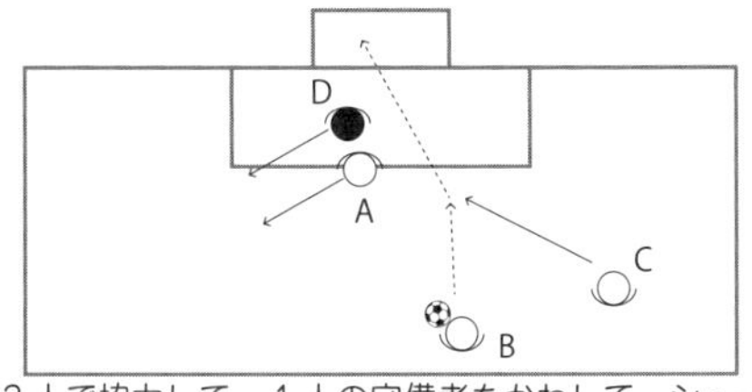

３人で協力して、１人の守備者をかわして、シュートする。ゲームの中でAがつくり出したスペースを生かしてシュートを決める。

②３対３のツーゴールゲーム

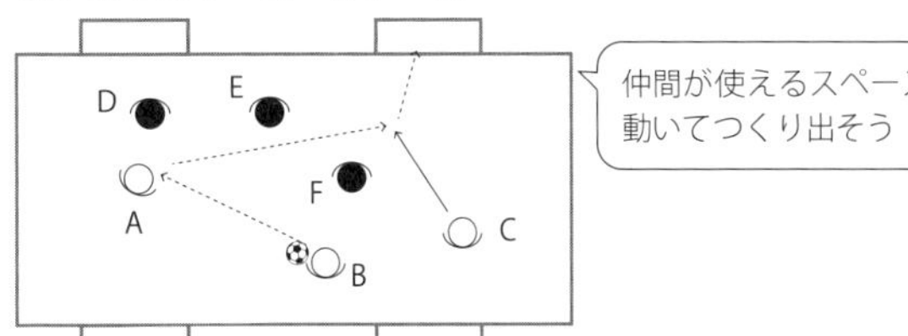

２分間でメンバーチェンジ、キーパーなし。
左右２つのゴールどちらにシュートを決めてもよい。
ボールが出たらその場所からキックイン。どちらかのゴール前にスペースをつくってスペースを活用する。

本時案

空間をつくり出す動きとシュートをチームで練習しよう

4-5/18

本時の目標

選択した運動について、合理的な動きと自己や仲間の動きと比較して、成果や改善すべきポイントとその理由を仲間に伝えることができる。

評価のポイント

選択した運動について、合理的な動きと自己や仲間の動きと比較して、成果や改善すべきポイントとその理由を仲間に伝えているか。

中心活動における指導のポイント

point　空間をつくり出す動きとシュートのポイントをチームで協力しながら身に付けていく2時間になる。これまでに取り組んだ練習メニューから自分たちの実態にあった練習を選択し、チームの課題解決を進めていく。ゲームを分析する視点や、練習を選択するポイントなどを分かりやすく提示し、自分たちで課題解決をしていくように促していく。チームのリーダーには、まとめ方を工夫させ、意見を言えない生徒には自信をもって伝えられるように声かけをしていく。

本時の展開

	時	生徒の学習活動と指導上の留意点
はじめ	3分	**集合・あいさつ** ○本時の学習内容を知る。
準備運動	5分	**ウォーミングアップゲームに取り組む** ○足首、手首、ひざなどを動かす。 ○ボールを蹴ったり、止めたり、運んだりする運動をする。
ゲームの分析 練習の選択 練習 メインゲーム	30分	**空間をつくり出す動きについてチームの動きを分析し、課題を見付け、課題解決に向けて練習を選択し実施する** **(1)前時にICTで撮った映像を用いて分析する** 1 **(2)思考ツールを用いて課題を決める** 2 ○個人で思考を深めて、課題を導き出す。 ○個人で考えた課題をチームで共有し、決定する。 **(3)練習方法を選択する** 3 ○課題解決に向けて最適な練習メニューを選択する。 ○選択した練習のポイントを確認する。 **(4)練習に取り組む** ○練習の目的と各自の役割、動きの意図について理解を深めながら練習に取り組む。 ○みんなが練習に参加できるように工夫する。 **(5)メインゲーム②に取り組む（8対8）** ○空間をつくり出す動きとシュートにチャレンジする。
整理運動	2分	**太ももや足首など使ったところをゆったりとほぐす**
まとめ	5分	**クラス全体で本時の学習について振り返る** ○今日の「気付き」をタブレット端末に記入する。 ○次時の学習予定を知る。

1 現状から課題を分析し、練習を選択する流れ

○チームで課題解決するために、5つの段階を踏んでいく。

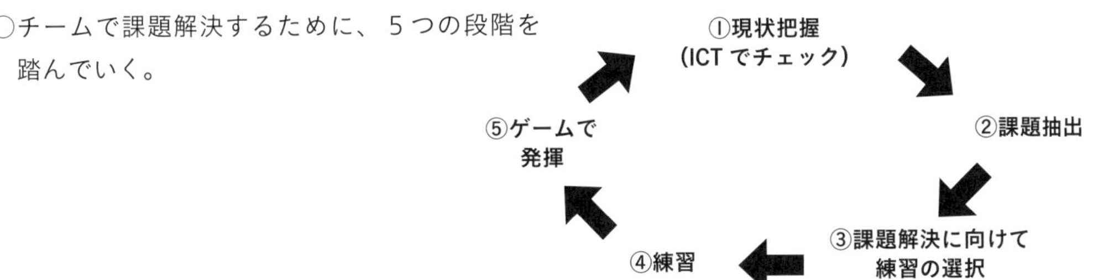

2 視点を決めて、自チームの試合を分析する

試合分析シート①記入例

○試合映像でゴール前の状況を確認し、空間をつくり出す動きの有効性を確認する。

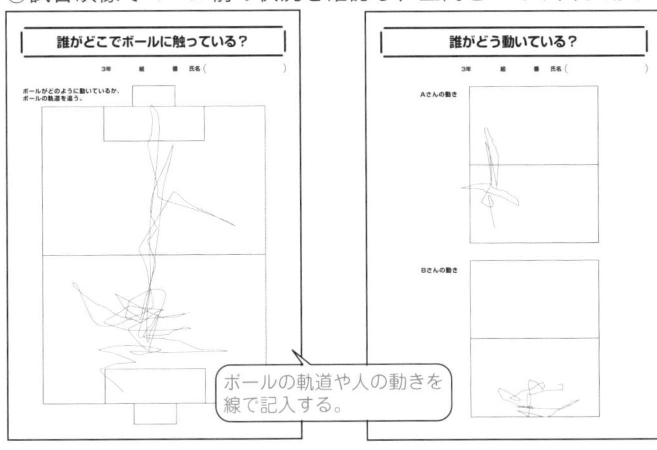

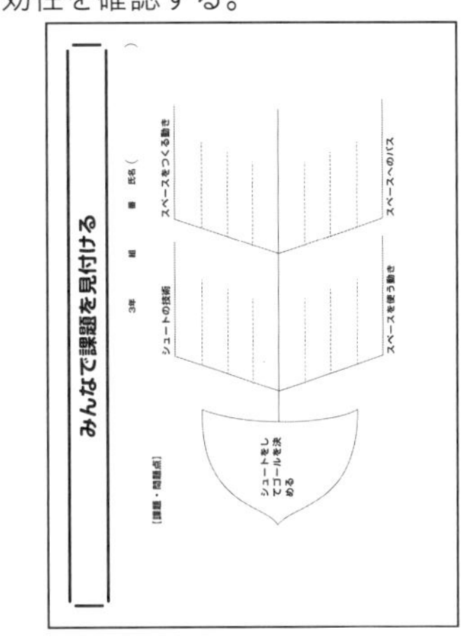

3 練習を選択するための視点

①シュートが決まらない場合

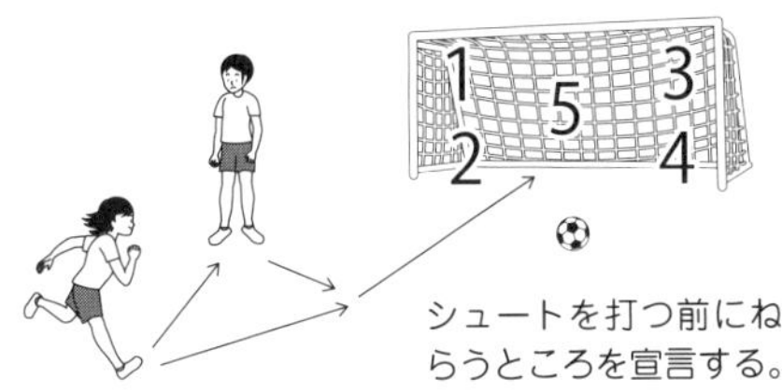

シュートを打つ前にねらうところを宣言する。

②スペースをつくれていない場合

3人組。
①ゴール前に移動
②ボール保持者とタイミングを合わせて動き出す（本気で動かないと相手はついてこない）。

③スペースを使う動きがない場合

4人組で3対1。
パスをもらいたい人が、どこでシュートしたいのかを感じ取る。

④スペースがあっても有効に使えない場合

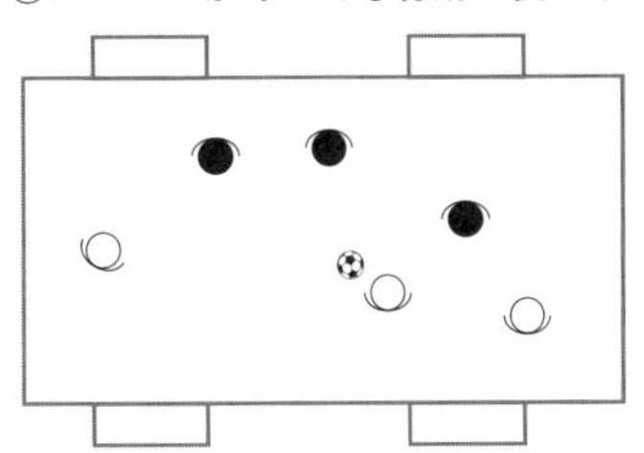

3対3の4ゴールゲーム。
ドリブルでもパスでもスペースを活用できる。どうやってスペースを活用するのがよいのか相手によって臨機応変に変えていく。

本時案

空間をつくり出す動きとシュートをゲームで発揮しよう

6/18

本時の目標

ゲームにおいて相手を尊重するなどのフェアなプレイを大切にすることができる。

評価のポイント

相手を尊重するなどのフェアなプレイを大切にしようとしているか。

中心活動における指導のポイント

point 前時までの４時間で学んできた空間をつくり出す動きとゴールの枠をねらったシュートを、ゲームの中で発揮できるように勝敗にこだわりながら思いきりサッカーをする時間である。全力で競技する上で「相手を尊重すること」や「ルールを守ること」など、フェアにプレイするからこそみんなが楽しめる時間になることを知るとともに、行動に移せるようにサポートしていく。上手くいかない状況が生まれたときは、全体で共有してどうすればよいのかを考えさせていく。

本時の展開

	時	生徒の学習活動と指導上の留意点
はじめ	3分	**集合・あいさつ** ○本時の学習内容を知る。
準備運動	5分	**ウォーミングアップゲームに取り組む** ○足首、手首、ひざなどを動かす。 ○ボールを蹴ったり、止めたり、運んだりする運動をする。
メイン ゲーム 話し合い 総当たり戦	30分	**空間をつくり出す動きについてチームで確認する** **⑴メインゲーム①に取り組む（８対８）** 1 **⑵ゲームの改善点をチームで話し合う** 2 ○前時までを振り返り、チームで目指す姿を確認する。 ○チームごとに動きや役割の確認をする。 **総当たり戦の中で空間をつくり出す動きを確認する** 3 ○整列、勝敗の確認、あいさつをする。 ○チームで勝敗を確認し、学習カードに記入する。
整理運動	2分	**太ももや足首など使ったところをゆったりとほぐす**
まとめ	5分	**クラス全体で本時の学習について振り返る** ○今日の「気付き」をタブレット端末に記入する。 ○次時の学習予定を知る。

1 みんながゲームを楽しめるフェアなプレイの例

【味方に対して】
1．よいプレイを称賛する。
（～しよう、頑張って、ナイスという仲間の声の広がり）
2．（自信がない仲間に対して）
・周りはプラスの声かけをする。
・指示の声をかける（仲間への文句は避け、事後ではなく事前の指示を行う）。
3．具体的に「○○した方がいいよ」と伝える。
（例えば、「○○をやってみよう」〔個人練習〕など）
4．どんどん失敗してよいという意識を共有する。
・サッカーは失敗して当たり前であることを伝える。
5．ネガティブな言葉は使わない。
6．どんな意見にも価値があることを伝える。
苦手な人の「～してほしい」という意見は、上手い人にとっては気付きにつながる。

【相手に対して】
1．ルールを守る。
2．ファールをしない。
3．すぐ謝る。
4．相手をリスペクトする。

2 ゴール前の空間をつくり出す動きはこの動きをチェックする（つまずき→分析→練習の選択→改善）

つまずき1

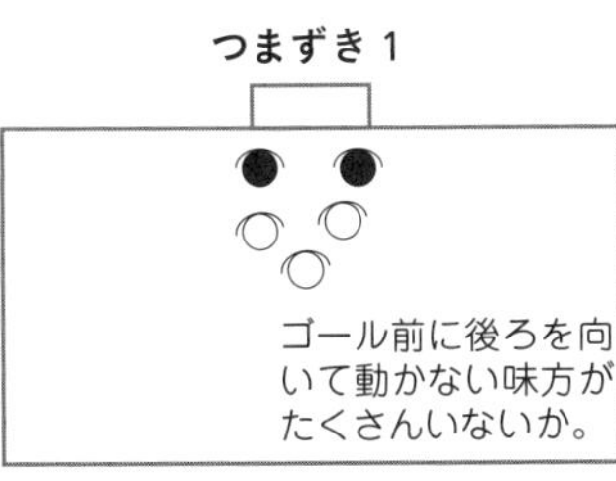

ゴール前に後ろを向いて動かない味方がたくさんいないか。

つまずき2

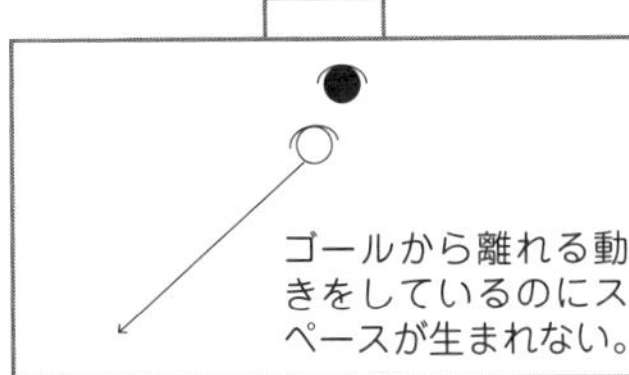

ゴールから離れる動きをしているのにスペースが生まれない。

つまずき3

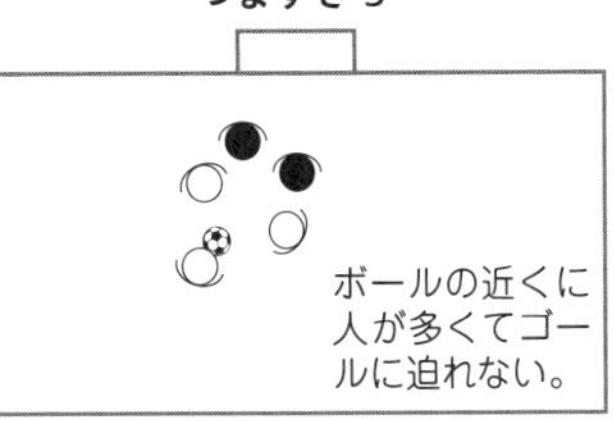

ボールの近くに人が多くてゴールに迫れない。

⇓ 改善に向けて

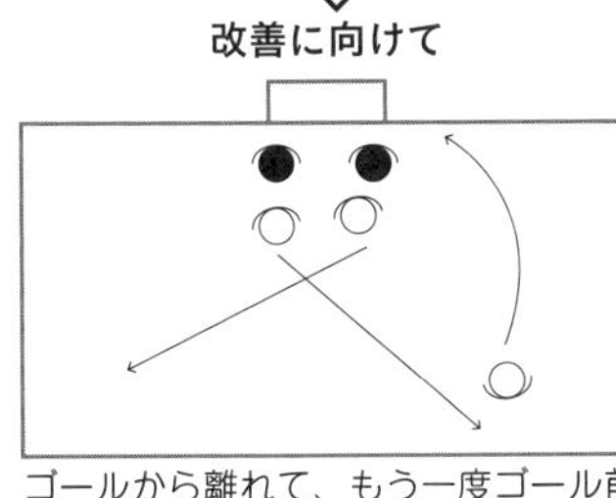
ゴールから離れて、もう一度ゴール前に動いてみる。

⇓ 改善に向けて

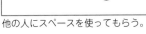

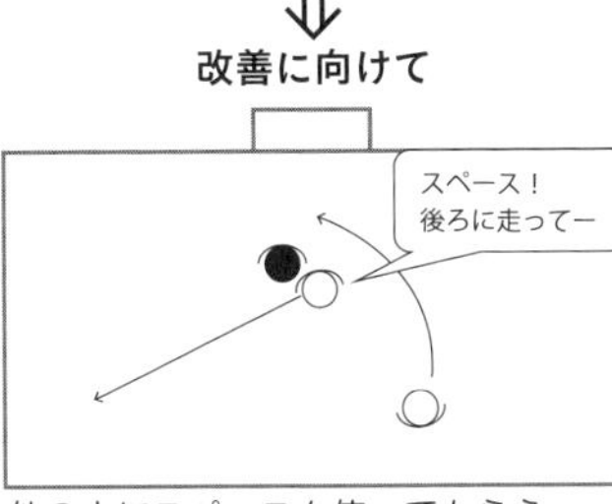

他の人にスペースを使ってもらう。

⇓ 改善に向けて

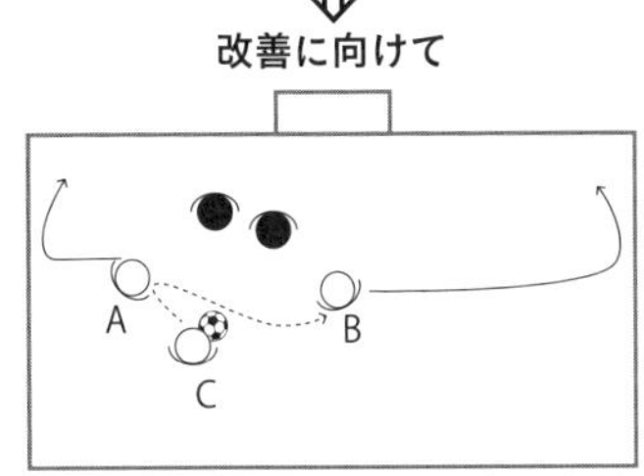

AとBはボールから離れて、ボール保持者Cは、攻撃方向を変えて攻撃してみる。

3 いつでも使える対戦表の工夫

○チーム表が変わっても、この表を使用すれば、いつでもリーグ戦ができる。　**学習カード**

	A	B	C	D	E	F	G	H	勝敗	勝ち点	順位
A											
B											
C											
D											
E											
F											
G											
H											

4チーム
①A対B　C対D
②A対C　B対D
③A対D　B対C

6チーム
①A対B　C対D　E対F
②A対C　D対E　B対F
③A対D　B対E　C対F
④A対E　B対C　D対F
⑤C対E　B対D　A対F

8チーム
①A対B　C対D　E対F　G対H
②A対C　B対D　E対G　F対H
③A対D　B対E　C対H　F対G
④A対E　B対F　C対G　D対H
⑤A対F　E対H　B対G　D対E
⑥A対G　B対H　C対E　D対F
⑦A対H　B対C　D対G　C対F

本時案

ボールをキープするためのポイントを知ろう

7-8/18

本時の目標

守備者とボールの間に自分の体を入れてボールをキープできる。

評価のポイント

守備者とボールの間に自分の体を入れてボールをキープできているか。

中心活動における指導のポイント

point　なぜ、キープすることが試合を優位に進めて、ゴールにつながるのかということを、運動が苦手な生徒も分かるように視覚資料を使いながら丁寧に伝える。そのため、本時の目標である「ボールをキープする」ことに関して、自分たちがゲームにおいてキープできていない状況に気付けるようにして、キープが必要であることを認識できる導入を大切にする。また、チームでボールをキープする上で大切な技能をドリルゲームとタスクゲームで身に付けていけるように段階的に伝えていく。

本時の展開

	時	生徒の学習活動と指導上の留意点
はじめ	3分	**集合・あいさつ** ○本時の学習内容を知る。
準備運動	5分	**ウォーミングアップゲームに取り組む** ○足首、手首、ひざなどを動かす。 ○ボールを蹴ったり、止めたり、運んだりする運動をする。
メインゲーム ドリル練習 タスクゲーム メインゲーム	30分	**ボールをキープする動きについて興味をもつ** **(1)メインゲーム①に取り組む（8対8）** **(2)ボールをキープする動きについて知る** 1 ○ゲームにおけるキープする動きの典型例をもとに具体的な動き方を知る。 ○どうやって身に付けていくかの見通しをもつ。 **(3)ドリルゲームに取り組む** 2 ○キープする基礎技能の練習をする。 ○1人〜2人で動きの練習を反復する。 **(4)タスクゲームに取り組む** 3 ○数的優位な状況で動きの成功体験を積み重ねる。 ○つまずきを共有し、できるための視点をもつ。 ○チームで協力しながらゲームに取り組む。 **(5)メインゲーム②に取り組む（8対8）** ○整列、勝敗の確認、あいさつをする。 ○ゲームの中でボールをキープする動きにチャレンジする。
整理運動	2分	**太ももや足首など使ったところをゆったりとほぐす**
まとめ	5分	**クラス全体で本時の学習について振り返る** ○今日の「気付き」をタブレット端末に記入する。 ○次時の学習予定を知る。

1 メインゲームで目指すべき「ボールをキープする動き」の姿

○ボールキープによって（個人、チームで）長くボールを保持できれば、長く攻撃することができる。

初級：個人でのボールキープ

・ボールは相手の動きに応じて、右や左に動かす。
・ボールを相手から遠い位置に置く。
・ボールと相手の間に体を動かす。

中級：３人組でのボールキープ

・攻撃方向を向いてパスを回しながら、ボールを奪われそうなときはバックパスできるパスコースを常に確保する。

上級：チームでのボールキープ

・パスを回しながら相手の隙をついて攻撃する。
・奪われそうになったら、バックパスも活用する。
・フィールドの中に色々な三角形ができるようにする。

2 ボールをキープする動きにつながる基礎的な動きを導くドリルゲーム

○ボールキープによって（個人、チームで）長くボールを保持できれば、長く攻撃することができる。

①個人でのボールキープドリル

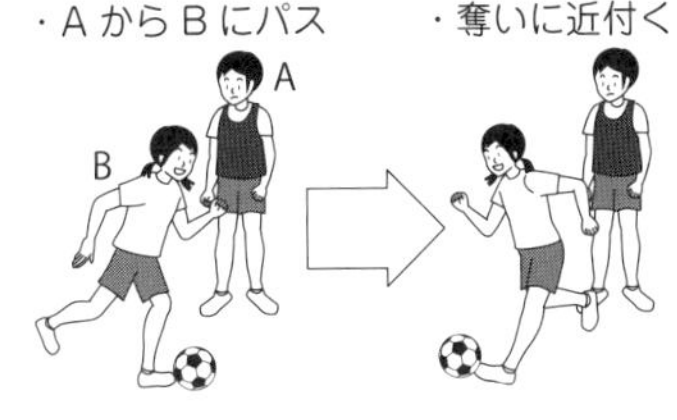

・体を入れてキープする。
・ボールを遠くへ置く。
・３秒間キープしたら交代する。

②３人組でのボールキープドリル

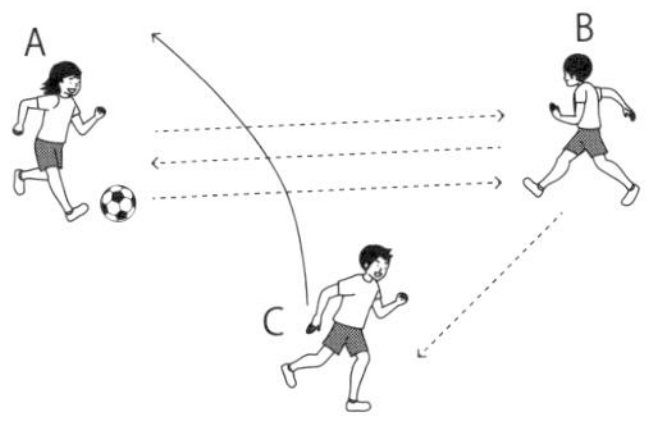

・A と B でパス交換をする。
・C にバックパスをする。
・３回パスを回してバックパスをする。
・C はバックパスをトラップしてから A の前へパスする。
・場所を変えながら繰り返す。

③５人組でのボールキープドリル

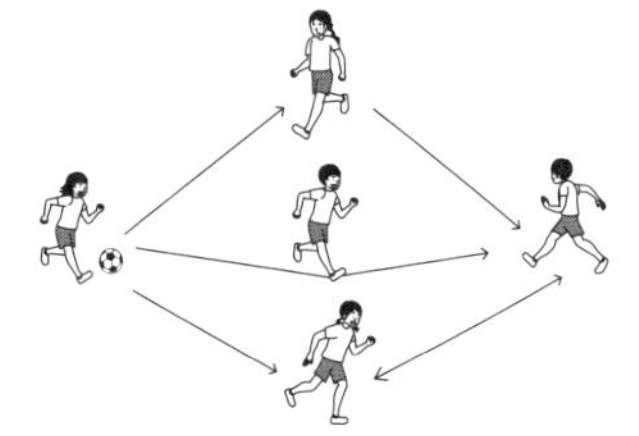

・誰にパスを出しても OK。
・１人３秒以内に次の人にパスを出す。

3 ボールをキープする動きにつながるタスクゲーム

①１対１のボールキープゲーム

【ルール】
・パス交換から笛の合図で 30秒間ボールをキープし続ける。
・奪ったら、奪った方がまたキープする。
・30秒後ボールを持っている人の勝ち。

・手で相手を押す。
・体を横に向けて遠くへ。
・片足でボールを扱う。

②５対２のボールキープゲーム

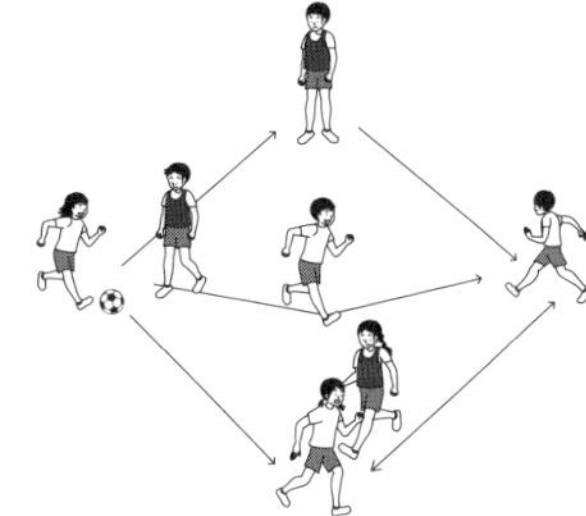

【ルール】
・フリータッチで攻撃側は辺に４人、中央に１人位置する。
・２人の守備者にボールを奪われないようにパスを回す。

本時案

ボールをキープする動きを身に付けゲームに生かそう

9-10/18

本時の目標

自己や仲間の技術的な課題やチームの作戦・戦術についての課題や課題解決に有効な練習方法の選択について自己の考えを伝えることができる。

評価のポイント

自己や仲間の技術的な課題やチームの作戦・戦術についての課題や課題解決に有効な練習方法の選択について自己の考えを伝えているか。

中心活動における指導のポイント

point　前時までの2時間で教師から伝えられたボールをキープする動きについてチームで練習方法を選んで練習を重ねていく段階である。チームの「課題」や「有効な練習方法の選択」について自分の考えを伝えていくことができることを目指す。そのために、キープをする具体的な動きやサポートの動きを、試合の分析シートなどを用いて、「理由をつけて」仲間に考えを伝えられるようにサポートしていく。学習カードの記述内容にコメントを入れるなどで自信を付けられるようにしていく。

本時の展開

	時	生徒の学習活動と指導上の留意点
はじめ	3分	**集合・あいさつ** ○本時の学習内容を知る。
準備運動	5分	**ウォーミングアップゲームに取り組む** ○足首、手首、ひざなどを動かす。 ○ボールを蹴ったり、止めたり、運んだりする運動をする。
試合分析 練習の選択 メイン ゲーム	30分	**ボールをキープする動きについてチームの動きを分析し、課題を見付け、課題解決に向けて練習を選択し実施する** 1 2 **(1)前時に撮ったゲームを分析する** **(2)課題を決める** ○個人で思考を深めて、課題を導き出す。 ○個人で考えた課題をチームで共有し、決定する。 **(3)練習方法を選択する** 3 ○課題解決に向けて最適な練習メニューを選択する。 ○選択した練習のポイントを確認する。 **(4)練習に取り組む** ○何のための練習かを確認しながら練習を続ける。 ○みんなが練習に参加できるように工夫する。 **(5)メインゲーム②に取り組む（8対8）** ○ボールをキープする動きにチャレンジする。
整理運動	2分	**太ももや足首など使ったところをゆったりとほぐす**
まとめ	5分	**クラス全体で本時の学習について振り返る** ○今日の「気付き」をタブレット端末に記入する。 ○次時の学習予定を知る。

1 色々なボールをキープする場面での具体的な動き

①ボールを置く位置を工夫する

ゴールに向かうとボールをとられてしまう。相手から遠い位置にボールを置いて、とられないようにする。

②ボールを奪われないために動く

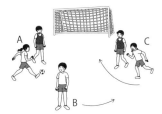

A がボールを奪われてしまいそうなとき、B と C が動いて、パスコースをつくる。

③理由を付けて相手に伝える

○課題の抽出場面では理由も付けて、自分の考えを伝える。

(例)
「ボールを奪われる場面が多いので、ボールを奪われないボールのもち方をすべきだよ」などが考えられる。

2 視点を決めて、自チームの試合を分析する

試合分析シート②

○ボールを奪われる状況を下から選ばせる。

□1対1で奪われる。

□パスコースが見付けられない。

□トラップミス。

○試合映像を見て、なぜボールを失ったのかの原因を分析する。

テーマ ボールをキープしながら攻める		トピック		
		1対1での ボールキープ	パスコース をつくる動き	その他
情報源	さん			
	さん			
	さん			
	さん			
	さん			
	さん			

3 練習を選択するための視点

①1対1でボールを奪われてしまう

・手で相手を押す。
・体を横に向けて遠くへ。
・片足でボールを扱う。
・1対1でボール奪われないボールの持ち方をお互いに確認し、アドバイスをし合う。

②パスコースが少ない

・5対2でパスコースをつくり続ける。
・距離や角度を工夫するとパスコースになることができる。
・それをつくり続ける。

③トラップミスが多い

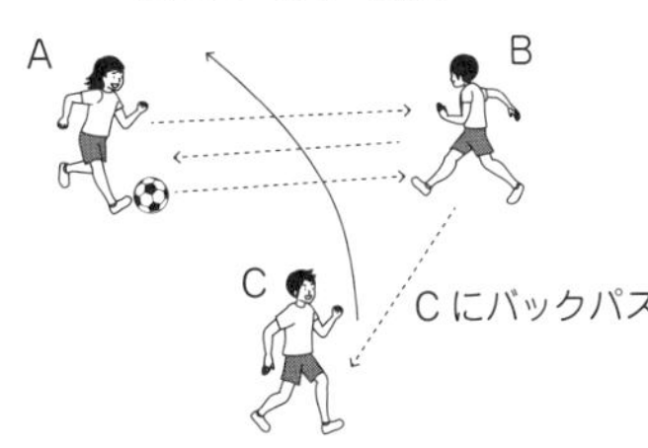

・3回パスを回してバックパス。
・C はバックパスをトラップしてから A の前へパスする。
・場所を変えながら繰り返す。

本時案

ボールをキープする動きをゲームで発揮しよう

11/18

本時の目標

一人一人の違いに応じた課題や挑戦及び修正などを大切にできるとともに、ボールをキープする動きをゲームで発揮できる。

評価のポイント

一人一人の違いに応じた課題や挑戦及び修正などを大切にしようとしているか。

中心活動における指導のポイント

point　前時までの４時間で学んできたボールをキープする動きを中心に空間をつくり出す動きや正確なシュートをゲームの中で勝敗にこだわりながら思いきり発揮をする時間である。全力でプレイする上で一人一人の違いを認め、その違いに応じた課題や、挑戦する姿勢や修正への努力を大切にすることは何よりも大切である。みんなの違いがあるからこそチームが成り立っていることに視点を向かわせ、みんながプレイしやすい雰囲気でゲームをできるようにサポートする。

本時の展開

	時	生徒の学習活動と指導上の留意点
はじめ	3分	**集合・あいさつ** ○本時の学習内容を知る。
準備運動	5分	**ウォーミングアップゲームに取り組む** ○足首、手首、ひざなどを動かす。 ○ボールを蹴ったり、止めたり、運んだりする運動をする。
メイン ゲーム 話合い 総当たり戦	30分	**ボールをキープする動きについてチームで確認する** **(1)メインゲーム①に取り組む（８対８）** 1 **(2)ゲームの改善点をチームで話し合う** 2 ○前時までを振り返り、チームで目指す姿を確認する。 ○チームごとに動きや役割の確認をする。 **総当たり戦の中でボールをキープする動きを確認する** 3 ○整列、勝敗の確認、あいさつをする。 ○チームで勝敗を確認し、学習カードに記入する。
整理運動	2分	**太ももや足首など使ったところをゆったりとほぐす**
まとめ	5分	**クラス全体で本時の学習について振り返る** ○今日の「気付き」をタブレット端末に記入する。 ○次時の学習予定を知る。

1 ボールをキープしながらみんなでゲームを楽しむ姿を見付ける

○一人一人の違いに応じた課題や挑戦及び修正などを大切にする。

(例)

①足が速い人と速くない人
速い人は遅いタイミングで動き出しても間に合う。
速くない人はできるだけ早めに動き出す。

②ボールを扱うのが得意な人と苦手な人
得意な人は体から遠い位置にコントロールする。
苦手な人はできるだけ体の近くの方が安心する。

③ずっと動いていられる人と疲れやすい人
動いていられる人は遠くまで行っても戻って来られる。
疲れやすい人は動きすぎると迷惑をかけるのではないかと心配。

それぞれの人が上手くなろうとチャレンジしている。
「ナイスプレイ」「今のよかったよ」「頑張って」
「上手いね」「よく走った」
みんなの挑戦を大切にしようと伝える。

2 作戦などの話合いに貢献しようとする姿を自覚する

※話合いには色々な人が必要だということを伝える。

・自分の意見をはっきり述べる人
・意見を言いたそうな人に意見を求める人
・人の意見に「うんうん」とうなずいて同意する人
・こちらの方がいいのではないかと違う意見を加える人

など、様々にあることを伝え、黙っている人や意見を言うのが苦手な人に対しても、こちらから問いかけるなど、話合いの目的を明確にして進めていくことを促す。

3 ボールをキープする動きは、この動きをチェックする

○（つまずき→分析→練習の選択→改善）何のためにキープするのか？

つまずき 1

ゲームに参加できず、コートの端の方で動かずに止まっている。
【改善】
相手のゴール付近でコートの端から端に動く。ボールが来たらゴールにシュートを打つ。

つまずき 2

トラップが毎回乱れてボールを奪われてしまう。
【改善】
まずパスに対して正面に入ってボールを止めることに全力をかける。その後は、奪われてもいいので思いきりゴールに向かって運ぶ。

つまずき 3

1人の人がシュートまで運んで、他の人が何もしていないチーム。
【改善】
守りはいいのでボールを運んでいる人についていく。ゴール前にいればチャンスは必ず来る。

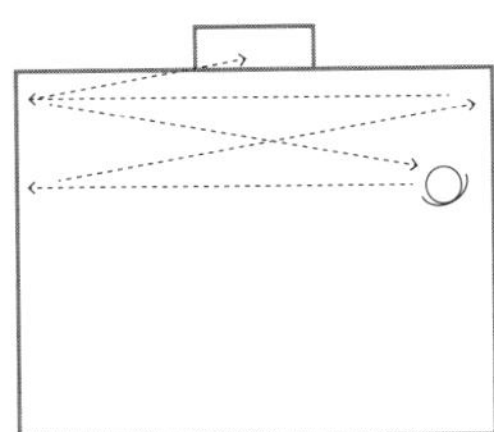

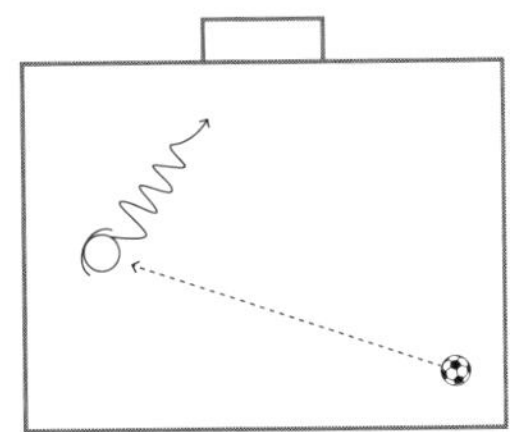

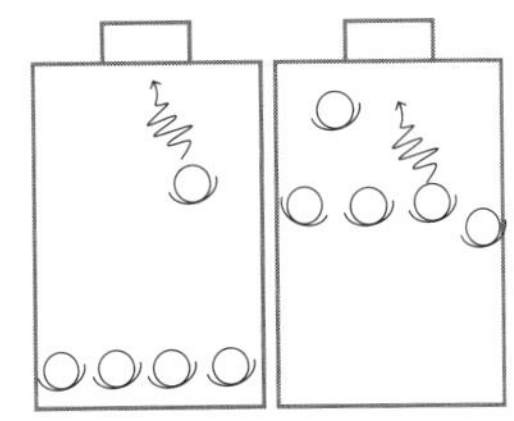

本時案

マークとカバーをするためのポイントを知ろう

12-13/18

本時の目標

ゴールとボール保持者を結んだ直線上で守ることができる。

評価のポイント

ゴールとボール保持者を結んだ直線上で守ろうとしているか。

中心活動における指導のポイント

point　本単元で初めて守備の動きを扱う。なぜ「守備」を扱うことが有効であるのかという点について「ボールを奪う」とよい攻撃につなげることができることを中心に「できるようになりたい」という気持ちにさせる導入を視覚資料を用いて行う。ボールを持っている相手への守備とボールを持っていない相手へのマークのポイントを運動が苦手な生徒でも身に付けられるようにドリルとタスクゲームで段階的に練習できるようにする。

本時の展開

	時	生徒の学習活動と指導上の留意点
はじめ	3分	**集合・あいさつ** ○本時の学習内容を知る。
準備運動	5分	**ウォーミングアップゲームに取り組む** ○足首、手首、ひざなどを動かす。 ○ボールを蹴ったり、止めたり、運んだりする運動をする。
メインゲーム ドリル練習 タスクゲーム メインゲーム	30分	**マークとカバーをする動きについて興味をもつ** **(1)メインゲーム①に取り組む（8対8）** **(2)マークとカバーをする動きについて知る** 1 ○ゲームにおけるマークとカバーする動きの理想像を知る。 ○どうやって身に付けていくかの見通しをもつ。 **(3)ドリルゲームに取り組む** 2 ○マークとカバーする基礎技能の練習をする。 ○1人～2人で動きの練習を反復する。 **(4)タスクゲームに取り組む** 3 ○数的優位な状況で動きの成功体験を積み重ねる。 ○つまずきを共有し、できるための視点をもつ。 ○チームで協力しながらゲームに取り組む。 **(5)メインゲーム②に取り組む（8対8）** ○整列、勝敗の確認、あいさつをする。 ○ゲームの中でマークとカバーする動きにチャレンジする。
整理運動	2分	**太ももや足首など使ったところをゆったりとほぐす**
まとめ	5分	**クラス全体で本時の学習について振り返る** ○今日の「気付き」をタブレット端末に記入する。 ○次時の学習予定を知る。

1 メインゲームで目指すべき「マークとカバーをする動き」の姿

○よりよいマークとカバーを使って相手からボールを奪えればよい攻撃につながる。

ボールを持っている人へのマークの理想像

マークのポイント
・ボールを持っている人にできるだけ近付く。
・半身で。
・いつでもボールを奪える低い姿勢で構える。

＊ボールとゴールを結んだ位置に立つことでシュートを打たせない。

ボールを持っている以外の人へのマークとカバーの理想像

②Cにパスが出たらチャレンジ

①Bが抜かれたらカバー

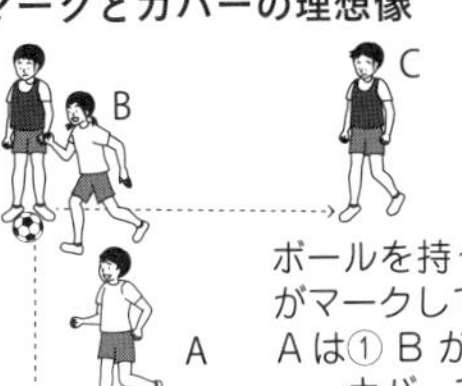

ボールを持っている人に1人がマークしていたら、
Aは①Bが抜かれたときにカバーできる位置に立つ。
②Cにパスが出たときマークできる位置に立つ。

＊①と②の両方ができるポジションに立つ。
＊ボールとゴールを結んだ位置に立つ。

2 マークとカバーをする動きにつながる基礎的な動きを導くドリルゲーム

2人組でアプローチドリル

・何度も繰り返す。
・ボールを持っている人にできるだけ近付き、半身で、いつでもボールを奪える低い姿勢で構える。
・ゴールの位置を意識して守る。

チャレンジとカバー、ドリル

・ゴールの位置を考えながらポジションをとる。

3 マークとカバーをする動きにつながるタスクゲーム

2対2ラインゴールゲーム

【ルール】
・2人で協力して攻撃方向のラインをドリブルで突破すると得点となる。
・突破されないように協力して守備をする。

5対5ラインゴールゲーム

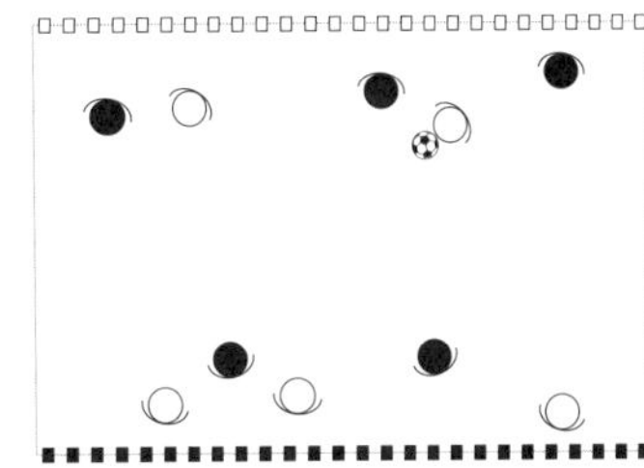

【ルール】
・5人で協力して攻撃方向のラインをドリブルで突破すると得点となる。
・突破されないように協力して守備をする。

本時案

マークとカバーをする動きをチームで練習しよう

14-15/18

本時の目標

作戦などの話合いの場面で、合意形成するための関わり方を見付け、仲間に伝えることができる。

評価のポイント

作戦などの話合いの場面で、合意形成するための関わり方を見付け、仲間に伝えているか。

中心活動における指導のポイント

point　前時までの２時間で教師から伝えられたマークとカバーをする動きについてチームで練習方法を選んで練習を重ねていく段階である。練習を選んだり、練習をもとに試合で発揮するためには「合意形成」が必要である。みんなが納得して同じ方向を向いて練習に臨むために「合意形成をするための関わり方」を見付け、その関わり方について仲間に伝えられるようにサポートしていく。「もっとこうしたほうがいい」という意見をどのようにチームに伝えるのかについて学べるようにしたい。

本時の展開

	時	生徒の学習活動と指導上の留意点
はじめ	3分	**集合・あいさつ** ○本時の学習内容を知る。
準備運動	5分	**ウォーミングアップゲームに取り組む** ○足首、手首、ひざなどを動かす。 ○ボールを蹴ったり、止めたり、運んだりする運動をする。
試合分析 練習の選択 練習 メイン ゲーム	30分	**マークとカバーをする動きについてチームの動きを分析し、課題を見付け、課題解決に向けて練習を選択し実施する** 1 2 **(1)前時に撮ったゲームをICTを用いて分析する** **(2)思考ツールを用いて課題を決める** ○個人で思考を深めて、課題を導き出す。 ○個人で考えた課題をチームで共有し、決定する。 **(3)練習方法を選択する** 3 ○課題解決に向けて最適な練習メニューを選択する。 ○選択した練習のポイントを確認する。 **(4)練習に取り組む** ○何のための練習かを確認しながら練習を続ける。 ○みんなが練習に参加できるように工夫する。 **(5)メインゲーム②に取り組む（８対８）** ○マークとカバーをする動きにチャレンジする。
整理運動	2分	**太ももや足首など使ったところをゆったりとほぐす**
まとめ	5分	**クラス全体で本時の学習について振り返る** ○今日の「気付き」をタブレット端末に記入する。 ○次時の学習予定を知る。

1 マークとカバーをする場面での理想の姿（学習指導要領から）

〔試合で多発する場面〕

ボール保持者に対して プレッシャーをかけにいけていない

よいポジションをとっていないので カバーができない

〔合意形成をするための関わり方を見付け、仲間に伝えている姿の例〕

A さんの意見「もっとプレッシャーの練習をしたい」
B さんの意見「よいポジションの練習をすべき」
→C さんの意見「２つの要素を含んだ練習をしてから、１人ずつ苦手な方の練習をしよう！」（合意形成）

2 自分たちの課題の発見を促す、課題解決ボードの利用（試合分析③）

○磁石を動かしながら会話できるよう、ホワイトボードを用意する。
○磁石に水性ペンで名前が書けるとさらにイメージがつきやすい。
○映像を併用して用いる。

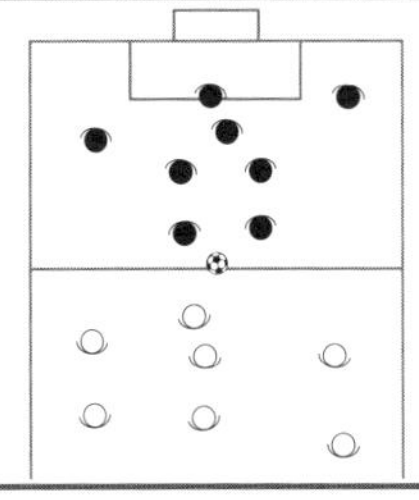

3 練習を選択したり、考えたりするための視点

相手のボールを奪えない

【練習】
①まずは１対１で、距離をできるだけ詰められるように一番よい距離を確認して練習する。
②次に、２対２になって、距離を詰められるように練習する。

カバーできていない

【練習】
相手がやってくることを予測して、カバーやアプローチに行きやすい準備をする。カバーの位置を確認しながら、２対２に取り組む。

１人が抜かれると崩れてしまう

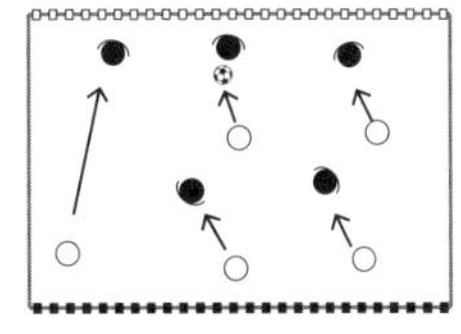

【練習】
５対５のラインゴールゲームの中で、抜かれやすい人に対してカバーを重視してプレイする。

本時案

マークとカバーをする動きをゲームで発揮しよう 16/18

本時の目標

お互いに練習相手になったり仲間に助言したりしてお互いに助け合い教え合うことができるとともにマークとカバーをする動きをゲームで発揮できる。

評価のポイント

お互いに練習相手になったり仲間に助言したりしてお互いに助け合い教え合おうとしているか。

中心活動における指導のポイント

point 前時までの4時間で学んだマークとカバーする動きを中心に、空間をつくり出す動きやシュート、ボールをキープする動きをゲームの中で思いきり発揮する時間である。全力でプレイする上では、お互いに助言し合ったり、助け合ったりすることが必要不可欠である。ゲームのときも、ゲームとゲームの間の時間もお互いに練習相手になったり、助言をし合いながら勝利に向かって修正し合う姿勢を大切にしたい。苦手な生徒にはよいプレイを褒める視点を大切にする。

本時の展開

	時	生徒の学習活動と指導上の留意点
はじめ	3分	**集合・あいさつ** ○本時の学習内容を知る。
準備運動	5分	**ウォーミングアップゲームに取り組む** ○足首、手首、ひざなどを動かす。 ○ボールを蹴ったり、止めたり、運んだりする運動をする。
メイン ゲーム 話合い 総当たり戦	30分	**マークとカバーをする動きについてチームで確認する** **(1)メインゲーム①に取り組む（8対8）** ◀1 **(2)ゲームの改善点をチームで話し合う** ◀2 ○前時までを振り返り、チームで目指す姿を確認する。 ○チームごとに動きや役割の確認をする。 **総当たり戦の中で空間をつくり出す動きを確認する** ◀3 ○整列、勝敗の確認、あいさつをする。 ○チームで勝敗を確認し、学習カードに記入する。
整理運動	2分	**太ももや足首など使ったところをゆったりとほぐす**
まとめ	5分	**クラス全体で本時の学習について振り返る** ○今日の「気付き」をタブレット端末に記入する。 ○次時の学習予定を知る。

1 マークとカバーする動きはこの動きをチェックする

○(つまずき→分析→練習の選択→改善)何のために、マークとカバーの動きが必要なのかを確認し合う。
マーク：ボールをもらいそうな相手の行為を防ごうとするプレイ
カバー：味方がマークしていた相手を味方に変わってマークするプレイ

①ずっと相手に付いているのにマークに付けず、簡単にパスを受けられてしまう

→ずっとついているのではなくて、パスを出される瞬間より少し前にプレッシャーに行く。
マークをするタイミングに問題がある。

②ゴール前なのにゴールを空けてしまう

「ゴール前では相手が少し離れても、シュートコースに立つことを優先しよう」

→相手に付くことばかりを考えると、ゴールから離れて、シュートコースが空いてしまう。

③すぐに抜かれてしまう

「ボールを奪うのではなく、相手についていけばいいよ」

→ボールのことは考えずに、人（相手）のことを考えて付いてプレイする。

2 チームが組織的に機能する一人一役の分担

〔各チームが考える役割分担の例〕

下記に示すような役割があるとチームが機能して、助け合える。なお、常に同じ役割であると、相手チームにも戦略が分かってしまうので、その役が必要となるタイミングを見極めることが重要。

【ゲームに関して】
○自分たちのゴール前でシュートを防ぐ人
○キャプテンとして指示を出す人
○中盤でボールを持ってラストパスを出す人
○コートの端でパスが来るのを待つ人
○相手ゴール前に走ってパスを受けてシュートを決める人
○ボールを持ったらドリブルでボールを運ぶ人
○みんなを大きな声で盛り上げる人

【ゲーム以外に関して】
○相手チームと情報交換をする人
○ボールや用具が転がっていないかチェックする人
○一人一役をしっかりやらせる人
○試合のときに審判をやれる人
○見学のときに声でサポートする人
○分析が得意な人

3 学びに必要な道具を大切にする具体的な姿の例

○ボールが転がっているのを見逃さないで片付ける。また、常にチェックをしている。
○自分たちが出したボールの数をチェックする。
○ゴールを安全に運ぶ。人がいないときは声をかけて人が揃うのを待っている。
○ゼッケンをきれいに畳んでカゴの中に戻す。
○マーカーは色ごとに分けて重ねて片付ける。
○雨でボールが泥だらけになってしまったら、水道で洗ってから片付けようとする。
○得点板は使い終わったらゼロに戻す。
○撮りためている映像は、いつのデータで何のためのデータなのかを記録に残して保存している。

本時案

チームで協力してリーグ戦を戦い、学びを振り返ろう

17-18/18

本時の目標

戦術や作戦に応じて、技能をゲーム中に適切に発揮することが攻防のポイントであることについて、学習した具体例を挙げることができる。

評価のポイント

戦術や作戦に応じて、技能をゲーム中に適切に発揮することが攻防のポイントであることについて、学習した具体例を挙げているか。相手を尊重するなどのフェアなプレイを大切にしようとしているか。

中心活動における指導のポイント

point　学習のまとめとして自分たちで総当たりのリーグ戦を計画し、実施する時間である。準備から運営、総括まで自分たちで役割分担をしながら実施できることを目指したい。運営する上ではフェアなプレイを大切にしながら、それぞれの違いを認識して戦うことが大切になる。学びの振り返りの中でゲームの中で適切に技能を発揮することのポイントについて具体的に振り返りができるように学びを振り返る教材を用意する。また、自分の考えたことを他者に伝えながらプレイを修正することやフェアなプレイを大切にしながら協力して戦う大切さ等を振り返るようにする。

本時の展開

	時	生徒の学習活動と指導上の留意点
はじめ	3分	**集合・あいさつ** ○本時の学習内容を知る。
準備運動	5分	**ウォーミングアップゲームに取り組む** 1 ○足首、手首、ひざなどを動かす。 ○ボールを蹴ったり、止めたり、運んだりする運動をする。
開会式 作戦会議 総当たり戦	30分	**単元の流れを知り、見通しをもつ** **⑴総当たりリーグ戦の開会式を行う** 2 ○自分たちで役割分担を決めて運営する。 ○大会についての見通しをもつ。 **⑵チームごとに対戦相手とチーム状況に合った作戦を選択する** 3 ○対戦相手やチーム状況によって戦い方を話し合う。 ○話し合ったことをもとに練習に取り組む。 **⑶総当たり戦に取り組む** ○１ゲーム10分（前半５分、後半５分）に取り組む。 **⑶総当たりリーグ戦の閉会式に取り組む** ○自分たちで決めた役割分担で運営する。
整理運動	2分	**太ももや足首など使ったところをゆったりとほぐす**
まとめ	5分	**個人で単元での学びを振り返る** **クラス全体で単元の学習について振り返る** ○単元を通しての「気付き」をタブレット端末に記入する。 ○単元の学習を振り返り、次の単元の説明をする。

1 チームで大切にする作戦の選択

シュートを決めよう！

【シュートのポイント】
- ねらったところにボールを蹴る。
- 相手が少ない状況をつくり出す。
- シュートのこぼれ球も狙おう。

ゴール前のスペースをつくって有効に活用しよう

- 相手を混乱させたい。
- ゴール前にいる時間を少なくする。
- 積極的にゴール前に動いてから動き直しをする。

ボールをキープしながら攻撃しよう

- 三角形を意識してパスコースをつくり続ける。

相手のボールを奪って攻撃につなげよう

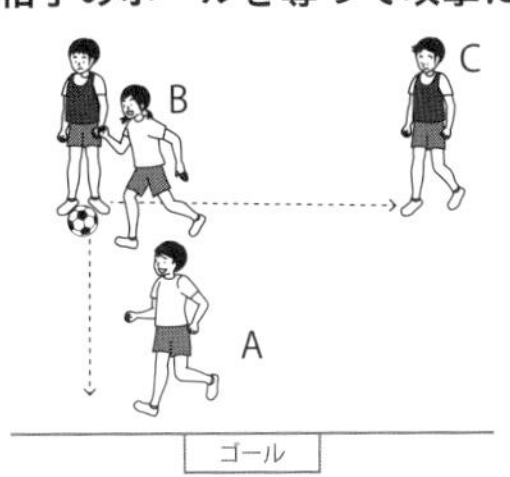

- ボールにプレッシャーに行く人を決める。
- カバーの位置に人が常にいるようにする。
- 奪ったらすぐに攻撃に移る。

2 大会を行うに当たっての主体的な姿（例）

○大会に必要な役割を考えてくれる。
（司会、選手宣誓、実況アナウンサー、審判、得点版、記録、賞状作成、コート準備は……）
○素敵な賞状を自分で作成している。
○進んで審判をやり、審判には文句を言わない。感謝を伝えている。
○できるだけ試合時間を増やすために素早く動く、声をかけ合う。
○他の人の仕事をサポートし合っている、などの生徒の具体的な姿を見取る。

3 お互いに練習相手になったり、仲間に助言したりして、互いに教え合うようにする姿

① 自分の苦手は仲間に助けてもらって克服する

この練習したいからパスしてくれない？

② アドバスは全否定ではなくて、部分否定

今のパス、タイミングがよかった！もう少し強いパスだと敵がいない間にシュートできたかも。次は頼むね！

③ 具体的な指示と前向きな声かけ

こっちにボールを運ぶより、こっちにターンしてボールを運んだ方がスムーズだよ！

球技

12 ネット型：バレーボール

（18時間）

単元の目標

勝敗を競う楽しさや喜びを味わい、技術の名称や行い方、体力の高め方、運動観察の方法などを理解するとともに、作戦に応じた技能で仲間と連携しゲームを展開することができるようにする。
(1)役割に応じたボール操作と連携した動きによって空いた場所をめぐる攻防をすることができるようにす

単元計画（指導と評価の計画）

1～3時（導入）	4～10時（展開①）
ルールについて参加者全員が楽しめるような工夫をし、個やチームの技量を生かしたゲームを展開し楽しむ。	バレーボールの基本的な技能・戦術を知り、ゲームを楽しむ。
1～3　ゲームの行い方を知ろう POINT：第1・2学年での学習成果を踏まえ、ゲームの中でルールの理解を深め、みんなが楽しめるルールを工夫する。 **[主な学習活動]** ○集合・あいさつ・用具準備 ○単元の目標や学習の道筋の確認 ○準備運動（ボールを使ったドリルで W-up） ○フロアスパイクのドリルゲーム ○ゲーム ○整理運動 ○グループでの振り返り活動（トークタイム） ○クラス全体でのまとめ ・クラス全体で学習について振り返る。 ・必要に応じてルール設定を修正する。 ・運動の観察のポイントについて確認する。	**4～10　連携プレーでの役割を理解しよう** POINT：易しいボールから自チームの連携プレーに必要な役割行動や技術・ポジショニングを確認し、相手チームへの攻撃につなぐ工夫をする。 **[主な学習活動]** ○集合・あいさつ・課題確認・用具準備 ○準備運動（ボールを使ったドリルで W-up） ○タスクゲーム①（人数を減らした連携プレー） ○ゲーム① ○グループでの振り返り活動（トークタイム） ・自チームにあった攻撃や守備の作戦を選択したり、考えたりする。 ○ゲーム①' ○グループでの振り返り活動（トークタイム） ○整理運動 ○クラス全体でのまとめ ・クラス全体で学習について振り返る。
[評価計画] 知① 思① 態①④	**[評価計画]** 知② 技① 思② 態③

単元の評価規準

知識・技能	
○知識 ①球技には、集団対集団、個人対個人で攻防を展開し、勝敗を競う楽しさや喜びを味わえる特性があることについて、言ったり書き出したりしている。 ②球技の各型の各種目において用いられる技術には名称があり、それらを身に付けるためのポイントがあることについて、学習した具体例を挙げている。	○技能 ①役割に応じたボール操作により連携した一連の流れで攻撃を組み立てることができる。 ②次のプレーをしやすい高さと位置にボールを上げたり、ボールを相手側コートのねらった場所に打ち返すことができる。 ③連携プレーのための基本的なフォーメーションに応じた位置に動くことができる。

る。 **知識及び技能**

(2)攻防などの自己やチームの課題を発見し、合理的な解決に向けて運動の 取り組み方を工夫するとともに、自己や仲間の考えたことを他者に伝えることができるようにする。**思考力、判断力、表現力等**

(3)球技に自主的に取り組むとともに、フェアなプレイを大切にしようとすること、作戦などについての話合いに貢献しようとすること、互いに助け合い教え合おうとすることなどや、健康・安全を確保することができるようにする。 **学びに向かう力、人間性等**

11～15時（展開②）	16～18時（まとめ）
技能を高めながら自分のチームに合った作戦を選択し、ゲームの中で生かしながら楽しむ。	学習した成果を生かし、バレーボール大会を実施し、ゲームを楽しむ。
11～15　ラリーに必要な技術を身に付けよう POINT：相手の攻撃から、自チームの連携プレーを生かして攻撃を組み立て、チームのよさが生きる作戦や攻撃につなぐ工夫をする。 **[主な学習活動]** ○集合・あいさつ・課題確認・用具準備 ○準備運動（ボールを使ったドリルで W-up） ○タスクゲーム②（人数を減らした連携プレー） ○ゲーム② ○グループでの振り返り活動（トークタイム） ・自チームにあった攻撃や守備の作戦を選択したり、考えたりする。 ○ゲーム②'（必要に応じてチームで練習する） ○グループでの振り返り活動（トークタイム） ○整理運動 ○クラス全体でのまとめ ・クラス全体で学習について振り返る。	**16～18　チームで作戦を立て攻防を楽しもう** POINT：これまでの学習で高めたプレーや作戦を生かし、様々なチームとのゲームを楽しむ。 **[主な学習活動]** ○集合・あいさつ・課題確認・用具準備 ○準備運動（ボールを使ったドリルで W-up） ○チーム練習 ○ゲーム(1) ○グループでの振り返り活動（トークタイム） ・これまでの学習で高めたプレーや作戦をもとに次のゲームに生かすため話し合う。 ○ゲーム(2) ○グループでの振り返り活動（トークタイム） ○整理運動 ○クラス全体でのまとめ
[評価計画] 技② 思② 態②③	**[評価計画]** 技③ 思③ 態①②

思考・判断・表現	主体的に学習に取り組む態度
①提示されたプレーのポイントやつまずきの事例を参考に、チーム・自己の課題を発見して伝えたり、その合理的な解決に向けての運動の取り組み方を工夫したりしている。 ②仲間と協力する場面で、分担した役割に応じた活動の仕方やチームへの関わり方を見付けている。 ③練習やゲームの場面で最善を尽くす、フェアなプレーなどよい取り組みを見付け、理由を添えて他者に伝えたり、発表したりしている。	①バレーボールの学習に自主的に取り組もうとしている。 ②相手を尊重するなどフェアなプレイを大切にしようとしている。 ③互いに練習相手になったり仲間に助言したりして、教え合おうとしている。 ④健康・安全に留意している。

本時案

ゲームの行い方を知ろう

本時の目標

単元のねらい・学習の進め方を知り、単元の見通しをもつことができるようにする。

評価のポイント

学習に取り組む姿、学習カードの記述を基に、単元の見通しをもち、進んで取り組むことができたかを見取る。

中心活動における指導のポイント

point 「攻守一体」の多いネット型単元で、バレーボールは「連携プレー」のゲームである。連携プレーのために必要なスキルとしてパスを身に付け、誰もが「アタック」に参加できるように指導内容を配置していく。第3学年段階ではラリーの中で「拾う、つなぐ、打つ」の一連の流れで意図的に攻撃を組み立て、空いたスペースをねらう攻防を展開したい。ここでは第1・2学年でワンバウンド・キャッチバレーを経験してきた想定で、典型的なゲームに近付ける取組としていく。

本時の展開

	時	生徒の学習活動と指導上の留意点
はじめ	5分	**集合・あいさつ** **(1)集合・あいさつをし、単元の学習の見通しをもつ** ○本単元の進め方、本時の学習内容を知る。1 **(2)チームごとにコート・用具の準備をする** ○チームごとの分担に従って進める。
準備運動	10分	**チームでゲームにつながる運動をする** 2 準備運動・ゲームにつながる運動のやり方を理解して取り組む。 ○指、手首、足首など身体の各部位をほぐすとともに、けがしやすい部分をケアしておく。 ○ボールを使ったゲームにつながる運動を理解する。
試しのゲーム	25分	**試しのゲームをする** **(1)バレーボールのゲームの行い方を知る** 3 ○ルールを確認しコートや得点の仕方を知る。 **(2) 試しのゲームをする（1～3時間で全チームと対戦）** ○各チームがゲーム・審判を1ゲームは行い役割を確認する。 ○ゲーム進行は時間で合わせ1ゲーム6～8分で実施する。 ○最初のサーブは下手から易しいボールを投げ入れて始め(フリーボール)、連携プレーにつながりやすくしていく。 ○記録の取り方を確認し、カードに記入できるようにする。 **(3)ゲームの勝敗を確認し、用具を片付ける** ○整列、勝敗の確認、あいさつをする。 ○チームで勝敗を確認し、学習カードに記入する。
整理運動	2分	**運動で使ったところをゆったりとほぐす**
まとめ	3分	**クラス全体で本時の学習について振り返る** ① 学習カードの使い方を知り、めあてについて振り返る。 ② チーム MVP とチームの課題を話し合い、発表する。 ③ 次時の学習予定を知る。

1 ゲームの準備をする

チーム編成	○均等なチーム編成→リーダーや部活動等を踏まえバランス、よく。 ○チーム意識を高める工夫→チーム名・ビブス着用はチームの一体感へ。
コート・用具	○コート・支柱はバドミントンダブルス用。ネット高170〜180cm ○ボールはソフトタッチのバレーボール推奨。

2 ゲームにつながる運動をしよう

1 「フロアスパイク」で打とう！

○運動の苦手な生徒でもスパイクにチャレンジしたいものです。セットアップされたボールを、ジャンプせずボールの落下点に入って打ち、スパイク動作を習得し打球を緩やかにする。ねらった的に当てるドリルゲームとしてもよい。

2 ドリルゲームの例

○スパイクゲットゲーム

セットアップ(オーバーハンドパス)からフロアスパイクで打ち、打球をセッターへのレシーブ（アンダーハンドパス）につながるよう「キャッチ」する。連携プレーに必要な技術が含まれるドリルである。セットアップは最初、投げ上げでもよい。打球を自陣でキャッチした回数を記録する。相手のフロアスパイク攻撃をノータッチエースにせずキャッチ・ワンタッチ(後半ではレシーブ)することができたら得点となる。

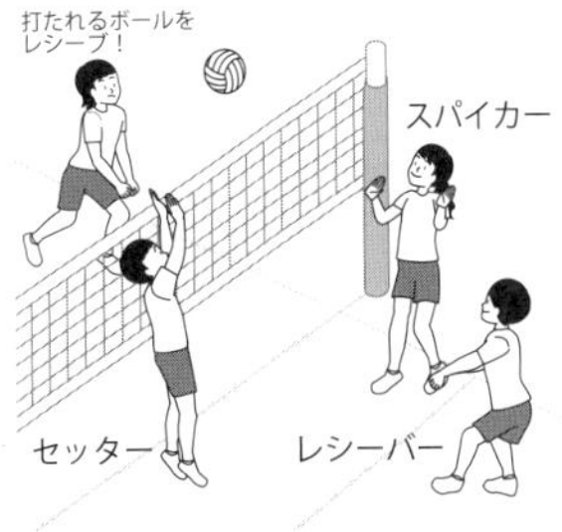

3 ゲームの行い方

〈はじめのゲーム〉

- ●1チーム3人で行う。(コート内人数)
- ●1ゲーム6分で行う。
- ●サーブはフリーボールの投げ入れ。
- ●ファーストタッチはパスで行う。難しい場合は慣れるまでキャッチも可とする。
- ●セットアップはオーバーパスで行う。フロアスパイクで攻撃できるように連携プレーを高めていく。

※ラリーの面白さを味わうため、この段階では自陣での連携プレーに必要な技術の習得と技能のレベルに応じたゲームのルールの工夫が必要となる。オーバーハンドパスによるセットアップに積極的に取り組むことやフロアスパイクは打球も緩まるが、最初はキャッチも可としてもよい。

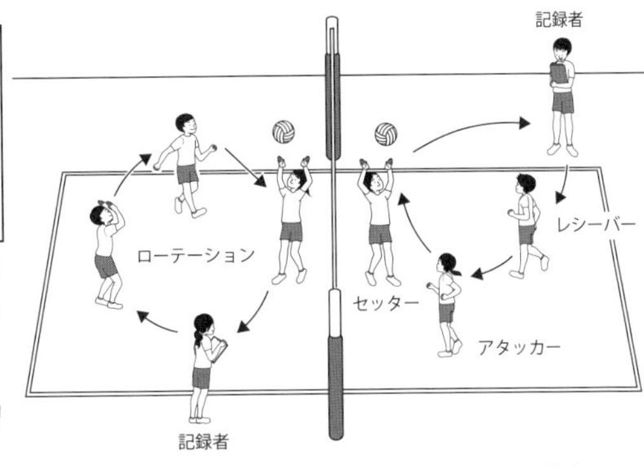

※チーム内での役割は、ローテーションとする。ポジションも順番にまわす。

参考資料

「フロアスパイク」の提案

使用時 **第1～3時**

スパイクはバレーボールで、生徒の誰もがチャレンジし成功させたい魅力的なプレーの１つである。相手の返球を直接打ち返すことが攻撃となる攻守一体型に比べると、連携プレー型のバレーボールでのスパイクは、意図的なセットアップを介して生まれるプレーのため、ゲーム中にスパイクを伴うプレーの有無は期待される学習の成果としては大きな意味をもつ。

一方で、バレーボールの単元では、ゲームは「パスができるようになってから」といった考えが依然として根強く、ゲームではパスやサーブの応酬にとどまり、スパイクを含むアタックによるラリーの展開が見られることも少なくない。スパイクにつながるセットアップに必要なオーバーハンドパスの技能獲得にも時間がかかることや、スパイクというプレー自体、ジャンプをしてタイミングを合わせて打つことは難しいプレーであるがゆえに実現に時間を要することが、パス練習に時間をかける授業展開の原因として挙げられる。

そこで、本授業展開ではオーバーハンドパスの習得を核に、ジャンプをせず打つ「フロアスパイク」を取り入れ、ボールを打つ経験を容易にし、繰り返すことで次の効果が期待される。

⑴ジャンプしないため、比較的容易にネットを越えたボールをヒットすることができる。

⑵打球が比較的緩やかになり、キャッチやフロアにバウンドさせることなく、ラリーにもち込める機会が増えるため、ゲームの中で必要な「どう動けばよいか」「どのような技術を選択し、発揮すればよいか」の指導機会が増える。

⑶スパイクの段階的指導となり、タイミングがつかめてくると、ジャンプをして打つことにつながる。「フロアスパイク」を取り入れることで、運動の苦手な生徒を含め、多くの生徒が「スパイク」の機会とラリーの楽しさを味わえる。

フロアスパイクの打ち方

①ボールの落下点へ移動する。テイクバック
②ボールとの距離をはかりながら、腕を伸ばしていく（フォワードスイング）。
③ジャンプをせずにボールをヒットする（打球）。
①
②
③
・空中でボールは動いているので、よく見て上手く当たるタイミングを見付ける。
・ボール投げのように腕を気持ちよく振る。
＊最初は、ネットから少し離れて打つと、感じがつかめる。

図　左から「テイクバック」「フォワードスイング」「打球（ヒット）」の局面

フロアスパイクの練習方法

①自分の手上げで お互いに打ち合う

②自分の手上げでトスして ネット越しに打っていく

③セットアップから打つ

フロアスパイクによるスキルアップドリルゲーム

①スパイクゲットゲーム

※コートを縦に分割して２チーム（ペアチームでも可）で練習する。

→スパイクの練習がレシーブの練習になるように「レシーブ」「キャッチ」「触る」を得点化していく。

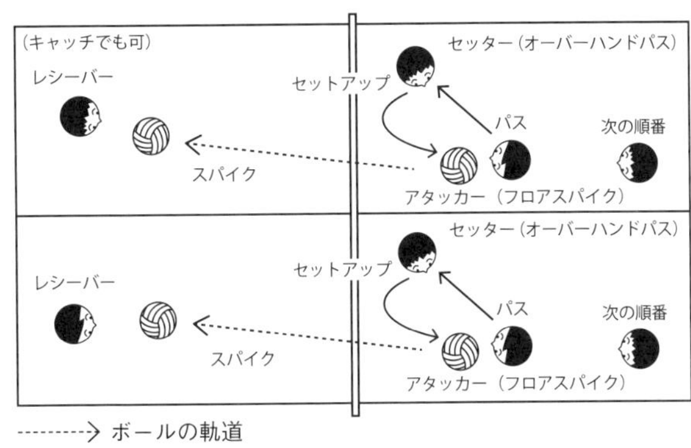

②コーン当てゲーム

スパイクをコートの隅に並べたコーンに当てる的当てゲーム

※時間（５分）程度で交代し、きょうだいチームや対戦相手と競争してもよい。

※単元時間内で継続して実施し、回数を記録していくと技量の向上、チームでの協力体制が改善されることによる試行回数増加の様子が、見える化される。

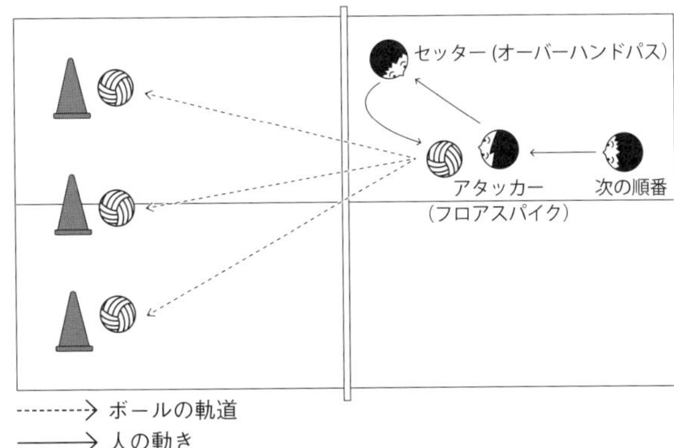

本時案

連携プレーでの役割を理解しよう

4-10/18

中心活動における指導のポイント

point　ネット型単元では「ネット」により自チームと相手チームのコートを隔てている。自陣での「連携プレー」はチーム内での練習を通じた約束事の確認によって構成される。上手く組み立てて誰もが攻撃に参加できるよう状況判断に基づいた役割を担えるようにしたい。まず、自陣で「拾う、つなぐ、打つ」の一連の流れで意図的に攻撃を組み立てたい。この段階では、チームの全員がフロアスパイクで相手コートに攻撃できるように支援していく。

本時の目標

・基本的な動き方や戦術を理解する。
・サーブレシーブからの連携プレーを高める。

評価のポイント

・学習に取り組む姿、学習カードの記述やまとめでの話合い活動の様子で見取る。
・ゲームの記録を評価材料に活用する。

本時の展開

	時	生徒の学習活動と指導上の留意点
はじめ	5分	**集合・あいさつ** **⑴集合・あいさつをし、今日の課題を確認する** 〇本単元の進め方、本時の学習内容を知る。 **⑵チームごとにコート・用具の準備をする** 〇チームごとの分担に従って進める。
場の準備	5分	**チームごとにゲームにつながる運動をする** 〇指、手首、足首など身体の各部位をほぐすとともに、けがしやすい部分をケアしておく。 〇パス・フロアスパイクを打つ。
準備運動	30分 3分	**ゲームをする** **⑴タスクゲームを行う** 1 〇ドリルのねらいを理解しラリーを続け得点化する。 〇ドリルの中で必要なパスのスキルアップをしていく。 **⑵メインゲームを行う　（リーグ戦１）** 2 〇各チームがリーグ戦表に基づいてゲームを進める。 〇ゲーム進行を合わせ１ゲーム５分×２セットで実施する。セット間・試合後のトークタイムで、作戦の修正やゲーム内容を高めるために必要なポイントを話し合う。 〇フリーボールからの連携プレーを確実にしていく。 〇記録を取り、カードに記入していく。 **⑶ゲームの勝敗を確認し、用具を片付ける** 〇整列、勝敗の確認、あいさつをする。 〇チームで勝敗を確認し、学習カードに記入する。
展開	2分	**運動で使ったところをゆったりとほぐす**
まとめ	5分	**クラス全体で本時の学習について振り返る** ①学習カードに、めあてについて振り返りを記入する。 ②チーム MVP とチームの課題を話し合い、発表する。 ③次時の学習予定を知る。

1 タスクゲームの例（2 vs 2 の「つなぐ」ビーチバレーラリー）

○ねらい：2人組で行うパスによるラリーゲーム。2人組をつくり2～3回の触球の後、相手コートにパスで返球してラリーを継続し回数を計測する。ファーストタッチ後は触っていないもう1人のプレイヤーが必ずボールに触れるため、セッターの移動の動きをつくりやすくなる。このドリルで学んだことを3 vs 3のラリーで生かせるようにする。

〈ゲームの進め方〉

・サーブは手で投げ入れてゲーム開始。2人で各1回は触球して返球する。一度相手に返球したら抜けて次の2人が入り、チームでラリーを続ける。3分間続けて回数を競う。

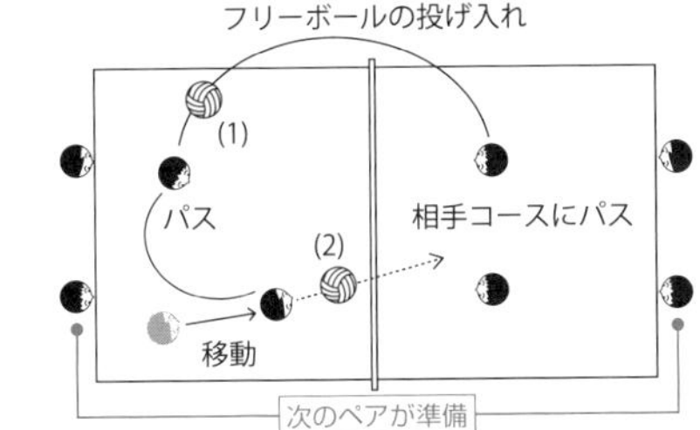

POINT：自陣内での連携と相手コートを見て返球することが必要となる。回数を数え、単元を通じてチームで回数を記録して競えるようにする。

------→ ボールの軌道
——→ 人の動き

2 メインゲーム（3 vs 3 のフロアスパイクゲーム）

○ねらい：緩やかなボールによって相手コートの空いたスペースに意図的な攻撃をし、役割に応じて定位置に戻り空いたスペースをカバーすることをねらいとする。この段階では自陣のファーストタッチ（レシーバー）、セットアップ（セッター）、スパイク（アタッカー）の役割と、役割に応じた必要な技能を理解し発揮できるようにする。

〈ゲームの進め方〉

・フリーボールを相手レシーバーにコート内に投げ入れて開始する。
・1チーム5～6名として、レシーバー・セッター・アタッカーの順にサーブ権の移動とともにローテーションを行う。サーブを互いに一度入れたらローテーションする。
・サーブレシーブからの攻撃は3人で役割を明確に担う。
・ゲームは時間制とする（5分前後半＋2分トークタイム）。
・セットアップからのフロアスパイクで相手チームがノータッチで決まれば2点、レシーブやワンタッチが決まれば1点とする。その他は全て1点とする等得点を工夫する。
・技能の実態に応じてキャッチやワンバウンドも有効としてもよい。

セッターの動き

ゲームの様子

本時案

ラリーに必要な技術を身に付けよう

11-15/18

本時の目標

・相手の攻撃を連携プレーにつなげるためのスキルや状況判断を身に付ける。

評価のポイント

・学習に取り組む姿、学習カードの記述やまとめでの話合い活動の様子からできたかを見取る。
・ゲームの記録をとり、評価材料に活用する。

中心活動における指導のポイント

point　易しいサーブから自陣での「連携プレー」によりスパイクが生起するようになった段階。相手からの攻撃を守るラリー中は変則的な連携プレーが必要になる。役割が固定できない状況では、攻撃を組み立てるためプレイヤー全員が状況判断に基づいた役割を担えるようにしたい。この段階では、チームの全員がフロアスパイクで相手コートに攻撃できるように支援していく。

本時の展開

	時	生徒の学習活動と指導上の留意点
はじめ	5分	**集合・あいさつ** **(1)集合・あいさつをし、今日の課題を確認する** ○本単元の進め方、本時の学習内容を知る。 **(2)チームごとにコート・用具の準備をする** ○チームごとの分担に従って進める。
準備運動	5分	**チームごとにゲームにつながる運動をする** ○指、手首、足首など、けがの出やすい部分をケアしておく。 ○パス・フロアスパイクを打つ。
ゲーム②	30分	**ゲームをする** **(1)タスクゲームを行う** 1 ○ドリルのねらいを理解しラリーを続け得点化する。 ○ドリルの中で必要なパスのスキルアップをしていく。 **(2)メインゲームを行う　（リーグ戦２）** 2 ○各チームがリーグ戦表に基づいてゲームを進める。 ○ゲーム進行を合わせ１ゲーム５分×２セットで実施する。セット間のトークタイムで、作戦の修正やゲーム内容を高めるために必要なポイントを話し合う。 ○フリーボールからの連携プレーを確実にしていく（実態に応じて下手からのアンダーハンドサーブにしても可)。 ○記録を取り、カードに記入していく。 **(3)ゲームの勝敗を確認し、用具を片付ける** ○整列、勝敗の確認、あいさつをする。 ○チームで勝敗を確認し、学習カードに記入する。
整理運動	2分	**運動で使ったところをゆったりとほぐす**
まとめ	5分	**クラス全体で本時の学習について振り返る** ①学習カードの使い方を知り、めあてについて振り返る。 ②チーム MVP とチームの課題を話し合い、発表する。 ③次時の学習予定を知る。

1 タスクゲームの例（2 vs 2 の「ラリーを切る」ビーチラリー②）

○ねらい：2人組で行うパスによるラリーゲーム。2人組をつくり3回の触球後、相手コートの空いているスペースにパスで返球してラリーを切る。ファーストタッチ後は触っていないもう1人のプレイヤーがセッターの移動から意図的なセットアップをし、ファーストタッチしたプレイヤーに相手スペースをねらうプレーを実現させる。

〈ゲームの進め方〉

・サーブはチャレンジャーからフリーボールでゲームを開始する。返球を2人で3回の設定として〈意図的なセットアップから相手の空いているスペースを狙って返球し、ラリーを切るゲームとする。その場合、ラリーを獲得したチームは勝ち残りとしてチャンピオンコートでゲームを続ける。

POINT：1本目のボール操作しないときの動きとして、矢印のようにセッターの位置へ移動できるとセットアップしやすくなる。

2 メインゲームの例（3 vs 3 のフロアスパイクゲーム②）

○ねらい：緩やかなボールによって、相手コートの空いているスペースに意図的な攻撃をし、役割に応じて定位置や空いているスペースをカバーすることをねらいとする。ファーストタッチ（レシーバー）、セットアップ（セッター）、スパイク（アタッカー）の役割と、役割に応じた必要な技能を理解し発揮できるようにする。

〈ゲームの進め方〉

・形式はフロアスパイクゲーム①と同じですが、ここでは相手攻撃をレシーブして切り返すことに焦点化します。相手スパイクをレシーブしての連携プレーは難しくなる。

・自チームでどのような守備陣形を取りアタックを切り返し攻撃するか、相手に攻撃したあとに元の守備陣形に戻って相手の攻撃に備えることができるかが戦術的な課題となる。

〈学習資料〉

以下は、認知的な学習を進める上で、生徒に提示したい資料である。連携プレー中にボールを操作する順序による役割を理解し、ボールをどう操作すればよいか、ボールをもたないときの動きをどうすればよいかを、フローチャートで示し、戦術的な課題への理解を深められるよう段階的に学習させる。

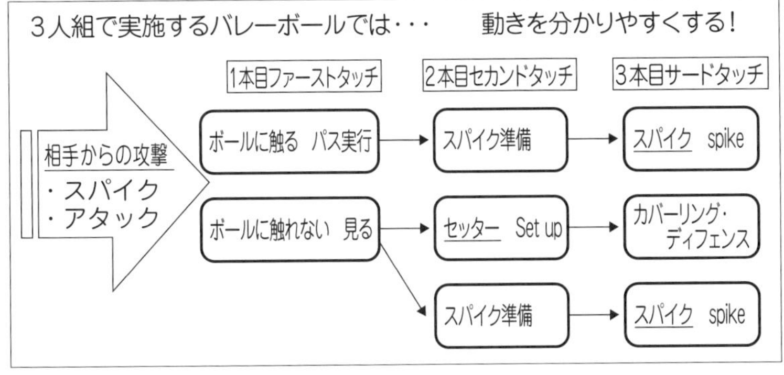

POINT：相手のスパイク攻撃を連携プレーで組み立てるには2本目のセットアップを誰が担ってもよい状態をチームづくりができているかがポイント。

本時案

チームで作戦を立て攻防を楽しもう

16-18/18

本時の目標

・作戦を立て、対戦相手との攻防を展開する
・フェアプレーを大切にして取り組むようにする。

評価のポイント

・学習に取り組む姿、学習カードの記述やまとめでの話合い活動の様子からきたかを見取る。
・ゲームの記録をとり、評価材料に活用する。

中心活動における指導のポイント

point　易しいボールであれば攻撃を一定の水準で組み立てられ、役割に応じた技能を発揮できるようになった段階。

大会として星取表やトーナメント表を用いてゲームを行い、スパイクを打った本数などにシールで掲示物に記入するなど、記録を残していく。また、チームの勝ち点と同様に練習への協力、ルール・マナーの尊重、相手の健闘を称えるなどフェアプレイを行った生徒を毎時間表彰し（MVP)、勝ち点に加えて同等に評価するなどフェアで協力的な取組を促す。

本時の展開

	時	生徒の学習活動と指導上の留意点
はじめ	3分	**集合・あいさつ** **(1)集合・あいさつをし、今日の課題を確認する** ○健康観察をし、本時の学習内容を知る。 **(2)チームごとにコート・用具の準備をする** ○チームごとの分担に従って進める。
準備運動	10分	**チームごとにゲームにつながる運動をする** ○指、手首、足首などけがしやすい部分をケアしておく。 **チームごとに課題を練習する** ○前時に話し合った課題に基づいて練習する。
ゲーム	30分	**ゲームをする** **(1)メインゲームを行う　（バレーボール大会）** 1 ○各チームが対戦表に基づいてゲームを進める。 ○ゲーム進行を実態に合わせて実施する。 ○フリーボールからの連携プレーを確実にしていく（実態に応じて下手からのアンダーハンドサーブにしても可)。 ○セット間・試合後のトークタイムで、作戦の修正、ゲーム内容を高めるためのポイントを話し合う。 2 ○記録を取り、カードに記入していく。 **(2)ゲームの勝敗を確認し、用具を片付ける** ○整列・勝敗の確認・あいさつ・片付けをする。 ○チームで勝敗を確認し、学習カードに記入する。
整理運動	2分	**運動で使ったところをゆったりとほぐす**
まとめ	5分	**クラス全体で本（時）単元の学習について振り返る** ①学習カードの使い方を知り、めあてについて振り返る。 ② MVP とチームの課題（まとめ）を話し合い、発表する。 必要に応じて、表彰など行えるようにする。 ③本（時）単元の学習のまとめをする。

1 バレーボール大会の開催

○トーナメントやリーグ戦、学年での交流戦など、実態に合わせて行う。チームワークや個々のスキルの高まりがある場合、一度対戦したチームと、もう一度再戦することができると反省を生かした練習の成果を確認することができる。また、カリキュラム・マネジメントの観点から、特別活動と関連付けた計画が可能であれば、球技大会などを実施し、大会の目的を話し合い、ルールの策定・表彰準備などの大会運営のマネジメントを通じて、単元のまとめとすることも可能。また、計画時には次の点に留意する。

①全てのチームに同じだけゲーム機会を保障する。

②審判・応援や記録等の役割を各々担い、全ての参加者で支えられるようにする。

2 ゲームの評価

○ゲームの振り返りを適切に行うことが、チームの成長につながる。考えたり選んだりした作戦・戦術がゲーム中に成果があったかを見取ったり、新たな課題を発見するためにはポイントを事前に提示しておくことが大切である。

①必要に応じて ICT 機器（タブレット端末等）に映像を記録して提示できるようにしておく。

②ゲームのあとにチームでの振り返りの時間を必ず設定する。この時間内での仲間との関わりや発言の内容を押さえておくことが、チームとしての評価だけでなく、授業の実施状況を把握することになり、授業改善につながる。その際に、共通の理解を深めるために話合い活動の用紙やホワイトボードなどを記入できるよう準備しておくことが大切である。また、学習カードのコメントも、丁寧に返していくことも大切である。

【トークタイムのポイント】

計画 → 実行 → 現状の分析・観察 のループを回していきましょう。

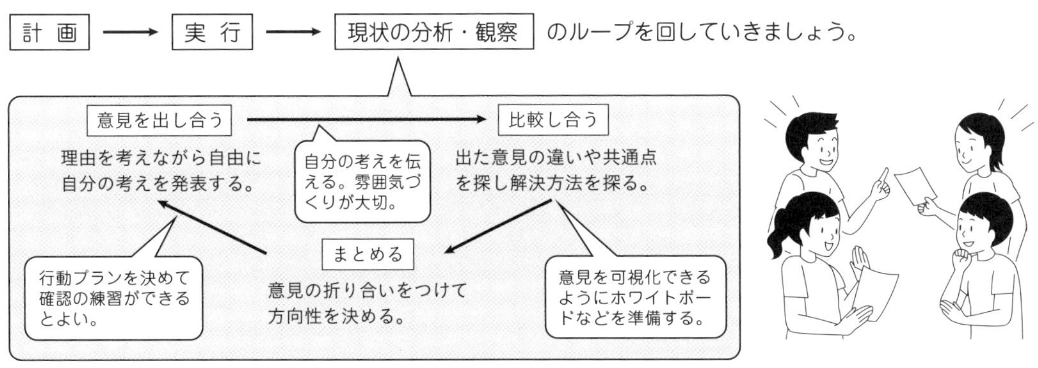

武道

13 柔道

(18 時間)

単元の目標

(1)次の運動について、技を高め勝敗を競う楽しさや喜びを味わい、伝統的な考え方、技の名称や見取り稽古の仕方、体力の高め方などを理解するとともに、基本動作や基本となる技を用いて攻防を展開することができるようにする。

単元計画（指導と評価の計画）

1～3時（導入）	4～8時（展開①）
単元の学習内容を知り、基本動作や基本となる技（既習の技）を振り返る。	【固め技】相手の動きの変化に応じた基本動作と基本となる技を身に付ける。
1～3　学習の進め方と自分の状態を知ろう POINT：既習の学習を振り返り、自分の状態を知り、学習を進めていく上での安全を確認する。 **[主な学習活動]** ○集合・あいさつ ○単元の目標や学習の道筋の確認 ○安全の確認（安全点検や約束事項） ○準備運動・補助運動 ○基本動作の振り返り ・姿勢、組み方、進退動作、崩し、体さばき ・受け身 ○基本となる技 ・投げ技、固め技 ○簡易な攻防 ○整理運動 ○学習の振り返り	**4～8　相手の動きの変化に応じた固め技を身に付けよう** POINT：この段階では、相手の動きが速くなるため、その変化に対応することができるように取り組む。 **[主な学習活動]** ○集合・あいさつ ○今日の学習の流れを確認 ○準備運動・補助運動 ○固め技 ・上四方固め ○固め技の連絡 ・「取」は相手の動きの変化に応じながら、けさ固め、横四方固め、上四方固めの連絡 ○攻防 ○整理運動 ○学習の振り返り
[評価計画] 知①② 態①	**[評価計画]** 技③ 思①② 態②

単元の評価規準

知識・技能	
○知識 ①武道を学習することは、自国の文化に誇りをもつことや、国際社会で生きていく上で有意義であることについて、言ったり書き出したりしている。 ②武道では、攻防に必要な補助運動や練習を繰り返し行うことで、結果として体力が高まることについて、言ったり書き出したりしている。 ③試合の行い方には、簡易な試合におけるルール、審判及び運営の仕方があることについて、学習した具体例を挙げている。	○技能 ①投げ技において、「取」は技（授業で取り扱う技）をかけて投げ、「受」は受け身をとることができる。 ②投げ技の連絡において、２つの技を同じ方向にかけることができる。また２つの技を違う方向にかけることができる。 ③固め技の連絡において、相手の動きの変化に応じながら連絡を行うことができる。また相手を仰向けに返して抑え込みに入ることができる。

ア　柔道では、相手の動きの変化に応じた基本動作や基本となる技、連絡技を用いて、相手を崩して投げたり、抑えたりするなどの攻防ができるようにする。 **知識及び技能**

(2)攻防などの自己や仲間の課題を発見し、合理的な解決に向けて運動の取り組み方を工夫するとともに、自己の考えたことを他者に伝えることができるようにする。 **思考力、判断力、表現力等**

(3)武道に自主的に取り組むとともに、相手を尊重し、伝統的な行動の仕方を大切にしようとすること、自己の責任を果たそうとすること、一人一人の違いに応じた課題や挑戦を大切にしようとすることなどや、健康・安全を確保することができるようにする。 **学びに向かう力、人間性等**

9～13時（展開②）	14～18時（まとめ）
【投げ技】相手の動きの変化に応じた基本動作と基本となる技を身に付ける。	連絡技を用いて、相手を崩して投げたり、抑えたりするなど攻防をする。
9～13　【投げ技】相手の動きの変化に応じた投げ技を身に付けよう POINT：学習指導要領解説では、投げ技の例示で４つ表記されているが、生徒の既習技や学習状況を考慮して取り扱う技の精選を図る。 **[主な学習活動]** ○集合・あいさつ ○今日の学習の流れを確認 ○準備運動・補助運動 ○投げ技（例：小内刈り・釣り込み腰など） 「取」は技をかけて投げ、「受」は受け身をとる。 ○投げ技の連絡 ２つの技を同じ方向にかける。 ２つの技を違う方向にかける。 ○攻防 ○整理運動 ○学習の振り返り	**14～18　連絡技を用いて相手を投げたり抑えたりしよう** POINT：自由練習や簡易な試合で連絡技を用いて攻防を展開していく。 **[主な学習活動]** ○集合・あいさつ ○今日の学習の流れを確認 ○準備運動・補助運動 ○投げ技では、生徒の技能の程度や安全を十分に配慮した上で、連絡技を用いた自由練習や簡易な試合を行う。 ○固め技では、抑え込む時間を15秒～20秒程度にするなど技能の上達や安全を十分に配慮した上で、連絡技を用いた自由練習や簡易な試合を行う。 ○整理運動 ○学習の振り返り
[評価計画] 技①② 思③ 態③	**[評価計画]** 知③ 態④

思考・判断・表現	主体的に学習に取り組む態度
①自己や仲間の技術的な課題やその課題解決に有効な練習方法の選択について、自己の考えを伝えている。 ②相手を尊重するなどの伝統的な行動をする場面で、よりよい所作について、自己や仲間の活動を振り返っている。 ③健康や安全を確保するために、体調や環境に応じた適切な練習方法等について、振り返っている。	①相手を尊重し、伝統的な行動の仕方を大切にしようとしている。 ②仲間と互いに合意した役割について自己の責任を果たそうとしている。 ③一人一人の違いに応じた課題や挑戦を大切にしようとしている。 ④禁じ技を用いないなど、健康・安全を確保している。

本時案

学習の進め方と自分の状態を知ろう

1-3/18

本時の目標

単元の学習内容を知り、既習の技を振り返るとともに自分の状態を知り、伝統的な行動の仕方などの知識を理解することができる。

評価のポイント

武道を学ぶ意義や関連して高まる体力を知り、伝統的な行動の仕方を大切にすることができたか。

中心活動における指導のポイント

point　基本動作や受け身、基本となる技の学習では、既習の学習内容を振り返りながら、感覚を取り戻すことができるように展開していく。基本動作や受け身の感覚をしっかり取り戻した上で、既習の技の振り返りを行うことが安全性を高めるには重要である。

簡易な攻防では、単に勝敗を競い合うのではなく、伝統的な行動の仕方（相手を尊重し合うための独自の作法、所作を守ること）の指導も行うようにする。

本時の展開

	時	生徒の学習活動と指導上の留意点
はじめ	5分	**集合・あいさつ** ○本時の学習内容を知る。 ○安全を確認（安全点検や約束事項）する。
準備運動 補助運動		**本時の学習で使う部位をよくほぐす** ○足や足首、腕や手首、首、肩のストレッチ運動をする。 ○攻防に必要な技術と関連させた補助運動をする。
柔　道	35分	**(1)基本動作の振り返り** ○姿勢（自然体・自護体） ○組み方（右組：釣り手・引き手） ○進退動作（すり足・継ぎ足・歩み足） ○崩し（前後左右・斜め方向） ○体さばき （前さばき・後ろさばき・前回りさばき・後ろ回りさばき） ○ゲーム **(2)受け身の振り返り** ○横受け身 ○後ろ受け身 ○前回り受け身 **(3)基本となる技の振り返り→簡易な攻防** ○既習の技（投げ技・固め技） ○簡易な攻防
整理運動	3分	**運動で使った部位をゆったりほぐす** ○よく使った部位を中心にほぐす。
まとめ	7分	**本時の学習について振り返る** ○学習カードを記入する。 ○グループや全体で本時を振り返る。 ○次時の学習予定を知る。

1 基本動作の振り返り

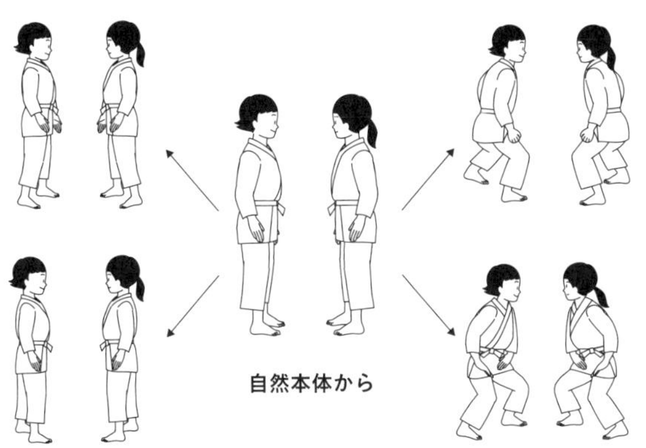

左右の自然体へ　　左右の自護体へ

【ミラーゲームの行い方】
姿勢には、自然本体、左右の自然体、自護体、左右の自護体がある。２人組でペアを組んで「取」と「受」を決めて、「取」は自由に姿勢を変え、「受」が瞬時に同じ姿勢になるようにする。ポイントは鏡に写った場面をイメージしながら動作を繰り返すようにする。

ミラーゲーム（姿勢）の他に、すり足（進退動作）での鬼ごっこや、固め技の体さばきを題材とした頭タッチゲーム（片方が仰向けの寝姿勢で構え、もう一方が立ち姿勢で仰向けの相手の頭をタッチしにいく）がある。

2 受け身の振り返り

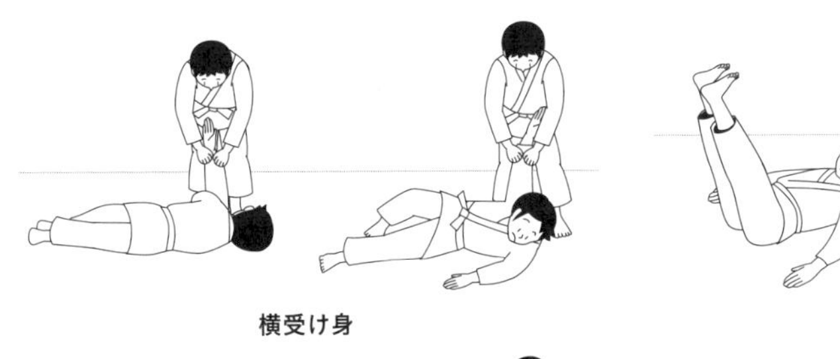

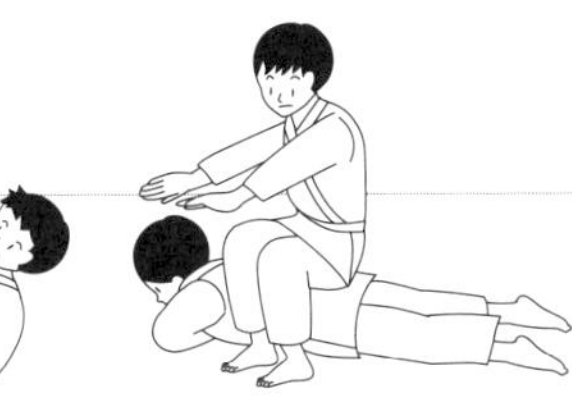

横受け身　　後ろ受け身

前回り受け身

ペアで行う方法として、横受け身、後ろ受け身、前回り受け身がある。

3 基本となる技の振り返り（段階的指導の例）

1	簡易な（易しい）動き　→　難しい動きへ	（易→難）
2	低い姿勢　→　高い姿勢へ	（低→高）
3	ゆっくりとした動き　→　速い動きへ	（遅→早）
4	弱い動き　→　強い動きへ	（弱→強）
5	止まった位置での動き　→　移動した動きへ	（静→動）
6	１人での動き　→　相対の動きへ	（個→相）
7	基本的な動き　→　応用した動きへ	（基→応）
8	単純な動き　→　複雑な動きへ	（単→複）

本時案

相手の動きの変化に応じた固め技を身に付けよう

4-8/18

本時の目標

相手の動きの変化に応じた基本動作と基本となる技を身に付けるために、自己や仲間の課題を発見し、その解決に向けて取り組むことができる。

評価のポイント

課題の解決に向けて、練習方法を工夫したり、考えたことを他者に分かりやすく伝えることができたか。

中心活動における指導のポイント

point　技能の指導においては、基本となる技を高めるとともに、抑え技の連絡を用いて相手を抑えることや、固め技の試合で15秒から20秒程度抑える試合をすることなどがねらいとなるが、技能の上達に応じて時間を弾力的に設定するなど安全に配慮した工夫が大切である。

固め技の連絡では、相手の動きの変化に対応できるように様々な場面を想定しながら、課題解決に向けて取り組むことができるように工夫する。攻防では生徒の体力差や体格差に配慮することが必要である。

本時の展開

	時	生徒の学習活動と指導上の留意点
はじめ	5分	**集合・あいさつ** ○本時の学習内容を知る。 ○安全を確認（安全点検や約束事項）する。
準備運動 補助運動		**本時の学習で使う部位をよくほぐす** ○足や足首、腕や手首、首、肩のストレッチ運動をする。 ○攻防に必要な技術と関連させた補助運動をする。
柔　道	35分	**(1)固め技** ○上四方固め **(2)固め技の連絡** ○「取」は相手の動きの変化に応じながら、けさ固め、横四方固め、上四方固めの連絡を行う。 ○「受」はけさ固め、横四方固め、上四方固めで抑えられた状態から、相手の動きの変化に応じながら、相手を体側や頭方向に返して逃れる。 ○相手がうつぶせのとき、相手を仰向けに返して抑え込みに入る。 〈連絡技〉 ○技をかけたときに、相手の防御に応じて、さらに効率よく相手を抑えるためにかける技のことである。 **(3)攻防** ○自由練習や簡易な試合で、相手の動きの変化に応じた基本動作を行いながら攻防を展開する。
整理運動	3分	**運動で使った部位をゆったりほぐす** ○よく使った部位を中心にほぐす。
まとめ	7分	**本時の学習について振り返る** ○学習カードを記入する。 ○グループや全体で本時を振り返る。 ○次時の学習予定を知る。

1 補助運動

補助運動には、脚を前後に動かす、脚を回す、体を横にかわす、脇をしめるなどがある。

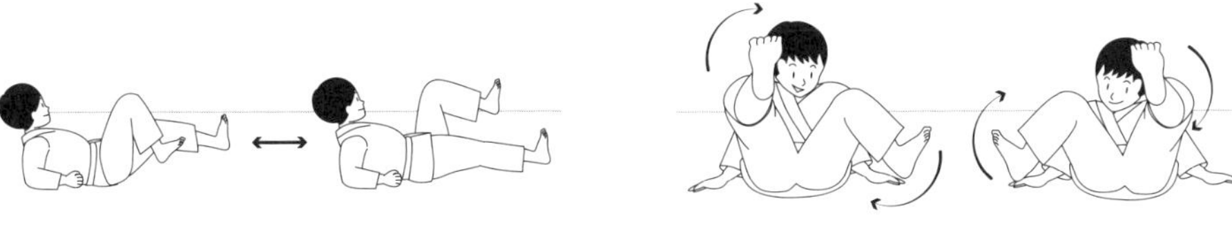

脚を前後に動かす

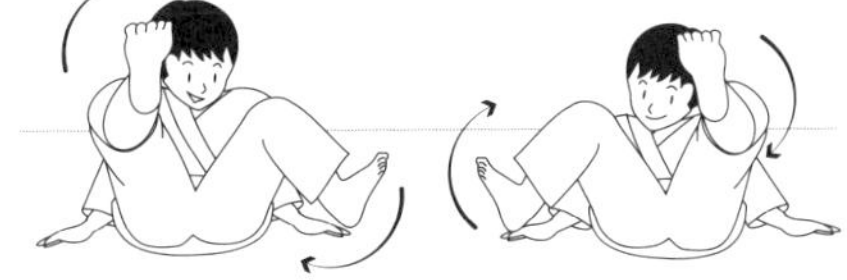

脚を回す

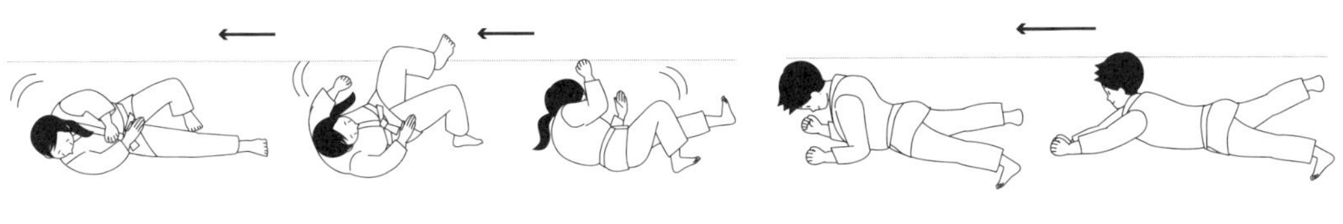

体を横にかわす　　脇をしめる

2 固め技の連絡

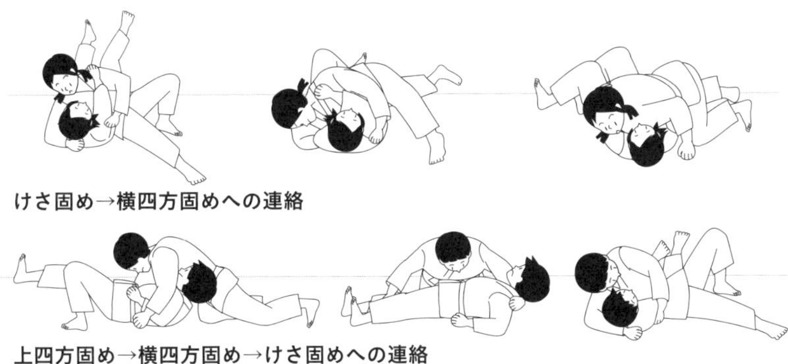

けさ固め→横四方固めへの連絡

上四方固め→横四方固め→けさ固めへの連絡

3 うつぶせの相手を仰向けに返して抑える

腹ばいや四つんばいなど相手の防御によって返し方が異なる。

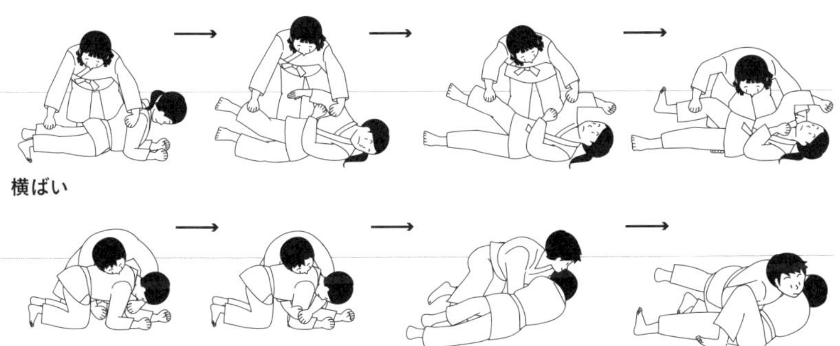

横ばい

四つんばい

腹ばい・四つんばいの相手を返して抑え込みに入る練習をする際は、「受」と「取」を決めて行う。「取」は腹ばいの相手を返す場合、上から「受」の膝と肘をつかんで引き上げて返して抑え込む。「取」は四つんばいの相手を返す場合、「受」の両腕を抱え込んで引き寄せて返して抑え込む。

＊参考　文部科学省「柔道指導の手引き」(2013年、P117)

本時案

相手の動きの変化に応じた投げ技を身に付けよう

9-13/18

本時の目標

相手の動きの変化に応じた基本動作と基本となる技を身に付けるために、自己や仲間の課題を発見し、その解決に向けて取り組むことができる。

評価のポイント

課題の解決に向けて、練習方法を工夫したり、考えたことを他者に分かりやすく伝えることができたか。

中心活動における指導のポイント

point　この段階では、第１学年や第２学年の時期とは異なり身体的に成長していることから、相手の動きが速くなる。そのため相手の変化に応じた技を身に付けるには、相手の動きの変化に応じた基本動作を身に付けることが前提条件となる。したがって、基本動作では相手と組み合った状態から前後・左右・上下など様々な方向に速く移動することを取り入れながら行うようにする。基本となる技の習得では、双方が比較的安定した状態で投げたり投げられたりする段階から発展させていくことが重要である。

本時の展開

	時	生徒の学習活動と指導上の留意点
はじめ	5分	**集合・あいさつ** ○本時の学習内容を知る。 ○安全を確認（安全点検や約束事項）する。
準備運動 補助運動		**本時の学習で使う部位をよくほぐす** ○足や足首、腕や手首、首、肩のストレッチ運動をする。 ○攻防に必要な技術と関連させた補助運動をする。
柔　道	35分	**(1)基本動作** ○姿勢と組み方 ○崩し ○進退動作 ○受け身 **(2)投げ技** ○刈り技系（小内刈り、大内刈り） ○まわし技系（釣り込み腰、背負い投げ） **(3)投げ技の連絡** ○大内刈りから大外刈りへの連絡（後→後） ○釣り込み腰から大内刈りへの連絡（前→後） ○大内刈りから背負い投げへの連絡（後→前） **(4)攻防** ○自由練習や簡易な試合で、相手の動きの変化に応じた基本動作を行いながら攻防を展開する。
整理運動	3分	**運動で使った部位をゆったりほぐす** ○よく使った部位を中心にほぐす。
まとめ	7分	**本時の学習について振り返る** ○学習カードを記入する。 ○グループや全体で本時を振り返る。 ○次時の学習予定を知る。

1 投げ技の連絡

〔２つの技を同じ方向にかける技の連絡〕

大内刈り

大外刈り

※「取」は大内刈りをかけて、「受」が下がって防御したところに、大外刈りをかける。

〔２つの技を違う方向にかける技の連絡〕

釣り込み腰

大内刈り

※「取」は釣り込み腰をかけて、「受」が腰を落として防御したところに、大内刈りをかける。

大内刈り

背負い投げ

※「取」は大内刈りをかけて、「受」が下がり、押し返してきたところに、背負い投げをかける。

※第１学年及び２学年の段階で、指導していない投げ技がある場合は、技の系統性を踏まえた上で、その技を指導したあとに、上記の技を指導することが大切である。

本時案

連絡技を用いて相手を投げたり抑えたりしよう

14-18/18

本時の目標

柔道のルールを知り、自由練習や簡易な試合で連絡技を用いて攻防を展開することができる。

評価のポイント

・ルールを知ることができたか。
・攻防の中で連絡技をかけることができたか。

中心活動における指導のポイント

point　指導に際しては、投げ技では、2人1組で、崩し、体さばき、受け身を用いて投げ技の基本となる技を扱うようにするとともに、2つの技を同じ方向にかける連絡、2つの技を違う方向にかける連絡などを系統別に指導することが大切である。

固め技では、固め技の姿勢や体さばきを用いながら、固め技の連絡ができるようにすることが大切である。

自由練習や簡易な試合では、動く場所を決めたり、近付いた際に止める生徒を配置したりするなど安全に配慮して行うことが重要である。

本時の展開

	時	生徒の学習活動と指導上の留意点
はじめ	5分	**集合・あいさつ** ○本時の学習内容を知る。 ○安全を確認（安全点検や約束事項）する。
準備運動 補助運動		**本時の学習で使う部位をよくほぐす** ○足や足首、腕や手首、首、肩のストレッチ運動をする。 ○攻防に必要な技術と関連させた補助運動をする。
柔　道	35分	**(1)連絡技** 〈連絡技とは、技をかけたときに、相手の防御に応じて、さらに効率よく相手を投げたりするためにかける技のことである。〉 ○投げ技 　2つの技を同じ方向にかける連絡 　2つの技を違う方向にかける連絡 ○固め技 　固め技の姿勢や体さばきを用いた連絡 **(2)自由練習および簡易な試合** ○技能の程度に応じて時間を設定 ○技能の程度に応じてルールを設定 ○既習の技（投げ技・固め技）や連絡技を用いた攻撃・防御 ○伝統的な行動の仕方 ○禁じ技を用いない。
整理運動	3分	**運動で使った部位をゆったりほぐす** ○よく使った部位を中心にほぐす。
まとめ	7分	**本時の学習について振り返る** ○学習カードを記入する。 ○グループや全体で本時を振り返る。 ○次時の学習予定を知る。

1 自由練習

自由練習は、生徒の技能の程度に応じた適切な条件を設定することが大切である。習得した崩しや体さばきなどの基本動作を用いて、技をかけ合う練習である。練習に当たっては、以下の点に留意する。

①正しい姿勢で行う、②技能の程度に応じて行う、③身に付けた技で攻防の幅を広げる、④相手を尊重する態度を身に付ける。

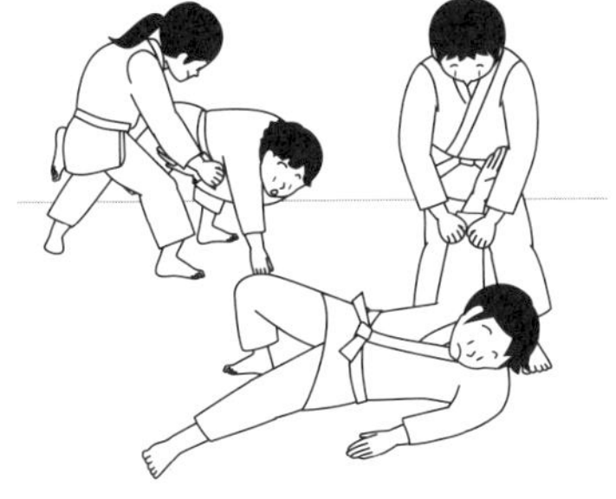

投げ技の自由練習

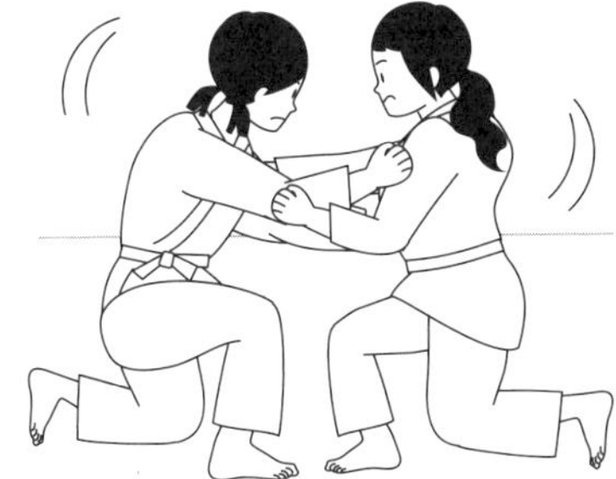

固め技の自由練習

2 簡易な試合

試合には、個人試合と団体試合がある。試合の方法としては、トーナメント形式やリーグ戦形式などがある。授業で扱う試合は、安全への配慮から、技能別、体格別、体重別などの試合が考えられるが、いずれも学習の過程や生徒の実態等に応じて工夫することが大切である。また、ルールや審判法の指導及び禁止事項の指導も行うようにする。

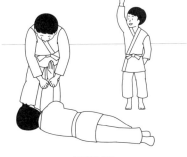

個人試合

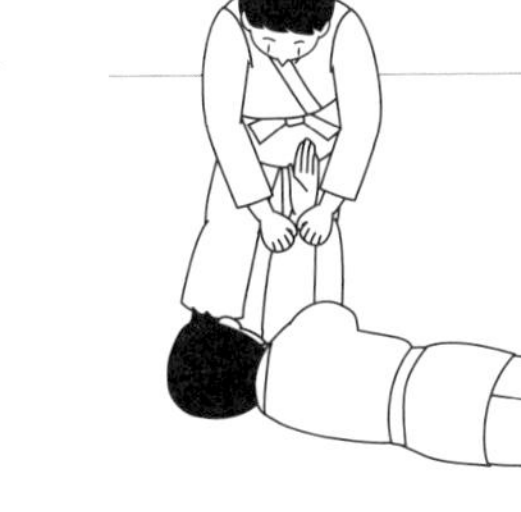

団体試合

保健

14 健康と環境

8 時間

単元の目標

(1)身体の環境に対する適応能力や至適範囲、飲料水や空気の衛生的管理、生活に伴う廃棄物の衛生的管理などの健康と環境について、理解することができるようにする。 **知識及び技能**

単元計画（指導と評価の計画）

1～3時（展開①）	4・5時（展開②）
身体には、環境に対してある程度まで適応能力があること。体の適応能力を超えた環境は、健康に影響を及ぼすことがあること。また、快適で能率の良い生活を送るための温度、湿度や明るさには一定の範囲があることを理解するとともにそれらの課題を解決することができるようにする。	飲料水や空気は、健康と密接な関係があること。また、飲料水や空気を衛生的に保つには、基準に適合するように管理する必要があることを理解するとともに、それらの課題解決の方法を考えることができるようにする。
1　環境の変化と適応能力 **[主な学習活動]** ○暑いとき、寒いとき、体にどのような変化が起こり、また、その変化はなぜ起こるのか考える。 ○事例をもとに、環境の変化と体の適応について考え、発表し合う。 **2　活動に適した環境** **[主な学習活動]** ○自分が過ごしやすいと感じる部屋はどのような条件があるか考える。 **3　熱中症の予防と手当** **[主な学習活動]** ○熱中症が発生しやすい状況を考える ○熱中症の予防方法、手当についてまとめる。	**4　飲料水の衛生的管理** **[主な学習活動]** ○生命の維持や健康に果たす水の役割について考える。 ○飲料水の衛生的な管理について調べる。 **5　空気の衛生的管理** **[主な学習活動]** ○部屋の換気が必要な理由を考える。 ○二酸化炭素、一酸化炭素の健康への影響について調べる。
[評価計画] 知①② 思①	**[評価計画]** 知③④ 思②

単元の評価規準

知識・技能
①身体には、環境の変化に対応した調節機能があり、一定の範囲内で環境の変化に適応する能力があること、また、体温を一定に保つ身体の適応能力には限界があること、その限界を超えると健康に影響が見られることから、気象情報の適切な利用が有効であることを理解している。 ②温度、湿度、気流の温熱条件には、人間が活動しやすい至適範囲があること、温熱条件の至適範囲は、体温を一定に保つことができる範囲のことであること、明るさについては、視作業を行う際には、物がよく見え、目が披露しにくい至適範囲があること、その範囲は、学習や作業などの種類によって異なることを理解している。 ③水は、人間の生命の維持や健康な生活と密接な関わりがあり重要な役割を果たしていること、飲料水の水質については一定の基準が設けられており、水道施設を設けて衛生的な水を確保していること、飲料水としての適否は科学的な方法によって検査し、管理されていることを理解している。 ④室内の二酸化炭素は、人体の呼吸作用や物質の燃焼により増加すること、そのため、室内の空気が汚れの指標になること、定期的な換気は二酸化炭素の濃度を衛生的に管理できること、空気中の一酸化炭素は、主に物質の不完全燃焼によって発生し、吸入すると一酸化炭素中毒を起こし、人体に有毒であることについて、理解している。 ⑤人間の生活にともなって生じたし尿やごみなどの廃棄物はその種類に即して自然環境を汚染しないように衛生的に処理されなければならないことを理解している。

(2)健康と環境に関する事象や情報から課題を発見し、疾病等のリスクを軽減したり、生活の質を高めたりすることなどと関連付けて解決方法を考え、適切な方法を選択し、それらを伝え合うことができるようにする。 **思考力、判断力、表現力等**

(3)健康と環境について、健康の保持増進や回復についての学習に自主的に取り組もうとすることができるようにする。 **学びに向かう力、人間性等**

6・7時（展開③）	8時（まとめ）
人間の生活によって生じた廃棄物は、環境保全に十分に配慮し、環境を汚染しないように衛生的に処理する必要があることを理解するとともに、それらの課題解決の方法を考えることができるようにする。	これまでの学習を振り返り、自らの健康課題を設定したり、その解決に向けて自らの考えを表現し、また他者からの考えから自らの考えを改善したりするなど、自主的に学習に取り組むことができるようにする。
6　生活に伴う廃棄物の衛生的な管理① **[主な学習活動]** ○ごみの種類や量について調べ、健康への影響を考える。 ○ごみの衛生的な処理の方法と個人の取組について考え、発表しあう。 **7　生活に伴う廃棄物の衛生的な管理②** **[主な学習活動]** ○生活排水の衛生的な処理の方法と個人の取組について考える。 ○自然災害時のごみや生活排水と健康について調べる。	**8　環境汚染と健康** **[主な学習活動]** ○健康に対する環境の影響について考え、課題意識をもつ。 ○これまでの学習から、身近な環境に関心をもち、健康絵の影響について改善を図る。
[評価計画] 知⑤ 思②	**[評価計画]** 態①

思考・判断・表現	主体的に学習に取り組む態度
①健康と環境に関わる原則や概念を基に、収集した情報を整理したり、習得した知識を個人生活と関連付けたりして、自他の課題を発見し、課題解決に取り組み、健康を保持増進する方法を選択している。 ②健康と環境について、習得した知識を自他の生活に適応したり、課題解決に役立てたりして、疾病等のリスクを軽減し、健康を保持増進する方法を選択し、他者と話し合ったり、学習カード等に記述したりして、筋道を立てて伝え合っている。	①健康と環境について、課題の解決に向けた学習活動に自主的に取り組もうとしている。

1 時

環境の変化と適応能力

本時の目標

身体には、環境に対してある程度までの適応能力があること、適応能力を超えた環境は健康に影響を及ぼすことがあることを理解するとともにそれらの課題を解決することができるようにする。

評価のポイント

資料を参考に、環境に対する適応能力や、その限界について、意見交流等の学習活動を通して、課題を解決している。

本時の板書のポイント

point 「暑いとき」「寒いとき」の体の変化に分けて板書することで、環境の変化による身体の働きの違いに気付かせ、その働きが健康にどのように影響しているか考える。

(ねらい) 私たちの体は、環境の

1. 体の適応能力

☆暑いとき、寒いとき、体にはどのような変化が見られるか。

□ □ □ □ □ □

生徒の意見

○暑いとき

・汗が出る
・皮ふ近くの毛細血管が緩む
⇒ 熱の放散を高める

・筋肉が緩む
⇒ 熱の発生を抑える

○寒いとき

・鳥肌が立つ
・身ぶるいする
⇒ 熱の発生を高める

・皮ふ近くの毛細血管が収縮
⇒ 熱の放散を抑える

⇒ 体に出入りする熱の量を調整して、体温を一定に保つ働き。

本時の展開 ▷▷▷

1 暑いときと寒いとき、体にどんな変化が起こるだろうか？

暑いとき

寒いとき

「暑いとき、寒いとき、体にはどんな変化が見られるか？」と発問し、生徒の意見を、暑いときと寒いときに分けて整理する。「環境の変化による体の働きがどうして起こるのか」と、学習課題を設定する。

2 その変化により、体はどのように保たれているのだろうか？

暑いとき、寒いときの体の変化は、体温を一定に保とうとする働きであることを気付かせる。暑さ寒さ以外の環境の変化に応じて体を働かせ変化に対応することができる、体の働きがないか考える。

変化に対して、どのような働きがあるか。

○環境が変化したとき、体の調節機能を働かせてその変化に対応する。⇒適応

○体温調整のほか、体の適応能力にはどのような働きがあるか。

2. 適応能力の限界

○暑さに対して
・熱中症

○寒さに対して
・低体温症

→ 生命に危険が及ぶ

⇒適応能力には限界がある（個人差あり）。
熱中症などを防ぐ行動として気象情報を利用する。

3 どのような環境の変化に対しても体は適応できるだろうか？

「どのような環境でも体は適応できるか？」発問し、熱中症や低体温症を例に整理する。適応能力の限界を超え、健康に悪影響が出ることを防ぐ適切な行動の１つとして、気象情報の利用について考える。

4 環境の変化と適応能力についてまとめる

環境の変化が、健康に重大な影響が見られた事例から、本時の学習内容を基に考え学習カード等に記入する。時間があれば、グループ内で自分の考えを発表し、共有する。

2 時

活動に適した環境

本時の目標

快適で能率のよい生活を送るための温度、湿度、明るさには一定の範囲（至適範囲）があることを理解できるようにする。

評価のポイント

資料を参考に、温熱条件や明るさの至適範囲について、意見交流等の学習活動を通して、理解したことを言ったり書いたりしている。

本時の板書のポイント

point　前時の学習を踏まえ、日頃の生活経験を基に、自分が過ごしやすいと感じる部屋はどのような部屋であるか考え、学習やスポーツに適した環境の条件を考える。

ねらい　快適で能率よく活動す

☆自分が過ごしやすいと感じる部屋の条件

□ □ □ □ □（生徒の意見）

1. 暑さ、寒さとその調節

・気温
・湿度
・気流
⇒ 温熱条件
・活動内容や個人によって条件は異なる。

○至適範囲…暑くもなく寒くもなく活動に適した範囲

→範囲を越える ⇒ 作業能率　運動記録の低下。

→調整 ⇒ 衣服の着脱、窓の開閉　冷暖房機器

→たよりすぎると暑さ寒さの適応能力が弱くなり、逆に、体調を崩しやすくなる。

本時の展開

1 暑さ、寒さの感じ方について考える

「自分が過ごしやすいと感じる部屋の条件は何か」と発問し、生徒の意見を、共通する条件と個人の感じ方に分けて整理する。その中から暑さ、寒さに関係する条件を拾い上げ、学習やスポーツするのに適した状態はどのようなものか、と学習課題を設定する。

2 暑さ、寒さの感じ方には、気温、湿度、気流が関係している

暑さ、寒さの感じ方には、気温、湿度、気流の温熱条件が関係していること。また、暑くもなく寒くもなく活動に適した範囲（至適範囲）があることを理解する。感じ方には個人差があるが、一定の傾向があることを資料等から読み取り、調整するための方法を意見交流する。

るための環境条件やその範囲は、どうなっているか。

○学習の至適範囲

気温17～28℃　湿度30～80%　気流0.5m／秒以下

2. 明るさとその調節

○明るさの至適範囲…目が疲れにくい。物が見えやすい。

→学習や作業の内容により異なる。

暗すぎる …目の疲れ、作業能率の低下

明るすぎる …目の疲れ（まぶしい）

→調整…・自然光の利用（採光）⇒窓の大きさ、カーテン等

・照明器具⇒器具の位置（まぶしさや影）

3 学習や作業に影響する環境を考える

1 で発表された意見より、明るさついて作業条件や生活場面により違いがあることに気付き、明るさの至適範囲について理解する。

明るさの獲得する方法や調整する方法を意見交流する。

4 活動に適した環境についてまとめる

教室の状況を事例に、至適範囲を踏まえ、学習やスポーツを行うときの注意点を、本時の学習内容をもとに考え学習カード等に記入する。時間があれば、グループ内で自分の考えを発表し、共有する。

3時

熱中症の予防と手当

本時の目標

熱中症は、主体、環境、運動の３つの要因が関わり起こること。健康に重大な影響を現れ、死亡することもあることを理解できるようにする。

評価のポイント

熱中症の要因や予防策、熱中症を疑う際の手当、重大な症状が現れた場合の対応について理解する。

本時の板書のポイント

point　発問に対して、子供から出てきたことを「主体・環境・運動」の要因に分けて板書することにより、要因ごとに予防・対策を考えることにつなげる。

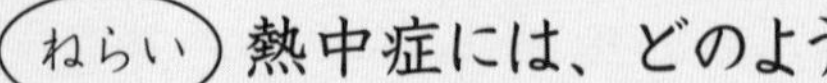

熱中症について知っていること

生徒の意見

1. 熱中症とは?

熱中症…体が暑さに適応できなくなった場合に起こる病気

症状…頭痛、めまい、吐き気⇒重症の場合、けいれん、意識障害

〔原因：体温の上昇、多量の汗による水分、塩分の不足など〕

※生命にも危険

環境
・気温、湿度が高い
・風が弱い
・日差しが強い
・閉め切った部屋

主体
・体力
・乳幼児・高齢者
・健康状態
・疲労状態
・衣服の状況

運動
・運動の強度
・内容、継続時間
・水分補給の状況
・休憩の取り方

〇主体、環境、運動の３つの要因が関わり合って発症する。

本時の展開 ▷▷▷

1 熱中症について知っていることや体験を整理する

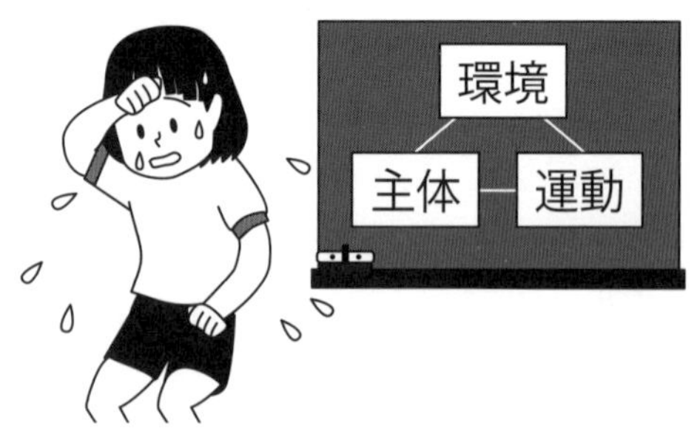

「熱中症について、発生しやすい状況など知っていることや体験をなど」「主体・環境・運動」の要因ごとに分けて整理する。適応能力や活動に適した環境で学習したこと踏まえ、「発生状況・症状・手当や予防」に対しての学習課題を設定する。

2 熱中症の起こる原因や予防の方法を調べる

タブレット端末を使い、熱中症の起こる原因や予防について調べ、主体・運動要因について考えさせ、その予防につなげる。

に対応するか。

2. 熱中症の予防と手当

○三要因に応じた対策による予防

・主体　・体力、体調の考慮
　　　　・暑さにそなえた体づくり
　　　　・薄着をし、帽子の着用
・環境　・暑さをさける
　　　　・日陰を利用する
・運動　・休憩をこまめにとる
　　　　・水分をこまめにとる
　　　　・運動の調整（内容・強度・時間）

○熱中症の手当

・症状が現れたら⇒涼しいところで休憩・水分・塩分補給
・症状が重い場合（意識障害など）⇒救急車の要請、体の冷却（水や氷など）

3 熱中症の手当てについて、確認し、整理する

タブレット端末を使い、熱中症の事例を調べるとともにそのときの対応策と熱中症の手当てについて確認し、整理する。

4 熱中症の要因や予防、手当についてまとめる

本時の学習内容をもとに考え、学習カード等に記入する。時間があれば、グループ内で自分の考えを発表し、共有する。

4 時

飲料水の衛生的管理

本時の目標

飲料水は健康と密接な関わりがあること。飲料水を衛生的に保つには基準に適合するよう管理することが必要であることを理解するとともに、それらの課題解決の方法を考えることができるようにする。

評価のポイント

水は、人間の生命維持や健康な生活を送る上で重要な役割があること理解する。水の衛生的な管理を行うための生活課題の解決方法を考える。

本時の板書のポイント

point　生命維持や健康にとって、重要な役割があることに気付かせ、衛生的な水を確保するために、私たちの生活課題について挙げ、その解決を図る方法を考える。

（ねらい）私たちの生活になくては

☆あなたは1日どれくらいの水を使っていますか。

飲料　炊事　洗濯
トイレ　お風呂　その他

1. 水の重要な役割
　○健康的な生活、生命の維持に必要
　・体重の約60%が水分
　　(赤ちゃん70%　高齢者50%)
　・体内での水分の働き
　　① 体温調節…発汗に
　　② 老廃物の排出…尿、便、汗
　　③ 栄養素・酸素の運搬
　　④ 血液濃度の調節

本時の展開 ▷▷▷

1 水の利用について考える

「私たちが生活をする上で、1日の水の使用量はどれくらいか」と発問し、水は私たちの生活にはなくてはならないものである」と、学習課題を設定する。

2 体内での水の役割について考える

「生命維持のために、人間の体には1日に、どれくらいの水分が必要か」と発問し、生命維持のための水の働き、健康な生活を送るために体内でどのような役割を果たしているか整理する。

ならない水の管理はどのようになされているか。

・生命維持には、1日2～2.5ℓの水分が必要

水分の出入

摂取

飲み水 1.2ℓ　　食事 1.0ℓ

体内でつくられる 0.3ℓ

排出

尿、便 1.6ℓ　　呼吸・汗 0.9ℓ

体内の水分　2%失うと脱水症状20%失うと生命が危険

2. 飲料水の衛生的管理

○飲料水の確保

・河川、湖、ダムから
水を取り入れる（取水）
⇓
浄水場　⇒浄水場の仕組
⇓　　←水質基準クリア
各家庭に供給

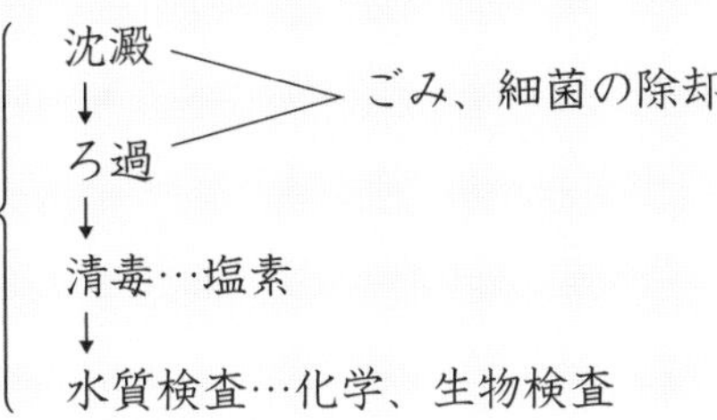

○課題

・雨量の少ない時の水不足
・自然災害時制限
｝節水対策　水の再利用

・水源の水の汚れ⇒消毒のための塩素の増加（トリハロメタン発生）

3 飲料水の確保について考える

「普段、水を飲むとき、どんな水を飲んでいるか」と発問し、安全な水が供給されるためにどのような処理がされているかを考える。

4 衛生的な水の確保についてまとめる

衛生的な水を安定的に供給するための取組を考え、私たちにできることを本時の学習内容をもとに考え学習カード等に記入する。時間があれば、グループ内で自分の考えを発表し、共有する。

5時

空気の衛生的管理

本時の目標

空気は、健康と密接な関わりがあること、空気を衛生的に保つには、基準に適合するよう管理することが必要であることを理解できるようにする。

評価のポイント

二酸化炭素や一酸化炭素の体への影響とそれらの管理方法について理解する。室内の空気条件について課題を見付け、換気の重要性を理解する。

本時の板書のポイント

point　部屋の換気がなぜ必要か発問し、二酸化炭素、一酸化炭素の健康への影響について板書することにより、換気の重要性をはじめ空気の衛生管理について考えさせる。

(ねらい) 私たちの健康に関わる

☆部屋の換気はどうして必要か

［　］［　］［　］［　］ 生徒の意見

1. 二酸化炭素による影響

○二酸化炭素（空気中0.04%）
⇒発生：呼吸、物の燃焼による

○二酸化炭素濃度⇒空気の汚れを知る指標（学校環境衛生基準0.15%以下）
→上昇すると
・室内環境⇒温度・湿度の上昇、ちりやほこりの増加
・体の変化⇒呼吸数・脈拍数の増加、頭痛、気分が悪くなるなど

⇒［換気］…二酸化炭素の低下
・自然換気：窓の開閉、換気口、すき間
・人工（機械）換気、空調機械、換気扇

本時の展開 ▷▷▷

1 部屋の換気がなぜ必要か考えよう

「部屋の換気はなぜ必要か」と発問し、健康への影響のある関連から、二酸化炭素と一酸化炭素に分けて整理する。それぞれの発生状況の違いや体への影響の違いなどを押さえ、学習課題を設定する。

2 二酸化炭素の体への影響

二酸化炭素はどのように発生し、体にどのような影響を及ぼすかを整理する。二酸化炭素の濃度は、室内の空気の汚れを知るための指標とされていることから、教室内の状況がどのように変化していくか考える。

室内の空気の管理は、どのようになされているか。

2. 一酸化炭素による影響

○一酸化炭素

発生：物質の不完全燃焼による。

→ストーブ、給湯器、コンロ、自動車の排出ガス、たばこ、炭、練炭

○一酸化炭素は毒性が強い（人体にとって有害、許容濃度0.001％以下）

→体内に入ると：一酸化炭素中毒を引き起こす（濃度が低くても極めて有害）。

・酸素と赤血球中のヘモグロビンとの結合を妨げる。

→体の組織や細胞が酸素欠乏

→頭痛、はき気、めまい、意識障害、生命が危険

☆その他、空気中の有害物質

・花粉、PM2.5、放射線、ホルムアルデヒド（シックハウス症候群）

健康に悪影響を及ぼす。

3 一酸化炭素の体への影響

一酸化炭素はどのように発生し、体にどのような影響を及ぼすかを整理する。一酸化炭素が体内に入ると、体が酸素欠乏になり、一酸化中毒を引き起こすほど毒性が強いため、基準が設けられている。その基準について考える。

4 空気の衛生的な管理についてまとめる

締め切った教室で
ストーブを
使った場合…

閉め切った教室でストーブを使いながら授業をしている事例に、健康への影響と対処法について、本時の学習内容をもとに考え学習カードに記入する。時間があれば、グループ内で自分の考えを発表し、共有する。

生活に伴う廃棄物の衛生的な管理①

本時の目標

人間の生活によって生じた廃棄物は、環境保全に十分に配慮し、環境を汚染しないように衛生的に処理する必要があることを理解できるようにする。

評価のポイント

ごみの衛生的な処理の必要性を理解し、ごみ問題を解決するためには、どのようなことができるか考える。

本時の板書のポイント

point　ごみの種類とその処理の状況から、個人のごみの減量や分別などの取組が、ごみの衛生的な管理につながる。

ねらい　私たちの生活に伴って

☆1人で1年間に排出されるごみの量は、また、その種類はどんなものがあるか。
・1人　1年間で、約350kg
（ごみ袋45ℓ 80個）

□□□□ ※地域により、言い方がちがう

1. ごみと健康　生徒の意見

○ごみの種類（地域により、違いがある）
・可燃ごみ
・不燃ごみ
・粗大ごみ
・資源ごみ
（ビン、缶、ペットボトル、容器包装プラスチック）

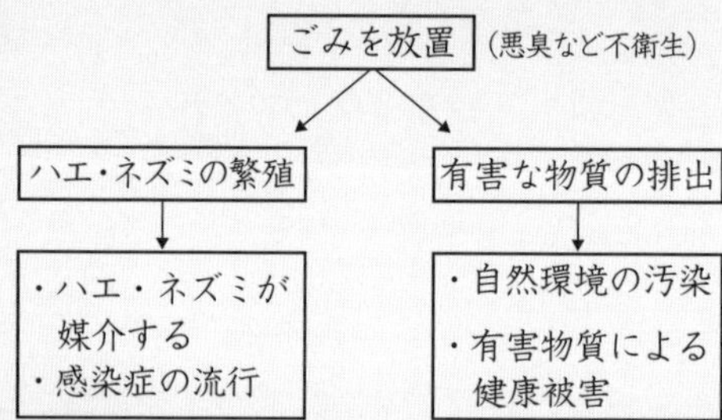

本時の展開

1 生活に伴って排出されるごみの量や種類を考える

「１人で１年間に排出されるごみの量を予想し、その内訳はどのようなものか」と発問し、その種類ごとの回収や処理について住んでいる地域の状況を考え、「ごみの衛生的な管理について」学習課題を設定する。

2 ごみの処理と健康について考える

「生ごみが処理されず、放置されればどのような影響があるか」発問し、健康への影響と社会的な影響に分けて整理し、衛生的な処理の重要性に気付かせる。

排出される「ごみ」と健康にはどのような関わりがあるか。

2. ごみの衛生的な処理と個人の取組
※地域により回収に違いがあるので、注意

・家庭からのごみの処理 ⇒・市町村により計画的に分別回収、処理される。
・資源として再利用される。

・ごみ処理の課題
・ごみの排出量は減少傾向であるが、50年前と比較すると、かなりの量が排出されている。
・ごみの埋め立て処分場の残余容量に余裕がない。
⇒社会全体で、資源を循環させ、有効に使用する。
循環型社会の実現が求められる。
→3R：Reduce（リデュース）資源利用の減量・ごみの発生抑制
Reuse（リユース）再使用
Recycle（リサイクル）再生利用
・個人がごみの減量、分別など⇒自然環境汚染防止
⇒廃棄物の衛生管理につながる。

3 ごみの衛生的な処理と社会問題について考える

ごみは焼却、埋め立てなどで衛生的に処分されていることを押さえ、埋め立て地やその他ごみに関する問題を提示し、ごみを減量させる方法について考える。

4 ごみの衛生的な処理と個人の取組を考える

循環型社会が求められていること、その実現に向けて個人でできる取組について考える。私たちにできることを本時の学習内容をもとに考えワークシートに記入する。時間があれば、グループ内で自分の考えを発表し、共有する。

7 時

生活に伴う廃棄物の衛生的な管理②

本時の目標

人間の生活によって生じた廃棄物は、環境保全に十分に配慮し、環境を汚染しないように衛生的に処理する必要があることを理解するとともに、それらの課題解決の方法を考えることができるようにする。

評価のポイント

生活排水の衛生的な処理の必要性を理解し、環境汚染を防止するためには、どのようなことができるか考える。

本時の板書のポイント

point　生活排水の種類と健康や環境への影響を考え、生活の中で水を汚さない取組が、水の衛生的な管理につながる。

(ねらい) 私たちの生活に伴って

☆生活排水は、どのように処理されているか

[ ] [ ] [ ] [ ]　生徒の意見

1. 生活排水と健康

○生活排水

・し尿（尿や便、それらを流すための水）

・生活雑排水（台所、風呂など）

○生活排水が適切に処理されないと健康や自然環境に悪影響

・悪臭　病原体の発生（感染症の流行）　水質汚濁など

本時の展開 ▷▷▷

1 生活排水の処理と健康や環境への影響を考える

生活排水はどう処理しているんだろう？

「生活排水はどのように処理されているか」と発問し、し尿を含んだ水と生活雑排水に分けて整理する。衛生的な処理がなされないと、健康や環境に影響を与えることを押さえ、学習課題を設定する。

2 生活排水の処理と個人の取組を考える

生活排水が適切に処理されなければ、健康や環境に影響を与えるため、住んでいる地域の処理の状況を確認し、生活の中で、水を汚さない工夫について考える。

排出される「生活排水」と健康には、どのような関わりがあるか。

2. 生活排水の衛生的な処理と課題

・下水道、下水処理場、合併処理浄化槽で適切に処理後

⇒川に流される。 再利用（トイレ用水など）

○処理の課題

・下水道の普及率はUP

⇒しかし、地域により差がある。

・処理されずに排出（自然環境を汚染する）

⇒生活の中で水を汚さない工夫・対策が必要。

3. 環境汚染と健康

○公害（1950～70年代）

大気汚染・水質汚濁・土壌汚染、地盤沈下、騒音などによる自然破壊や健康被害見られた。

⇒対策により改善された。

○災害廃棄物…自然災害による建物のがれきや生活用品

→有害物質が含まれる ⇒ 感染症や呼吸器疾患の原因

処理：自治体の情報を確認し、適切な対応が必要

○近年の環境問題

地球温暖化・プラスチックごみによる海洋汚染など

⇒地球全体の問題として、また将来への影響を踏まえた対策が必要

3 環境汚染と健康または自然災害時の健康について、考える

私たちの生活や産業の廃棄物が適切に処理されずに排出されると自然環境が汚染され、健康に大きな被害を与える。災害時には、ごみや生活排水だけではなく、災害廃棄物が出ることや生活排水が滞ってしまい、健康に大きな影響を与えることについて押える。

4 生活に伴う廃棄物の衛生的な管理について、まとめる

水環境の汚染を防いだり、環境を改善したりするために、私たちにできることを本時の学習内容をもとに考えワークシートに記入する。時間があれば、グループ内で自分の考えを発表し、共有する。

健康と環境について、学習に自主的に取り組む

本時の目標

単元を通して学んだことを、これからの自他の生活にどのように生かしていくかを考える学習に自主的に取り組むことができるようにする。

評価のポイント

健康と環境について、各自の学習課題を設定し、解決のために自分の考え、他者との話合いから、自主的に学習に取り組もうとしている。

本時の板書のポイント

point 単元の学習から、個人の健康課題への対応、社会問題としての個人の対応など、様々なポイントから、各自の課題を見付ける。

（ねらい）健康と環境について、

○学習の流れ

①「健康に対する環境の影響について、健康と環境の学習を振り返り、自分の生活と関連付け、課題を設定する。
② 各自の課題を共有しグループをつくる。
③ グループ内で意見交流する。
④ 各自の課題に対し解決策を深める。
⑤ まとめをグループ内でまとめる。
⑥ グループでまとめた解決策を発表する。

本時の展開 ▷▷▷

1 現代的な環境問題と健康課題について考える

「心身の健康に対する環境の影響」について、現代的な健康課題と「健康と環境」の学習を関連させ、各自で健康課題を見付ける。

2 グループで各自の健康課題を共有し、意見交流する

各自の健康課題について、個人生活と関連付けて、教科書等資料の活用やICTを用いて資料を示したりして、具体的な例を挙げて課題解決を図り、グループで共有する。

これまでの学習を振り返り健康課題を見付け、解決を図る。

1班

2班

各グループの解決方法の発表を掲示し、共有する。

3班

4班

3 参考意見を基に、各自で解決の改善を図る

グループ内の意見が、自分の考えとの違いに気付き、各自の解決方法の修正や追加をして改善を図る。

4 改善した解決方法を発表する

私たちのグループは
○○○について
詳しく調べました！

発表を聞き、様々な健康と環境の関わりについて、単元を通して学んだことを、これからの生活にどのように生かしていくかをまとめる。

15 長距離走

6時間

単元の目標

(1)次の運動について、記録の向上や競争の楽しさや喜びを味わい、技術の名称や行い方、体力の高め方、運動観察の方法などを理解するとともに、各種目特有の技能を身に付けることができるようにする。
ア　長距離走では、自己に適したペースを維持して走ることができるようにする。　**知識及び技能**

単元計画（指導と評価の計画）

1時（導入）	2～3時（展開①）
単元の学習内容を知り、既習の長距離走のポイントを振り返る	自己の能力に適したペースをつかみ、長距離走の技能を高める
1　学習の進め方と自分の状態を知ろう POINT：学習を進めていく上で大切なことや長距離を疲れずに走るコツを確認する。 **[主な学習活動]** ○集合・あいさつ ○単元の目標や学習の道筋の確認 ○心拍数確認と準備運動 ○一定のペースでリズミカルに走るためのポイントを用語とともに確認する。 ・ピッチ・ストライド・接地・腕振り・呼吸法 ・スタンディングスタート・ペース・スプリットタイム・ラップタイム・スパート・心拍数　等 ○ペースづくりと1000m走 ・短い距離でペースづくり ・1000m走トライアル ○整理運動 ○学習のまとめと振り返り	**2～3　自分の課題を解決しよう** POINT：課題の解決に向けて、仲間と協力して練習に取り組む。 **[主な学習活動]** ○集合・あいさつ ○本時の学習課題の確認 ○準備運動 ○練習方法を選択して、いろいろなペースで走ってみる。 ・ペース走・ビルドアップ走・集団追い抜き走 ・インターバル走・エンドレスリレー ○整理運動 ○学習のまとめと振り返り
[評価計画] 知① 態①	**[評価計画]** 思① 技①

単元の評価規準

知識・技能	
○知識 ①長距離走の種目で用いられる技術の名称があり、それぞれの技術には、記録の向上につながる重要な動きのポイントがあることについて、学習した具体例を挙げている。	○技能 ①リズミカルに腕を振り、力みのないフォームで軽快に走ることができる。 ②呼吸を楽にしたり、走りのリズムをつくったりする呼吸法を取り入れて走ることができる。 ③自己の体力や技能の程度に合ったペースを維持して走ることができる。

(2)動きなどの自己や仲間の課題を発見し、合理的な解決に向けて運動の取り組み方を工夫するとともに、自己の考えたことを他者に伝えることができるようにする。 **思考力、判断力、表現力等**

(3)陸上競技に自主的に取り組むとともに、(勝敗などを冷静に受け止め)、(ルールやマナーを大切にしようとすること)、(自己の責任を果たそうとすること)、一人一人の違いに応じた課題や挑戦を大切にしようとすること(など)や、健康・安全を確保することができるようにする。

学びに向かう力、人間性等

4～5時(展開②)	6時(まとめ)
身に付けた技能を活用して、タイムトライアルに取り組む	駅伝記録会を行う
4～5 タイムトライアルに取り組もう POINT:特設コースに応じた走り方やペース配分を工夫してタイムトライアルに取り組む。 **[主な学習活動]** ○集合・あいさつ ○本時の学習課題の確認 ○特設コースの確認と準備運動 ○坂や曲がり角を走るためのポイントを確認する。 ・上体や体軸の使い方・コース取り ○タイムトライアル(1500～3000m) ○整理運動 ○学習のまとめと振り返り	**6 駅伝記録会を行おう** POINT:競争の中で自分のペースを崩さずに担当する区間を走り、応援や運営にも取り組む。 **[主な学習活動]** ○集合・あいさつ ○本時の学習課題の確認 ○オーダーの確認と準備運動 ○チーム内で係の引き継ぎを確認する。 ・計時係、記録係、健康チェック係 ○駅伝記録会(1人1000m前後) ○整理運動 ○学習のまとめと振り返り
[評価計画] 態② 技②	**[評価計画]** 技③ 思②

思考・判断・表現	主体的に学習に取り組む態度
①自己や仲間の技術的な課題やその課題解決に有効な練習方法の選択について、自己の考え方を伝えている。 ②長距離走の学習効果を踏まえて、自己に適した「する・みる・支える・知る」などの運動を継続して楽しむための関わり方を見付けている。	①長距離走の学習に自主的に取り組もうとしている。 ②一人一人の違いに応じた課題や挑戦を大切にしようとしている。

本時案

一定のペースを守って走るポイントを確かめよう 1/6

本時の目標

ペースを守って走るポイントを振り返り、長距離をリズミカルに走ることができるようにする。

評価のポイント

・長距離走種目で用いられる技術の名称があり、それぞれの技術には、記録の向上につながる重要な動きのポイントがあることを理解しているか。
・長距離走の学習に自主的に取り組もうとしているか。

中心活動における指導のポイント

point　第１・２学年で学んだ「ペースを守って走る」ための３つのポイントをトリオ学習で確かめ合う。自己のスピードを維持できるフォームで走ることを重視し、他の生徒のスピードに惑わされずに一定の距離を走り切ることができるようにする。また、走る距離を、１周（200～400m）と1000mの２段階にし、自己の体調に合わせて走り切ることができるようにペースを設定させる。それぞれ走ったあとに心拍数を測定することで、運動強度も実感できるようにしたい。

本時の展開

	時	生徒の学習活動と指導上の留意点
はじめ	3分	**集合・あいさつ** ○３人組を基本グループとして整列する。 ○単元の進め方と本時の学習内容を知る。
既習事項の確認	7分	**リズミカルに走るポイントを確認する** 1 2 3 ○３つの既習ポイントを振り返る。 ○他者観察によるランニングチェック、ストップウォッチの使い方を確認する。 ○過去の記録や20mシャトルランの相関表を参考に、自己の1000mトライアルのペースを設定する。
準備運動	5分	**長距離走につながる運動をする** ○安静時の心拍数チェックをする。 ○長距離走に必要な体操やストレッチ、補助運動、軽いジョギングをする。
３人組でランニングチェック	28分	**１周のペースを確かめる** ○１人ずつ走って１周ペースを調整する。 ○オーバーペースにならないよう気を付ける。 **きょうだいグループで1000mトライアルをする** ○３人で計時係、記録係、チェック係を分担する。 ○トライアルと係を交代して行う。 ○走った後は心拍数を測定し、記録することを習慣付ける。 ○トライアル後、リズミカルに走るポイントや自主的な取組について、理解できたことを学習カードで確認する。
整理運動	2分	**脚、腰、肩甲骨などで使ったところをゆったりとほぐす**
まとめ	5分	**クラス全体で本時の学習について振り返る** ①学習振り返りカードに記入する。 ②３人組の代表１名が、本時の振り返りを発表する。 ③次時の学習予定を知る。

1 既習事項の確認

○第１・２学年における長距離走の動きのポイント
・腕に余分な力を入れないで、リラックスして走ること
・自己に合ったピッチとストライドで、上下動の少ない動きで走ること
・ペースを一定にして走ること
○ペースとラップタイムとストップウォッチ操作
・ペースを把握するためにはラップタイムを知ることが有効であることを理解する。
・できればラップタイム表示機能があるストップウォッチを使用し、操作方法に慣れるとよい。（ラップ表示機能がない場合は、記録と暗算で対応する）

2 ペースの目安

○前年度の記録や新しい体力測定の持久走記録から目標記録を設定した場合
・100m当たりの所要時間を算出し、さらにトラック１周当たりの所要時間を算出してそれを１周のペースとする。
○20mシャトルランの得点を活用して目標記録を設定する場合
・20mシャトルランと持久走の得点を相関させて目標記録とペースを設定する。
○言葉によるイメージ化
・「無理せず余裕をもって」
　→　ゆっくりジョギングのスピード
・「気持ちよく軽快に」
　→　リズミカルなランニングのスピード
・「少し頑張ってスピードキープ」
　→　テンポの速いランニングのスピード
・「オールアウトで」
　→　ゴールで力を出し尽くすスピード

資料（抜粋）

男子

得点	20mシャトルラン	持久走（1500m）	100mペース
10	125回以上	4'59" 以下	19"9 以下
9	113〜124	5'00"〜5'16"	20"0〜21"0
8	102〜112	5'17"〜5'33"	21"1〜22"2
7	90〜101	5'34"〜5'55"	22"3〜23"6
6	76〜89	5'56〜6'22"	23"7〜25"4
5	63〜75	6'23"〜6'50"	25"5〜27"3
4	51〜62	6'51"〜7'30"	27"4〜30"0
3	37〜50	7'31"〜8'19"	30"1〜33"2
2	26〜36	8'20"〜9'20"	33"3〜37"3
1	25回以下	9'21" 以上	37"4 以上

女子

得点	20mシャトルラン	持久走（1500m）	100mペース
10	88回以上	3'49" 以下	22"9 以下
9	76〜87	3'50"〜4'02"	23"0〜24"2
8	64〜75	4'03"〜4'19"	24"3〜25"9
7	54〜63	4'20"〜4'37"	26"0〜27"7
6	44〜53	4'38〜4'56"	27"8〜29"6
5	35〜43	4'57"〜5'18"	29"7〜31"8
4	27〜34	5'19"〜5'42"	31"9〜34"2
3	21〜26	5'43"〜6'14"	34"3〜37"4
2	15〜20	6'15"〜6'57"	37"5〜41"3
1	14回以下	6'58" 以上	41"4 以上

3 他者観察によるランニングチェック

○学習カードに記載するリズミカルに走るための意識ポイント
・一定のピッチで走る　・力みのない腕振りをする　・無理のないストライドで走る
・ブレーキのない接地をする　・規則正しく呼吸する　・一定のペースで走る

本時案

自己の能力に適したペースをつかもう 2-3/6

本時の目標

自己の課題解決に向けて、仲間と協力して練習に取り組むことができるようにする。

評価のポイント

・自己や仲間の技術的な課題やその課題解決に有効な練習方法の選択について、自己の考え方を伝えているか。
・リズミカルに腕を振り、力みのないフォーム で軽快に走ることができる。

中心活動における指導のポイント

point　同じくらいの力をもった生徒で4～6人のグループをつくる。ペース型と反復型に分類した練習方法の中から選択し、はじめは短い距離でペースを設定してから長距離走の練習を体験させる。ピッチや呼吸法によるペース維持、スピード変化を体験することで自己の体力と技能向上につなげたい。また、グループみんなで走り切ることができるペース設定をすることで、長距離走で高められる体力や楽しさを共感できるようにしたい。

本時の展開

	時	生徒の学習活動と指導上の留意点
はじめ	3分	**集合・あいさつ** ○指定された4～6人グループで整列する（A～F）。 1 ○本時の学習内容を知り、自己の学習課題を確認する。
練習方法の確認	5分	**各練習方法で高まる内容を知り、課題を解決するための練習方法を選ぶ** 2 ○1人900～1500mの走行距離で設定する。 ○グループで話し合い、5つの練習方法の中から1つを選ぶ。
準備運動	5分	**長距離走につながる運動をする** ○長距離走に必要な体操やストレッチ、補助運動をする。 ○軽いジョギングをする。
いろいろなペースで走ってみよう	30分	**各グループで選択した練習方法のペースを設定する** 3 4 ○100mや1周のラップを計測し、全員で走り切ることができるペースを設定する。 ○ペースを守るために走りやすい並び方を工夫する。 ○他のグループと重ならないようにスタートする。 **きょうだいグループで練習する** ○係分担（計時・記録・チェック）をして、練習と係を交代して行う。 ○走り終わったら心拍数を測定して記録する。 ○練習後、記録用紙とチェック用紙を確認し、選択した練習方法の効果やリズミカルに走るための自他の新たな課題についてグループで話し合う。
整理運動	2分	**脚、腰、肩甲骨などで使ったところをゆったりとほぐす**
まとめ	5分	**クラス全体で本時の学習について振り返る** ①学習振り返りカードに記入する。 ②グループの代表1名が、本時の振り返りを発表する。 ③次時の学習予定を知る。

1 グループ編成の仕方

○1000mのタイムをもとにグループ編成をする
・同じくらいの力をもったメンバーは、ペース設定がしやすい。
・集団で走ることの楽しさを引き出しやすい。
・同じような課題をもつため、アドバイスや情報交換でお互いの実感が伝わりやすい。

2 練習方法の目的と選択、ペース設定と心拍数による運動強度

○ペース型：一定のペースを守り走りきることで効率のよいフォームを身に付け、腕・脚・腹・背の筋力やリズム感を高め、記録を伸ばしたい。
・練習方法の選択　→　ペース走、ビルドアップ走、集団追い抜き走
・ペースの選択　→　練習方法に合わせて全員が走り切ることができるように、100mペースを25秒、30秒、35秒、40秒、45秒から選択する。
・心拍数　→　最大心拍数（220－年齢）の70～90％を目指す。
○反復型：スピードを上げて走ることで全身持久力、脚筋力を高め、記録を伸ばしたい。
・練習方法を選択　→　インターバル走、エンドレスリレー
・ペースの選択　→　前時の1000mタイムや目標タイムから100mペースを確認し、そのタイムまたはそれより１秒速いペースに設定する。
・心拍数　→　最大心拍数（220－年齢）の80～90％を目指す。

3 走行距離の目安

第３時の学習では、走行距離を伸ばしたり設定ペースを上げたりしてチャレンジさせる。

○ペース走：ペースづくりが上手な人を先頭に３～５周走る。
○ビルドアップ走：ペースづくりが上手な人を先頭に１周ごとにペースを上げて３～５周走る。
○集団追い抜き走：１列の集団で最後尾から先頭まで直線で追い抜き３～５周走る。
追い抜いた後、集団のペースに合わせて上手にペースダウンする。
○インターバル走：100m（ウォーク）＋200m（ランニング）を３～５周走る。
○エンドレスリレー：２人ずつ３組になって１周300mを１人３～５回リレー方式で走る。

4 場の設定（300mトラックの場合）

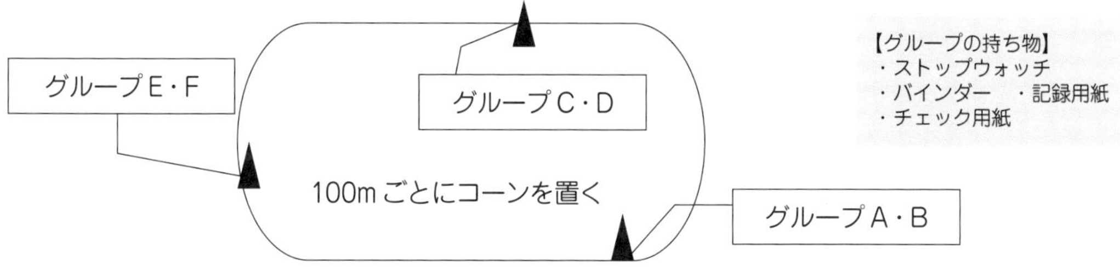

【グループの持ち物】
・ストップウォッチ
・バインダー　・記録用紙
・チェック用紙

本時案

特設コースでタイムトライアルに取り組もう

4-5/6

本時の目標

コースに応じた走り方やペース配分を工夫してタイムトライアルに取り組むことができるようにする。

評価のポイント

・一人一人の違いに応じた課題や挑戦を大切にしようとしているか。
・呼吸を楽にしたり、走りのリズムをつくったりする呼吸法を取り入れて走ることができる。

中心活動における指導のポイント

point　前時の４～６人のグループを２つに分けて２～４人の小グループをつくり、タイムトライアルの実施や戦略の情報交換、励まし合いなどを自分たちの手で行うことができるようにする。特設コースは、運動場内、校地内、安全を確保できる校地周辺道路などに、500～800m程度の周回コースを設定する。周回ごとのラップタイムを記録することで、ペース配分の工夫と記録向上への意欲につなげる。

本時の展開

	時	生徒の学習活動と指導上の留意点
はじめ	3分	**集合・あいさつ** ○３人グループで整列する。 ○本時の学習内容を知り、自己の学習課題を確認する。
コースを確認する	5分	**課題を解決するための見通しをもつ** 1 2 ○コース状況、走り方やペース配分、体調不良時の対処の仕方について確認する。 ○呼吸法を意識する場面を確認する。
準備運動	5分	**安全なタイムトライアルにつながる運動をする** ○長距離走に必要な体操やストレッチ、呼吸法の練習の後、グループごとにジョギングでコースを試走する。
特設コースでタイムトライアルをしよう	30分	**コースの攻略法やペース配分、呼吸法を再確認する** 3 4 ○曲がり角のコース取り、上りや下りの走り方、最後まで走り切るためのペース配分、呼吸法について確認し合う。 **きょうだいグループでタイムトライアルを行う** ○タイムトライアルと係（計時・記録・チェック）を交代で行い、係は応援も積極的に行う。 ○練習後、記録用紙とチェック用紙を確認し、呼吸を楽にしたり走りのリズムをつくったりする呼吸法を取り入れ、コースに応じて走ることができたか、自他の工夫や健康・安全への対処についてグループで話し合う。
整理運動	2分	**脚、腰、肩甲骨などで使ったところをゆったりとほぐす**
まとめ	5分	**クラス全体で本時の学習について振り返る** ①学習振り返りカードに記入する。 ②グループの代表１名が、本時の振り返りを発表する。 ③次時の学習予定を知る。

1 コース設定の仕方

○運動環境に応じて安全が配慮されたコースを設定する。
・運動場内　→　１周の距離ができるだけ長くなるように設定する。
　　　　　　　　スムーズに曲がることができるようにする。
　　　　　　　　スタートとゴールは直線部分に設定する。
・校地内　→　階段や段差を避け、車が通るところは「マラソン実施中」などの表示をする。
・校地周辺道路　→　交通量の多い道路は避け、校地に隣接する歩行者専用道路や歩道を利用する。

2 体調不良時の対処

○健康確認
・１周ごとにチェック係に手を振って異常がないことを知らせる。
・仲間の具合が悪いときは、仲間の救護を優先し、近くの仲間や先生に助けを求める。

3 コースの攻略法とペース配分、呼吸法

第５時の学習では、この部分の向上を目指す。

○コース攻略法
・上り坂　→　上体の前傾を強調して腕振りを早め、ピッチで走る。
・下り坂　→　体軸の前傾を意識しながら軽快なリズムでリラックスして走る。
・曲がり角　→　できるだけ減速しないように滑らかにカーブする。
○ペース配分
・１周のペース　→　特設コース１周○○○mの場合
　練習でつかんだペースは100mのペースに○.○○をかけ算する。
　　　　　　　　（100mのペース□□秒）×○.○○m＝１周のタイム
・ゴールタイム　→　特設コースを３周する場合のゴールタイムの計算方法
　（目標タイム）　　　例）１周675m、100m30秒のペースで走りたい。
　　　　　　　　　30秒×6.75×３周＝607.５秒＝10分07秒５
○呼吸法
・軽快なリズム　→「すっすっはっはっ」
・下りやリラックスしたいとき　→「ふ〜〜〜」
・上りやきついとき・ラストスパート　→「すっすっは〜〜」or「はっはっはっはっ」

息を吐きながら腕をぶらぶら…

とにかく吐く方を強調して…

4 タイムトライアルの役割分担

○係分担
・計時係　→　トライアルメンバーのタイムを１周ごとに読み上げる。
・記録係　→　計時係が読み上げたタイムとラップタイムを記録する。
・チェック係　→　リズミカルに走るポイントと健康状況をチェックする。

本時案

駅伝記録会で長距離走を楽しもう 6/6

本時の目標

競争の中で担当する区間を自分のペースを崩さずに走り、応援や運営にも取り組むことができるようにする。

評価のポイント

・自己の体力や技能の程度に合ったペースを維持して走ることができたか。
・長距離走の学習効果を踏まえて、自己に適した「する・見る・支える・知る」などの運動を継続して楽しむための関わり方を見付けているか。

中心活動における指導のポイント

point　前時の特設コースを使って行う。また、チームも前時のトライアルの結果を調整して男女混合チームを編成して、みんなで頑張る記録会として活動させたい。担当区間を走るだけでなく、計時や記録、健康チェックなどの係分担をしたり、仲間を応援したり、「たすき」の扱い方を知ったりして、「する・見る・支える・知る」活動を通して駅伝競走の楽しさを味わうことができるようにする。特に、仲間に対して責任を果たすことや貢献することの喜びを味わうことができるようにしたい。

本時の展開

	時	生徒の学習活動と指導上の留意点
はじめ	3分	**集合・あいさつ** 1 ○チームで整列する。 ○駅伝記録会の進め方を知り、自己の課題を確認する。
オーダーの確認	5分	**チームでオーダーを決める** 2 ○特設コースを１人１周（または２周）走る。 ○男女の区間指定を確認する。 ○たすきのかけ方、受け渡し方を知る。
準備運動	5分	**チームでランニングにつながる運動をする** ○長距離走に必要な体操やストレッチ、たすきの受け方、かけ方、渡し方を練習する。
駅伝記録会	28分	**駅伝記録会を行う** 3 4 5 ○スタートで転ばないように注意喚起する。 ○計時、記録、健康チェック係のローテーションを確認する。 ○オーバーペースにならないよう気を付ける。 ○勝敗よりも一人一人が最後まで走りきることを重視する。 ○積極的な応援を奨励し、ゴールは拍手で迎えるようにする。 ○チームと各区間の記録、順位を整理し、発表する。 ○自己の体力や技能の程度に合ったペースを維持して走ることができたか、また「走る・応援する・役割を果たす・たすきを扱う」についての自分の関わり方を自己評価する。
整理運動	2分	**脚、腰、肩甲骨などで使ったところをゆったりとほぐす**
まとめ	5分	**クラス全体で本時の学習について振り返る** ①学習振り返りカードに記入する。 ②チームの代表１名が、本時の振り返りを発表する。 ③次の単元の学習予定を知る。

1 チーム編成

○男女混合チームを編成する。
・男女のバランスとメンバーの走力に配慮し、前時のタイムトライアルの結果をもとにしてタイム的に同じ走力になるよう編成しておく。
・人数に応じて男女の区間を設定する。
○運営のための係分担をする。
・計時、記録、健康チェックの係はチーム内のローテーションで役割を果たす。

2 コース設定

○身に付けた長距離走の技能を生かして区間を走り、コースを攻略して駅伝を楽しむことができるようにするため、前時の特設コースを使う。
・特設コースの距離が短い場合は、２周する区間を複数設けるなどの工夫をする。

3 準備する用具

○チームごとに配付する。
・たすき１　・ストップウォッチ２（計時・脈拍測定）　・バインダー１　・記録用紙１

4 記録用紙の例

学習カード（抜粋）

区間	メンバー	スプリットタイム	順位	ラップタイム	順位	健康チェック
１区		分　秒		分　秒		□健康確認済み 回／分
２区		分　秒		分　秒		□健康確認済み 回／分

5 長距離走が苦手な生徒への配慮

○短い区間距離の設定
・例えば、距離の異なるＡコース600m、Ｂコース900m、Ｃコース1200mのようなコースを設定して行うことで、負担を軽減できる。
○仲間の伴走・声かけ
・一緒に走ってくれる仲間がいることで最後まであきらめずに走ることにつながる。走り終わった後の体力に自信のある生徒や親しい生徒がいると励まされる。
・これまでの学習を生かしたランニングをするために、仲間から「前半はそのペース」「すっすっはっはっ（呼吸法）、頑張ってね」などと、ポイントを理解した応援の言葉があると力になる。

球技

16 ネット型：テニス

18時間

単元の目標

(1)次の運動について、勝敗を競い合う楽しさや喜びを味わい、技術の名称や行い方、体力の高め方、運動観察の方法などを理解するとともに、作戦に応じた技能で仲間と連携しゲームを展開できるようにする。
イ　ネット型では、役割に応じたボール操作や安定した用具の操作と連携した動きによって空いた場

単元計画（指導と評価の計画）

1時（導入）	2～5時（展開①）	6～11時（展開②）
単元の内容を知り、見通しをもつとともに、既習の技能を振り返る。	自己の能力を確認し、それに応じた練習方法を選択し、技能を身に付ける。	個人の課題をペアやチームで共有して解決に向けて取り組むとともに、チームで作戦を立てて試合に臨む。
1　学習の進め方と自分の状態を知ろう POINT：既習の学習を振り返り、テニスの学習を進めていく上で大切なことや用具の操作を確認する。 **[主な学習活動]** 〇集合・挨拶・出欠確認 〇単元の目標や学習の道筋の確認 〇準備運動 〇ボール慣れドリル 〇ペアでラリー 〇整理運動 〇学習の振り返り	**2～5　自分の課題を見付け、解決しよう** POINT：チーム内で互いを観察・分析し、課題の解決に向けて練習方法を工夫する。 **[主な学習活動]** 〇集合・挨拶・出欠確認 〇本時の目標等確認 〇準備運動・ボール慣れドリル 〇試しのゲーム（第2時のみ） 〇サービス、フォアハンド・バックハンド、ボレー、スマッシュなどの基本技能 ・自分の課題の解決に取り組む。 〇チームやペアでラリー練習 〇整理運動 〇学習の振り返り	**6～11　考えた作戦を試そう** POINT：個人の課題をチームで共有し、互いに教え合いながら学習を進める。 **[主な学習活動]** 〇集合・挨拶・出欠確認 〇本時の目標等確認 〇準備運動・ボール慣れ（チームで） 〇個人の課題、目標の決定（第6時） 〇チーム内でペアをつくり、チームとしてのテーマ、作戦の検討（第6・7時） 〇ゲームに向けた作戦会議・練習 〇リーグ戦①（総当たり） 〇整理運動 〇学習の振り返り
	[評価計画] 知① 思①	**[評価計画]** 知② 技① 思② 態①

単元の評価規準

知識・技能	
〇知識 ①テニスにおいて用いられる技術や戦術、作戦には名称があり、それらを身に付けるためのポイントがあることについて、言ったり書き出したりしている。 ②練習やゲームの中の技能を観察したり分析したりするには、自己観察や他者観察などの方法があることについて、言ったり書き出したりしている。	〇技能 ①ボールを相手側のコートの空いた場所やねらった場所に打ち返すことができる。 ②ラリーの中で、味方の動きに合わせてコート上の空いている場所をカバーすることができる。 ③連携プレイのための基本的なフォーメーションに応じた位置に動くことができる。

所をめぐる攻防をすることができるようにする。 **知識及び技能**

⑵攻防などの自己やチームの課題を発見し、合理的な解決に向けて緒運動の取り組み方を工夫するとともに、自己や仲間の考えたことを他者に伝えることができるようにする。 **思考力、判断力、表現力等**

⑶球技に自主的に取り組むとともに、フェアなプレイを大切にしようとすること、作戦などについての話合いに貢献しようとすること、(一人一人の違いに応じたプレイなどを大切にしようとすること)、互いに助け合い教え合おうとすること（など）や、健康・安全を確保することができるようにする。 **学びに向かう力、人間性等**

12〜16時（展開③）	17〜18時（まとめ）
リーグ戦①を終え、自分たちでゲームのルールや運営の方法を検討し、実践する。	学習したことを基にゲームを運営し、楽しむ。
12〜16　考えた作戦を試そう・調整しよう POINT：互いの違いに配慮し、ルールやゲームの運営方法を考え、実践する。 **[主な学習活動]** ○集合・挨拶・出欠確認 ○本時の目標等確認 ○準備運動・ボール慣れ（チームで） ○リーグ戦②のルールや運営方法を検討（互いの違いに配慮、楽しむための方法を検討）（第12時） ○チーム内でペアを再度つくり、チームとしてのテーマ、作戦の再検討（随時） ○リーグ戦②（総当たり） ○整理運動 ○学習の振り返り	**17〜18　学習したことをゲームで発揮しよう** POINT：互いの力を最大限に発揮できる作戦を考え、実践する。 **[主な学習活動]** ○集合・挨拶・出欠確認 ○本時の目標等確認 ○準備運動・ボール慣れ（チームで） ○ゲームに向けた作戦会議・練習 ○トーナメント戦 ○整理運動 ○学習の振り返り
[評価計画] 技②③ 思③ 態③	**[評価計画]** 態②

思考・判断・表現	主体的に学習に取り組む態度
①合理的な動きと自己や仲間の動きを比較して、成果や改善すべきポイントとその理由を仲間に伝えている。 ②自己や仲間の技術的な課題やチームの作戦・戦術についての課題や課題解決に有効な練習方法の選択について、自己の考えを伝えている。 ③体力や技能の程度、性別等の違いに配慮して、仲間とともに球技を楽しむための活動の方法や修正の仕方を見付けている。	①相手を尊重するなどのフェアなプレイを大切にしようとしている。 ②作戦などについての話合いに貢献しようとしている。 ③互いに練習相手になったり仲間に助言したりして、互いに助け合い教え合おうとしている。

本時案

学習の進め方と自分の状態を知ろう

1/18

本時の目標

単元の目標や内容を知り見通しをもっている。

評価のポイント

学習の進め方を確認し、テニスの特性について理解することができたか。

中心活動における指導のポイント

point　ラケットの扱い方、ボールがバウンドする感覚など、まずは道具の感覚や力加減を意識させる。

ペアのラリーでは、ラリーを続けることを重視し、ボールをよく見て、ラケットに当てるとともに、相手コートに優しいボールが返球できるよう声かけを行う。

相手にしっかり返球するには、何が必要なのかも合わせて考えさせていきたい。

本時の展開

	時	生徒の学習活動と指導上の留意点
はじめ	3分	**集合・あいさつ** ○クラスごとに整列する。 ○本時の学習内容を知る。
オリエンテーション	10分	**単元の内容を確認する（学習カード）** ①学習の道筋を確認する。 ②評価規準の確認をする ③準備や片付け、用具の取扱いについて確認する。 ④ネット型の既習事項の確認をする。
場の準備	7分	**全員で準備（用具、ネット）** ○道具の扱いに注意する。声をかけ合って行う。1
準備運動	3分	○アキレス腱や足首、手首のストレッチや肩回しなどをする。 ・テニスで使う部位を考えて行うよう声をかける。
ボール慣れドリル	10分	**ラケットの扱いや、ボールを当てる感覚を養う運動に取り組む** ・ラケットのどこに当てればよいか考えさせながら取り組ませる。2
ペアでラリー	10分	**ペアを組み、ラリーを行う** ・サービス：アンダーかセカンド ・フォアハンド：短い距離で優しく返球 ：長い距離で優しくロブで返球 ○既習の振り返りをもとにして、テニスに必要な技能を知る。
整理運動	2分	**手、足など運動で使ったところをゆったりとほぐす**
振り返り	5分	**クラス全体で本時の学習について振り返る** ①既習内容の確認 ②次回に向けてポイントの整理 ③学習カードに記入

1 単元を通した安全面に関わる注意事項

○支柱は必ず２人１組でもち運ぶ。
○支柱のネットを巻き付ける方は、コートの外側に来るように準備するよう促す。
○ネットは中心がたるむことがないよう、しっかりと張るようにする。
○両脇のひもは全て支柱にしっかりと結ぶようにする。
○ボールは最初と最後に個数を確認する。
○コート上にも、ボールやラケットが落ちていないように注意するよう促す。

2 単元を通した感覚づくりの運動

〔１人で〕

床バウンド

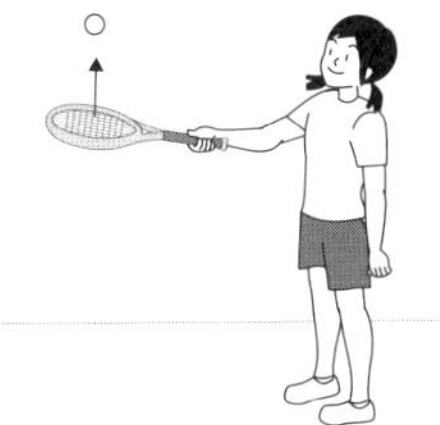

ボールつき（フォア）

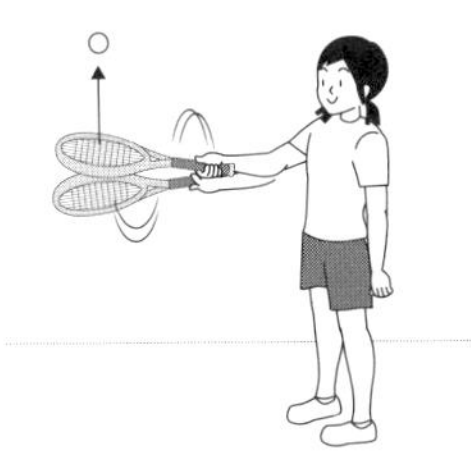

ボールつき（裏表）

〔２人で〕

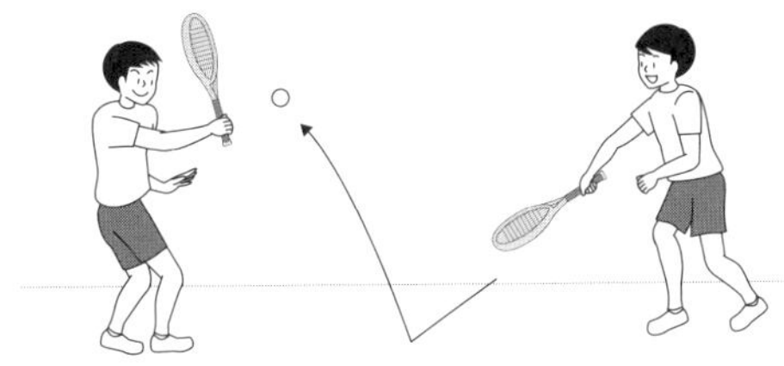

向かい合って１バウンド

ボレー・ボレー

○投げてもらったボールを返球、フォア・バック
（相手がノーバウンドでキャッチできる）
○投げてもらったワンバウンドのボールを返球　フォア・バック
（相手がノーバウンドでキャッチできる）

慣れてきたら左右にずらしたり、前後にずらしたりして、実践に近付ける。

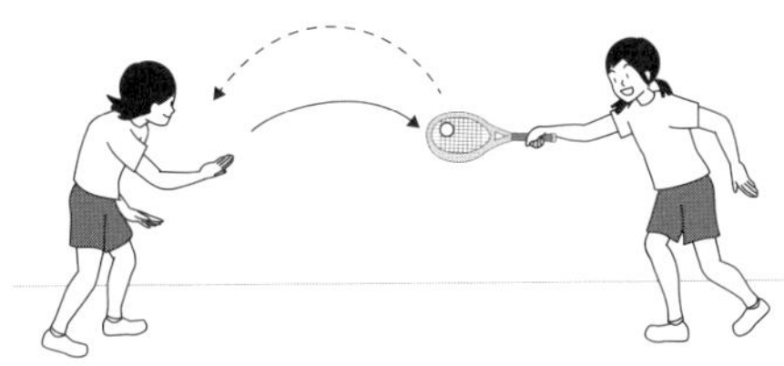
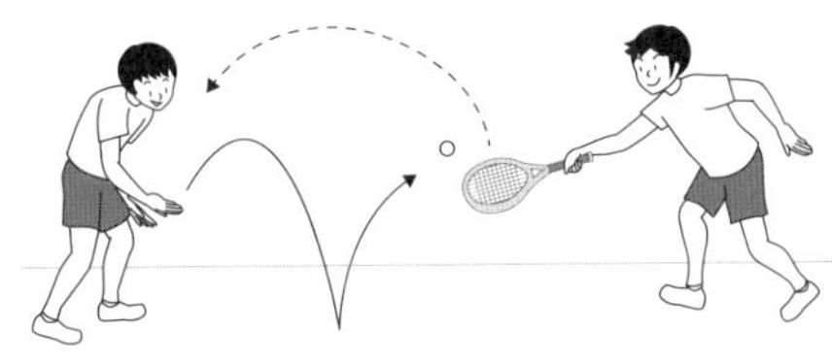

本時案

自分の現在地を知ろう

本時の目標

試しのゲームから、自分ができること、できないことを確認する。

評価のポイント

自己の現状を捉え、課題を見付けることができているか。

中心活動における指導のポイント

point　試しのゲームは簡易なルールで行い、今の技術でどのようなゲーム展開ができるのか確認させる。理想とする動きやゲーム展開と現状を比較することで、技能の獲得に必要性を感じさせたい。また、ゲームをするということは、ペアや対戦相手、審判などいろいろな人が関わっていることにも触れ、互いに関わり合いながら学習を進めていけるように促していく。

本時の展開

	時	生徒の学習活動と指導上の留意点
準備運動	3分	**アキレス腱や足首、手首のストレッチや肩回しなどをする** ・テニスで使う部位を考えて行うよう声をかける。
ボール慣れドリル	5分	**ラケットの扱いや、ボールを当てる感覚を養う運動に取り組む** ・ラケットのどこに当てればよいか考えさせながら取り組ませる。
本時の流れ確認	5分	**集合・あいさつ** 本時の目標の確認 ○チーム内でペアを作成、ゲームでの役割を確認する。 1
試しのゲーム	30分	**試しのゲームを行う** ○本時の目標を確認する。 【試しのゲームから、今の自分ができること、できないことを確認しよう】 ○ルールを確認する。 2 ・サービスはアンダーかセカンド（入るところから） ・ダブルフォールトあり ・サービスはペアが左右行ったら交代 ・同じチームのゲームが入っていないペアは、同チームの様子を観察し、ゲーム後にアドバイスを行う。
整理運動	2分	**今日使った部分を中心に整理運動** ○体の変化や、痛みがないかなどを確認する。
振り返り	5分	**試しのゲームから** ○自分のできること、できないことを確認し、学習カードに記入する。

1 チーム編成の仕方

〇その場に居合わせたどんな人とも交流をする。「いつでも・どこでも・だれとでも」意識させる（4人6班を仮定）。

〇Ａ案：生徒が考える。

・ゲームや練習を行うためのチームを編成（お互いに関わり合って学習を進められる）する。

・生徒同士で話し合い、チームを編成する。

〇Ｂ案：教師側が考える。

・出席番号やくじなどでランダムに編成する。

2 ゲームの行い方

【ゲームのルール】

（例）

・１ゲーム４分（交代１分）

・サービス権はじゃんけんで決定

・サービスはアンダーかセカンド（届かなければ近くから投げ入れるのも可）

・ダブルフォールトあり（状況によっては、なしにするのも可）

・サービスはペアが左右行ったら交代

【役割分担】

・同じチームのゲームが入っていないペアは、同チームの様子を観察し、ゲーム後にアドバイスを行う。

・ゲームに入っていないチームは審判を行う。

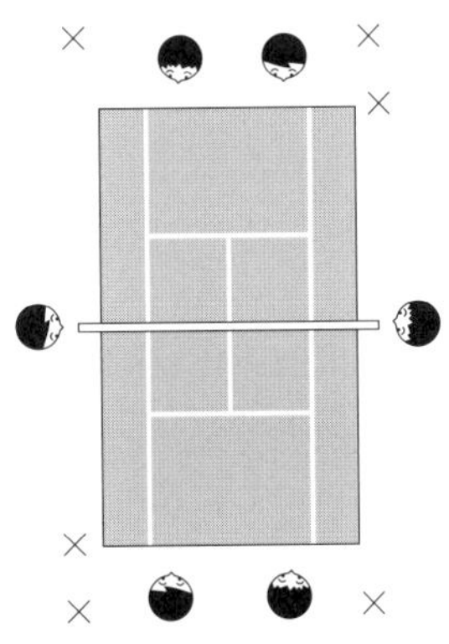

ゲーム後のアドバイスでは、現状を伝えるとともに、次につながるアドバイスを意識させる。また、勝敗を競っているのではなく、今の自分ができることとできないことを知るために行っているということを繰り返し伝え、活動の目的がずれることのないようにする。

また、振り返りにおいては、技能確認表などを活用してもよい。

本時案

自分の課題を見付け、解決しよう

3-5/18

本時の目標

チーム内で互いを観察・分析し、課題の解決に向けて練習方法を工夫する。

評価のポイント

動きを比較して、成果や改善すべきポイントを伝えている。

中心活動における指導のポイント

point　動きに入る前に、実技書や動画を用いて動き方を確認し、ポイントを抑える。ポイントはキーワード化し、活動中に繰り返し声をかけ、生徒が意識し続けることができるように支援する。生徒が新たなポイントを発見している様子が見えたら、手本としてやってもらったり、全体での共有を図ったりしながら基本技能の確認を行っていく。技能の習得には、その動きのポイントを知ることや、互いに関わりながら活動することが必要であることにも触れていきたい。

本時の展開

	時	生徒の学習活動と指導上の留意点
準備運動	3分	**アキレス腱や足首、手首のストレッチや肩回しなどをする** →テニスで使う部位を考えて行うよう声をかける。
ボール慣れドリル	5分	**ラケットの扱いや、ボールを当てる感覚を養う運動に取り組む** →ラケットのどこに当てればよいか考えさせながら取り組ませる。
本時の流れ確認	5分	**集合・あいさつ** **本時の目標の確認** ○前回の活動を振り返り、個人の課題を確認する。
試しのゲーム	30分	**個人の課題確認の基本練習** 1 ○個人の課題をペアやチームメイトと共有し、練習を行う。 (最初の状況を ICT 機器で記録に残し、振り返りに活用) ・サービス ・フォアハンド、バックハンド ・ボレー ・スマッシュ　等 ・本時の活動を踏まえて、ラリー ○互いの課題を共有し、観察（ICT 機器活用）・アドバイスし合いながら活動をする。
整理運動	2分	**今日使った部分を中心に整理運動** ○体の変化や、痛みがないかなどを確認する。
振り返り	5分	**本時の活動を振り返って** ○本時の中でできたこと、仲間からもらったアドバイスから次回の目標を設定し、学習カードに記入する。

1 ペアやチームで基本技能の確認を行う。

例：

〔サービス〕

サービスラインからベースラインへ徐々に伸ばしていく。

ペアの人は、入っているかどうか、あとどれくらいかなどを伝える。

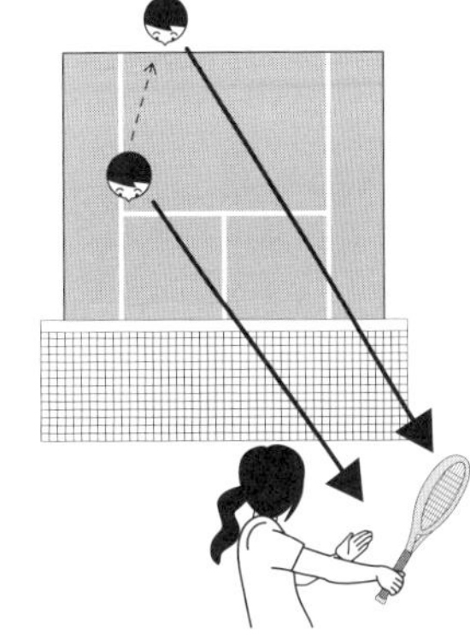

〔フォア・バック〕

・とりやすいところ
・前後にふる　など
（クロス、ストレートも考える）

球出しスイング

ネット前
手投げ

ネット前
打ったボール

〔スマッシュ〕

手投げ

投げてもらって

打ってもらって

〔ラリー〕

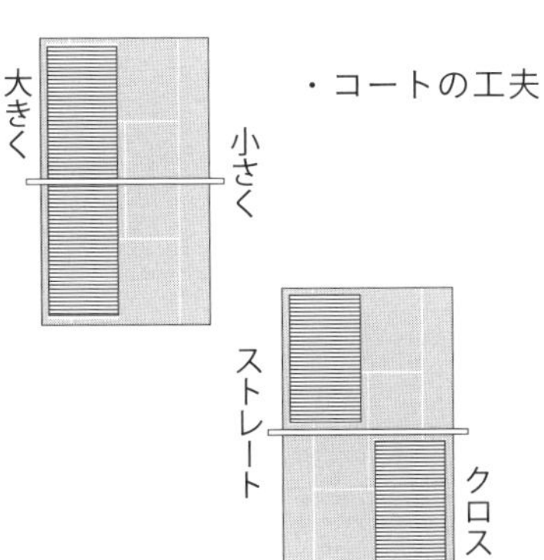

・コートの工夫

本時案

課題を明確にし、個人の目標を立てる

6-7/18

本時の目標

自分の課題を明確にし、個人の目標を決定する。

評価のポイント

お互いの動きを観察し、合理的な動きと自己や仲間の動きを比較して、成果や改善すべきポイントを伝えている。

中心活動における指導のポイント

point　前時までの活動で課題に感じていることをペアやチームで伝え合い、その課題の解決に向けて有効な資料をとなるような撮影方法を考えるよう声かけを行う。何を見たいのか、何を比較したいのかを明確にしてから取り組むことで、より具体的なアドバイスにつながるよう支援していく。

本時の展開

	時	生徒の学習活動と指導上の留意点
準備運動	3分	**アキレス腱や足首、手首のストレッチや肩回しなどをする** →テニスで使う部位を考えて行うよう声をかける。
ボール慣れドリル	5分	**ラケットの扱いや、ボールを当てる感覚を養う運動に取り組む** →ペアやチームで必要な内容を選択して行う。
本時の流れの確認	5分	**集合・あいさつ** **本時の目標の確認** ◯前回の活動を振り返り、本時の個人目標を決め、ペアやチームメイトに伝える。
	28分	**個人の課題を視覚化** 1 ◯課題と感じている動きをICT機器で撮影し合い、ペアやチームで分析する。 ・サービス ・フォアハンド、バックハンド ・ボレー ・スマッシュ　等 ◯必ず互いの課題や目標を共有し、ポイントを伝え合いながら活動をする。
片付け	2分	**全員で片付け** ◯道具の扱いに注意する。声をかけ合って行う。
整理運動	2分	**今日使った部分を中心に整理運動** ◯体の変化や、痛みがないかなどを確認する。
振り返り	5分	**本時の活動を振り返って** ◯自身の課題を明確にし、単元を通した目標を設定し、学習カードに記入する。

1 ICT 機器の活用・分析

◯個人の課題に合わせて、ICT 機器を活用し、自身の動きを可視化する。
　理想の動きや仲間の動きと比較したり、自身の動きを繰り返し撮影して比較したりする中で、ペアやチームで分析し、調整を行っていく。
◯A 案：撮影場所やタイミングはある程度、教師側から指示をする。
◯B 案：他の単元などで活用済みであれば、撮影の場所やタイミングは生徒に任せる。

〔活用方法の例〕

①個人課題　1 つの動きに対して

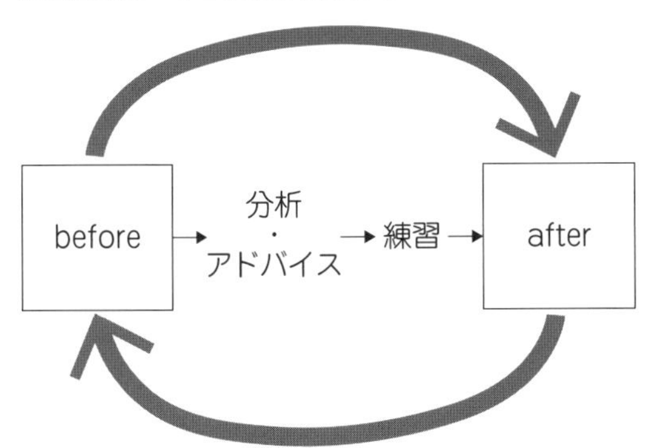

※最初と最後の画角が変わらないようにする。
　視点が変わってしまうと、見え方が変わってしまって比較がしづらくなってしまうので注意が必要。
※また、可能であれば、1 つの動きに対して複数の方向から撮影を行い、様々な視点で観察・分析を行う。
POINT　個人内で PDCA サイクルを回す。

②他者や手本と比較して

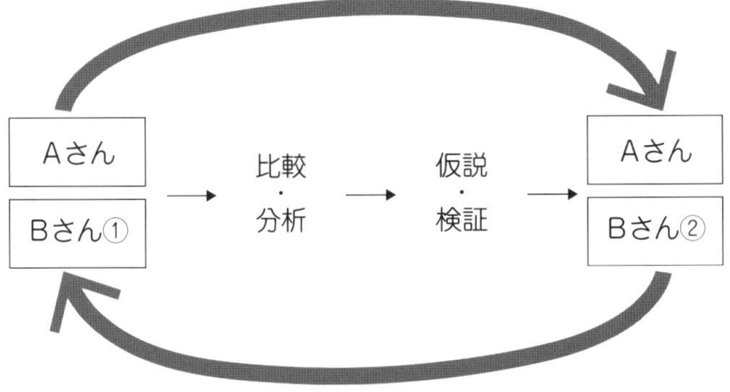

※ ICT 機器を使用するときの声かけ
・視点をある程度しぼるように促す。→何を見るのか、どこを見るのかを明確にしてから行う。
・画角をそろえる→ 1 度目と 2 度目で変わらないようにする。また、多くの視点があった方が様々な方向から分析できるので、複数の視点があってもよい。

本時案

8-11
13-16/18

互いの違いに配慮し、仲間のもっている力を最大限に発揮できる作戦を考える

本時の目標

・第8-11時：課題を共有し、作戦を立てて試合に臨む。
・第12-16時：互いの違いに配慮したルールやゲームの運営方法を考える。

評価のポイント

・第8-11時：お互いに観察し合い、課題に対して適切な練習方法を選択したり、アドバイスしたりしているか。
・第12-16時：チームやペアで、お互いのもっている力を最大限に発揮できる作戦を考え、実践しているか。

中心活動における指導のポイント

point　ゲームを行う際に、ペアやチームのメンバーに適した作戦を立て、実践するよう指導する。雁行陣や並行陣など、互いの能力に応じて工夫ができるよう声かけを行う。また、ゲームの内容をその都度ペアやチームで振り返りの時間を設け、個人の動きや作戦の修正につなげる（ICT 機器でのゲーム内容の撮影も適宜行ってもよいことを伝え、振り返りに生かす）。
※第12時でリーグ戦を振り返り、第13～16時で、同様に作戦を考える。

本時の展開

	時	生徒の学習活動と指導上の留意点
準備運動	3分	**アキレス腱や足首、手首のストレッチや肩回しなどをする** →テニスで使う部位を考えて行うよう声をかける。
本時の流れの確認	5分	**集合・あいさつ** **本時の目標の確認** ○チーム練習の内容検討、作戦会議を行う。◀1
チーム練習	10分	**ボール慣れドリルを含むチーム練習** ◀2 ・個人の課題も含めた活動
リーグ戦①（8～11） リーグ戦②（13～16）	25分	**リーグ戦①を行う** ○ルールの確認 ◀3 ・試しのゲームと同じルールで行う。 **リーグ戦②を行う** ○ルールの確認・変更
整理運動	2分	**今日使った部分を中心に整理運動** ○体の変化や、痛みがないかなど確認する。
振り返り	5分	**本時の活動を振り返って** ○本時の中でできたこと、仲間からもらったアドバイスから次回の目標を設定し、学習カードに記入する。

1 チームで作戦を立てる

○作戦会議の際には、各チームにホワイトボード、コートシート、マグネット等を準備しておくと、話合いがスムーズに行われる。
○話合いの最後には、本時のチーム（ペア）目標を書かせてもよい。

チーム用ホワイトボード

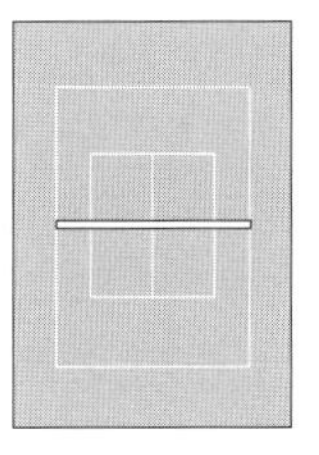

コートシート
（ラミネート加工）

マグネット

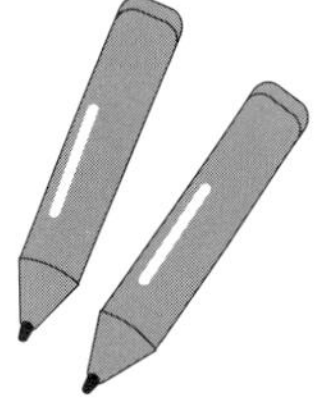

ボードマーカー

2 課題に合わせた練習方法を選択する

第１時での慣れの運動や、第３～５時で行った基本技能の確認練習から、自分たちの課題に応じた練習方法を選択する。練習方法のアレンジは適宜行ってよい。

3 リーグ戦の進め方

全体掲示用の大きなホワイトボードを用意し、ルールや、リーグ表、ゲーム予定を生徒が確認し、運営できるようにしておく。

本時のテーマ：

リーグ表

今日の対戦

ルール：

本時案

リーグ戦①を終え、現状に合ったルールを検討する

12/18

本時の目標

リーグ戦①を振り返り、追加したいルールや、変更したい点ついて話し合い、決定する。

評価のポイント

その場にいるメンバーに合わせ、テニスの面白さを味わいつつ、そこにいるメンバーが楽しむことができるルールの検討を行えているか。

中心活動における指導のポイント

point　互いの違いに配慮して、みんなが楽しむための活動方法を考えることを大きなテーマとして伝える。リーグ①を通して感じた困りごとが、ペアやチームで解決できるものなのか、ルールを変更することによって解決することなのかをよく考えさせ、話合いを進めさせる。話合いの中でテーマとのズレを感じたときには、その都度声をかけ、修正するよう促す。

本時の展開

	時	生徒の学習活動と指導上の留意点
準備運動	3分	**アキレス腱や足首、手首のストレッチや肩回しなどをする** ・テニスで使う部位を考えて行うよう声をかける。
本時の流れの確認	3分	**集合・あいさつ** 本時の目標の確認
ルールの検討	15分	**リーグ戦①を振り返る** 1 ○チームで集まり、リーグ戦①の振り返りを行う。 **ルールの検討を行う** 2 ○チームの振り返りから、ルールとして追加したい内容や変更したい内容を出し、全体で検討する。
リーグ戦②に向けてチーム練習	20分	**チーム練習（ボール慣れドリルを含む）** ○リーグ戦①の振り返りから出てきた課題を解決するための練習方法を考え、実践する。
整理運動	2分	**今日使った部分を中心に整理運動** ○体の変化や、痛みがないかなど確認する。
振り返り	7分	**本時の活動を振り返って** ○リーグ戦①を終えて、課題や目標を修正し、学習カードに記入する。

1 チームでの振り返り

○準備するもの：付箋紙（2色）、各チームにホワイトボード、ICT 機器

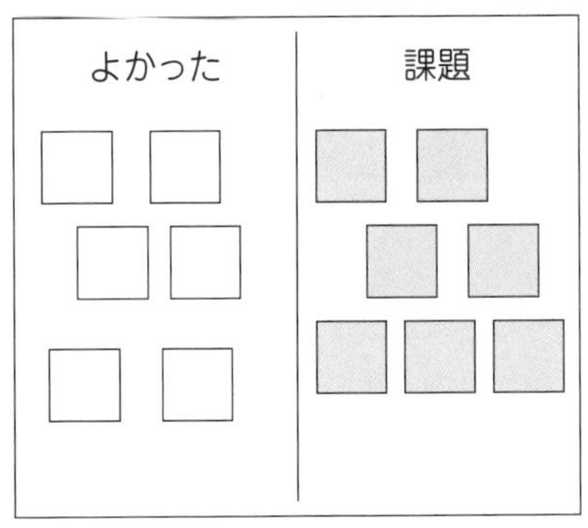

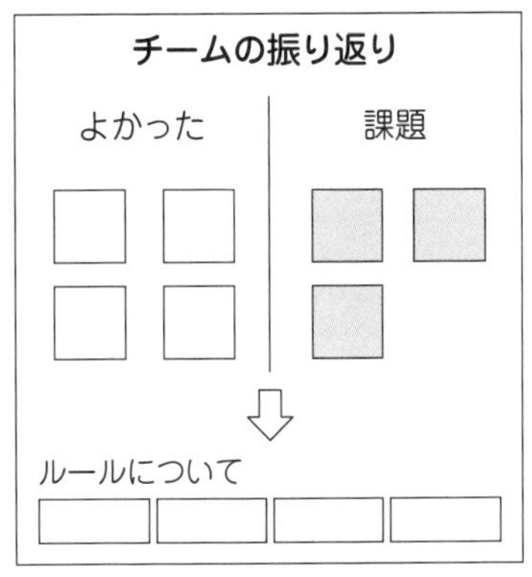

白　よかったところ

青　課題

POINT　データかプリントアウトして、チームに残す「課題」が「よかったところ」になるようにするにはどうしたらよいかを考えさせる。

2 ルールの検討

○準備するもの：全体共有ホワイトボード

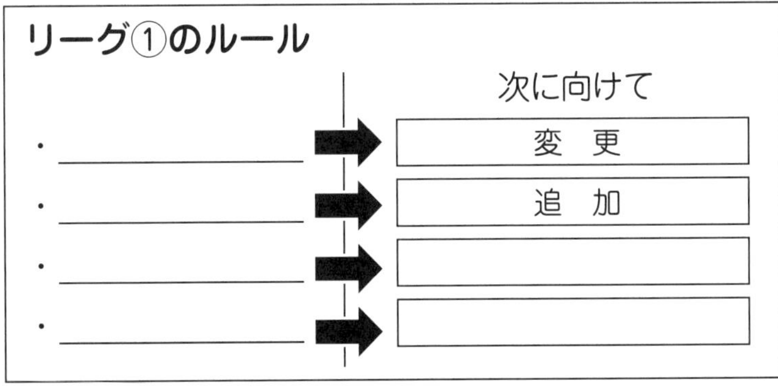

POINT　「テニスの面白さを味わいつつ、お互いの違いに配慮した、みんなが楽しめるようなルール」などをテーマとして伝え、内容を考えさせ、そこからずれないように取り組んでいく。

本時案

学習したことをゲームで発揮しよう

17-18/18

本時の目標

ペアやチームで協力してゲームに臨む。

評価のポイント

これまで学んだことを発揮しながら協力してゲームを行えているか。

中心活動における指導のポイント

point　トーナメント戦でも、勝敗だけにこだわらず、ペアやチームで立てた目標に向かって、作戦を工夫することを大事にするよう声をかける。

また、互いによいプレイを認めたり、励まし合ったりして活動する姿勢を価値付け、フィードバックを行う。

本時の展開

	時	生徒の学習活動と指導上の留意点
準備運動	2分	**アキレス腱や足首、手首のストレッチや肩回しなどをする** ・テニスで使う部位を考えて行うよう声をかける。
本時の流れの確認	3分	**集合・あいさつ** **本時の目標の確認** ○チーム練習の内容検討、作戦会議を行う。
チーム練習	10分	**ボール慣れを含むチーム練習** ・個人の課題も含めた活動
まとめのゲーム	28分	**トーナメント戦を行う** 1 ○ルールの確認 ・リーグ戦①②を終えて、最終的なルールを確認する。
整理運動	2分	**今日使った部分を中心に整理運動** ○体の変化や、痛みがないかなど確認する。
まとめ	5分	**本時の活動を振り返って** ○本時の中でできたこと、仲間からもらったアドバイスから次回の目標を設定し、学習カードに記入する。 ○最終回は単元を通した振り返りを行う。 2

1 トーナメント戦

【ゲームの進め方】

・１チーム４人、２ペア
・１ペア　３分－１分－３分　の前後半
　（１分のところで同じチームのペアからアドバイスをもらう）
・２ペア終わったところで勝敗の決定。引き分けの場合は得失点差で勝敗を決める（生徒と考えてもよい）。
・ゲームに入っていないチームは審判を行う。

2 単元の振り返り

○学習カードは、生徒の粘り強い取組、自己調整の軌跡が読み取れるようなものを検討する。
（例）・毎時の振り返り
　　・個人の目標設定
　　・技能確認表（生徒が作ったものでよい）
　　　→できたかどうかの記述で終わるものではなく、ポイントの蓄積を狙えるようなものにする
　　・観点ごとの振り返り
　　・学びの before／after　など
○ ICT を使用してノートを活用する場合は、写真や動画を用いて振り返らせてもよい。
○単元の終わりでは、プレゼンテーションソフトなどに動画を挿入し、before／after や、工夫した点を具体的に示させてもよい。

学習カード

テニス学習カード

単元の目標

(1)知識及び技能に関する目標について

(2)思考力、判断力、表現力等に関する目標について

(3)学びに向かう力、人間性等に関する目標について

評価規準

知識・技能	○知識 ① ② ○技能 ① ② ③
思考・判断・表現	① ② ③
主体的に学習に取り組む態度	① ② ③

単元の見通し（単元の構成を簡潔に）

1	2～5	6～11	12～16	17・18

個人の目標

振り返り

個人の目標	できたこと・工夫したこと・今日の Good!	次回への意気込み
／		
／		
／		
／		

単元の振り返り

球技

17 ベースボール型：ソフトボール

（18時間）

単元の目標

(1)次の運動について、勝敗を競う楽しさや喜びを味わい、技術の名称や行い方、体力の高め方、運動観察の方法などを理解するとともに、作戦に応じた技能で仲間と連携しゲームを展開することができるようにする。

ウ　ベースボール型では、安定したバット操作と走塁での攻撃、ボール操作と連携した守備などに

単元計画（指導と評価の計画）

1時（導入）	2～8時（展開①）
単元の学習内容を知り、既習の技能を振り返る。	課題の解決に向けたゲームに取り組み、バット操作とボール操作及び攻撃を中心とした技能を身に付ける。
1　オリエンテーションで学習のねらいと進め方を知ろう POINT：ベースボール型の特性である、出塁・進塁をめぐる攻防から得点を競い合うことの面白さを学習課題にする各種ゲーム（ドリルゲーム・タスクゲーム・メインゲーム）を通して、学習の振り返りを行うことを確認する。 **[主な学習活動]** ○集合・あいさつ ○単元の目標や学習の進め方の確認 ○チーム内の役割分担 ○ルールやマナーの確認 ○技能の振り返り ○整理運動 ○学習の振り返り	**2～8　自分やチームの課題を解決しよう①** POINT：課題の解決に向けて、バット操作とボール操作の技術的な課題を簡易化したドリルゲームや攻撃の戦術的な課題を焦点化したメインゲームに取り組む。 **[主な学習活動]** ○集合・あいさつ ○課題の整理とゲームの進め方の確認 ○ドリルゲーム ○メインゲームの作戦タイム ○メインゲーム ○整理運動 ○学習の振り返り
[評価計画] 知①	**[評価計画]** 知② 技①③ 思① 態③

単元の評価規準

知識・技能	
○知識 ①球技の各型の各種目において用いられる技術や戦術、作戦には名称があり、それらを身に付けるためのポイントがあることについて、学習した具体例を挙げている。 ②練習やゲーム中の技能を観察したり分析したりするには、自己観察や他者観察などの方法があることについて、言ったり書き出したりしている。	○技能 〈安定したバット操作〉 ①ねらった方向にボールを打ち返すことができる。 〈走塁〉 ②打球や守備の状況に応じた塁の回り方で、塁を進んだり戻ったりすることができる。 〈ボール操作〉 ③仲間の送球に対して塁上でタイミングよくボールを受けたり、中継したりすることができる。 〈連携した守備〉 ④味方からの送球を受けるために、走者の進む先の塁に動くことができる。

よって攻防をすることができるようにする。 **知識及び技能**

(2)攻防などの自己やチームの課題を発見し、合理的な解決に向けて運動の取り組み方を工夫するとともに、自己や仲間の考えたことを他者に伝えることができるようにする。

思考力、判断力、表現力等

(3)球技に自主的に取り組むとともに、(フェアなプレイを大切にしようとすること)、作戦などについての話合いに貢献しようとすること、(一人一人の違いに応じたプレイなどを大切にしようとすること)、互いに助け合い教え合おうとすること(など)や、(健康・安全を確保すること)ができるようにする。 **学びに向かう力、人間性等**

9～15時(展開②)	16～18時(まとめ)
課題の解決に向けたゲームに取り組み、ボールを持たないときの動きと守備を中心とした技能を身に付ける。	自己のチームや相手チームの特徴を踏まえた作戦を立てて、リーグ戦を楽しむ。
9～15　自分やチームの課題を解決しよう② POINT:課題の解決に向けて、ボールを持たないときの動きや守備の戦術的な課題を焦点化したタスクゲームやメインゲームに取り組む。 **[主な学習活動]** ○集合・あいさつ ○課題の整理とゲームの進め方の確認 ○タスクゲーム ○メインゲームの作戦タイム ○メインゲーム ○整理運動 ○学習の振り返り	**16～18　チームの特徴を生かしてリーグ戦を楽しもう** POINT:相手に応じて作戦を立て、状況に応じた判断でゲームに取り組む。 **[主な学習活動]** ○集合・あいさつ ○本時の学習内容や学習の進め方の確認 ○チームで作戦の確認 ○リーグ戦をする ○整理運動 ○学習の振り返り
[評価計画] 技②④ 思② 態②	**[評価計画]** 思③ 態①

思考・判断・表現	主体的に学習に取り組む態度
①自己や仲間の技術的な課題やチームの作戦・戦術についての課題や課題解決に有効な練習方法の選択について、自己の考えを伝えている。 ②作戦などの話合いの場面で、合意形成するための関わり方を見付け、仲間に伝えている。 ③球技の学習成果を踏まえて、自己に適した「する、みる、支える、知る」などの運動を継続して楽しむための関わり方を見付けている。	①球技の学習に自主的に取り組もうとしている。 ②作戦などについての話合いに貢献しようとしている。 ③互いに練習相手になったり仲間に助言したりして、互いに助け合い教え合おうとしている。

本時案

オリエンテーションで学習のねらいと進め方を知ろう 1/18

本時の目標

単元の学習内容を知り、既習の技能を振り返るとともに、課題を見付けることができる。

評価のポイント

学習の進め方や自分や仲間の状態を理解し、自分やチームの課題を見付けることができたか。

中心活動における指導のポイント

point オリエンテーションでは、単元のねらいを理解させるとともに、ゲームを中心とした活動を通して、本時を振り返る構成になっていることを押さえる。試しのゲームでは、自分やチームの課題を見付けることがねらいとなるので、タブレット端末等での撮影や相互に打撃・捕球・送球・走塁の技能を観察するようにアドバイスをする。

本時の展開

	時	生徒の学習活動と指導上の留意点
はじめ		**集合・あいさつ** ○本時の学習内容を知る。
オリエンテーション	15分	**学習の進め方を確認する** ○単元計画を確認する。 ○チームの編成と役割分担を決める。 1 ○学習課題に応じた各種ゲームを理解する。 ○タブレット端末等の活用法と学習カードへの入力の仕方を確認する。 2
準備運動	10分	**チームごとに準備運動をする** ○運動に必要な部位をしっかりとほぐすよう声をかける。
予備的運動		**ボールに慣れる基礎的な運動をする** ○チーム内でキャッチボール、トスバッティングをする。
試しのゲーム	20分	**満塁ゲーム1をする** **(1)満塁ゲーム1の行い方を知る** 3 ○ルールや得点の仕方を知る。 **(2)ゲームの準備をする** ○用具や練習場所の安全を確保して場を設定する。 **(3)ゲームをする** ○1ゲームは、一度の攻守交替とする。 ○常に満塁の状況からスタートする。 **(4)自分やチームの課題を把握する** ○チームで話合いをもち、課題を学習カードに入力する。
整理運動		**使った部位をゆったりとほぐす**
まとめ	5分	**本時の学習について振り返る** ○タブレット端末等に本時の成果と課題を入力しポートフォリオしていく。 ○次時の学習予定を知る。

1 チーム編成の仕方

○均等なチームを編成する。

チーム分けは、技能面とリーダー面を考慮して、チーム間等質グループになるように教師が事前に編成する。

チームの人数は４～６人とする。２チーム合わせてきょうだいチームを編成することから、チーム数は偶数チームになるようにする。

○チームの意識を高める工夫をする。

２つのチームを１組とするきょうだいチームを編成する。タスクゲーム等の練習場面ではきょうだいチームが互いに教え合いながら活動し、メインゲームでは１つのチーム（10人前後）として再編成して取り組むようにする。一人一役で、グループリーダー、サブリーダー、記録、準備、審判等の係を決める。

2 ＩＣＴの活用

○タブレット端末等の ICT 機器の活用

一人一台のタブレット端末等を活用して、学習の振り返りの場面では、学習カードに代わる学びの記録や映像の記録を電子ポートフォリオとして蓄積していく。また、タブレット端末等に事前に配信した、モデルとなる動きの動画や学習資料と自分たちの動きを録画したものを比較したり、グループで共有したりすることで技術的な課題を明確にしていく。

活用の例：運動観察等を通して仲間の課題を指摘するなど、教え合う場面

3 メインゲーム（満塁ゲームⅠ）の行い方

○ゲームのねらい

常に満塁の状況からスタートすることで、打撃・捕球・送球・走塁の技能の習熟が図れるとともに、得点を競い合うソフトボールの楽しさが味わえるゲームである。

本時のように試しのゲームでは、アウトゾーンを１箇所にすることで守備側の判断を容易にして実施する。

【ルール】

- １チーム４～６人で行う。
- 打者→１塁走者→２塁走者→３塁走者→待機者の順で全員が攻撃したら攻守交替とする。
- 常に満塁の状況からスタートする。
- 守備者はボールを捕ったら、打者走者より早くアウトゾーンにいる仲間に送球できればアウトとなる。
- ３イニングまたは10分で行い、得点を競う。

場の設定

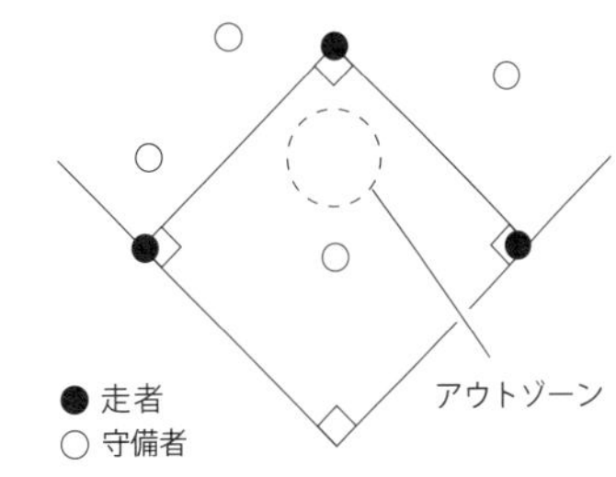

本時案

自分やチームの課題を解決しよう①

2-8/18

本時の目標

課題の解決に向けたゲームに取り組み、バット操作とボール操作及び攻撃を中心とした技能を身に付けることができる。

評価のポイント

互いに練習相手になったり仲間に助言したりして、助け合い教え合おうとすることができたか。

中心活動における指導のポイント

point　ドリルゲームは、個人やチームの課題に応じた練習を行わせたい。チームの課題を解決するための練習になっているかどうかを巡回しながら確認する。メインゲームでは、打撃側はねらった方向に打ち返すこと、守備側は易しい状況判断下での連携した守備ができていることが技能のねらいであることを理解させ、打撃・捕球・送球・走塁の技能の習熟を図りたい。なお、慣れてきた段階ではきょうだいチームを1つにして内野と外野の連携プレイも出現するゲームに発展してもよい。

本時の展開

	時	生徒の学習活動と指導上の留意点
はじめ	5分	**集合・あいさつ** ○本時の学習内容を知る。
準備運動		**チームごとに準備運動をする** ○運動に必要な部位をしっかりとほぐすよう声をかける。
場の準備		**用具や練習場所の安全を確保する** ○目的に応じた場の設定を協力して行うよう声をかける。
ドリルゲーム	10分	**チームの課題にあった練習をする** ○連続ゴロキャッチ 1 ○ホームラン競争 ○ローテーショントスバッティング
メインゲーム	30分	**満塁ゲームⅡをする** **(1)満塁ゲームⅡの行い方を知る** 2 ○ルールや得点の仕方を知る。 **(2)ゲームに向けての作戦を共有する** ○作戦ボードやタブレット端末等を活用して戦術の分析をする。 **(3)ゲームをする** ○1ゲーム3イニングまたは10分で行う。 ○満塁の状況から得点を競う。
整理運動	5分	**使った部位をゆったりとほぐす**
まとめ		**本時の学習について振り返る** ○タブレット端末等に本時の成果と課題を入力しポートフォリオしていく。 ○次時の学習予定を知る。

1 ドリルゲームの行い方

○ゲームのねらい

メインゲームで必要となる技術を取り上げ、ドリル形式で繰り返し練習することで技能の定着を図る。

〈連続ゴロキャッチ〉

【ルール】

- 1チーム4～6人で行う。
- 対面する目印（コーン等）にボールを転がす。転がしたら、後ろの人と入れ替わる。
- ボールが転がってきたら、正面に回り込んで捕球し、対面している目印にボールを転がし、後ろの人と入れ替わる。
- 1分間で、何回捕球し転がすことができたか、毎回記録をとる。

場の設定

〈ホームラン競争〉

【ルール】

- 1チーム4～6人で行う。
- 打者は、ティーの上のボールを3回打ち、最も遠くまでボールが飛んだところの得点を記録する。
- 次の打者は、打撃の様子を観察しアドバイスを送る。

場の設定

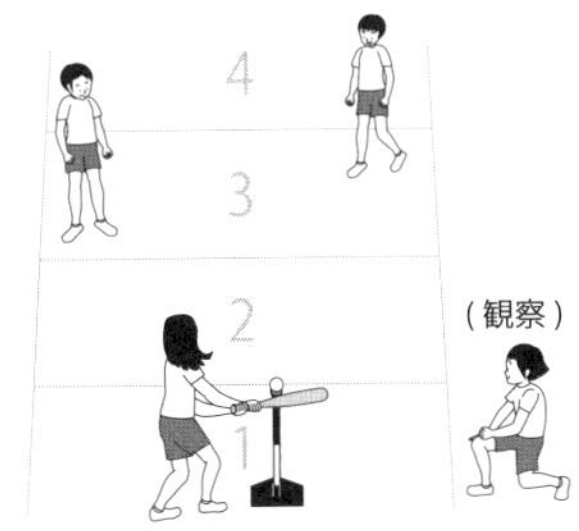

〈ローテーショントスバッティング〉

【ルール】

- 3人1組、2分間でローテーションする。
- 打者は、トスされたボールをラインで引かれた中に打つ。
- 守備者は捕球後、素早くトスを投げる人にボールを送球する。
- 2分間で、トス→打つ→捕球→送球→捕球を何回繰り返すことができるか、毎回記録をとる。

場の設定

2 メインゲーム（満塁ゲームⅡ）の行い方

○ゲームのねらい

常に満塁の状況からスタートすることで、打撃・捕球・送球・走塁の技能の習熟が図れるとともに、得点を競い合うソフトボールの楽しさが味わえるゲームである。

【ルール】

- 1チーム4～6人で行う。
- 打者→1塁走者→2塁走者→3塁走者→待機者の順で全員が攻撃したら攻守交替とする。
- 常に満塁の状況からスタートする。
- 味方が投げた（ピッチャー）ボールを打者が打つ。
- 守備者はボールを捕ったら、打者走者より早くいずれかのアウトゾーンに送球できればアウトとなる。
- 3イニングまたは10分で行い得点を競う。

場の設定

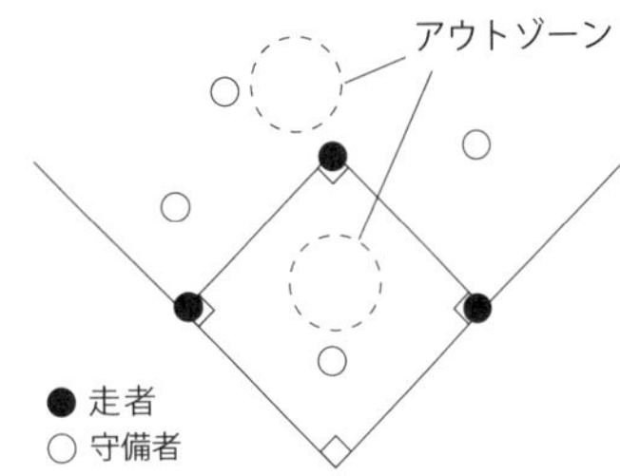

本時案

自分やチームの課題を解決しよう②

9-15/18

本時の目標

課題の解決に向けたゲームに取り組み、ボールを持たないときの動きと守備を中心とした技能を身に付けることができる。

評価のポイント

作戦などの話合いの場面で、合意形成するための関わり方を見付け、仲間に伝えることができたか。

中心活動における指導のポイント

point　タスクゲームは、ゲームのねらいやルールを十分に理解させた上で行わせたい。各チームには、ボールを持たないときの動きに焦点を当てた課題練習であることを確認させる。メインゲームでは、試合の合間に作戦タイムを設け、連携した守備ができているか互いにアドバイスができるようにする。その際、ボールを持たないときの動きの課題を視覚的にとらえさせるため、タブレット端末等で仲間の動きを撮影するようアドバイスをする。

本時の展開

	時	生徒の学習活動と指導上の留意点
はじめ	5分	**集合・あいさつ** ○本時の学習内容を知る。
準備運動		**チームごとに準備運動をする** ○運動に必要な部位をしっかりとほぐすよう声をかける。
場の準備		**用具や練習場所の安全を確保する** ○目的に応じた場の設定を協力して行うよう声をかける。
タスクゲーム	10分	**連係ゲームをする** ○ルールや得点の仕方を知る。 1 ○連携プレイで確実にアウトにする動き方や走者を進めさせないための優先順位を確認させる。
メインゲーム	30分	**タイブレイク制ゲームをする** **(1)タイブレイク制ゲームの行い方を知る** 2 ○ルールや得点の仕方を知る。 **(2)ゲームに向けての作戦を共有する** ○作戦ボードやタブレット端末等を活用して戦術の分析をする。 **(3)ゲームをする** ○１ゲーム３イニングまたは10分で行う。 ○走者１・２塁の状況から始める。
整理運動	5分	**使った部位をゆったりとほぐす**
まとめ		**本時の学習について振り返る** ○タブレット端末等に本時の成果と課題を入力しポートフォリオしていく。 ○次時の学習予定を知る。

1 タスクゲーム（連携ゲーム）の行い方

○ゲームのねらい

攻撃側は、走者を進塁させ得点するための打撃を、守備側は、守備位置の役割を理解し、より早くアウトをとる連携プレイを課題とする。

【ルール】

・きょうだいチームで１チームを編成し、８～10人で行う。
・攻撃は常に走者１・２塁の状態からスタートする。
・守備者は、ボールを捕ったら走者より先のアウトゾーンにボールを送球する。
・味方が投げた（ピッチャー）ボールを打者が打つ。
・全員が打ち終わって攻守交替する。

場の設定

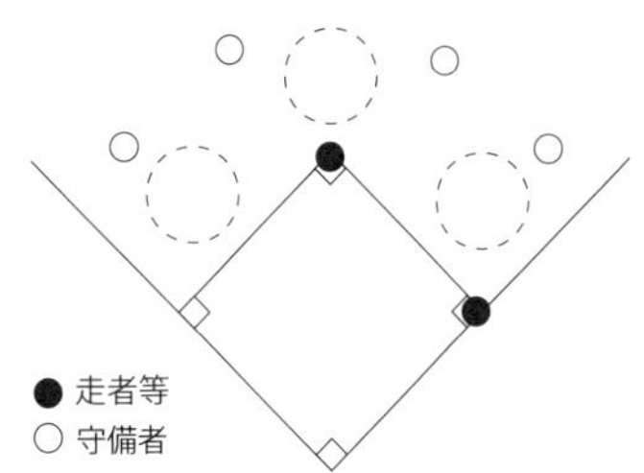

※いろいろなポジションを経験して各ポジションの役割が理解できるように、守備位置をローテーションさせるなどの工夫をする。

※連携プレイの動きを重視するゲームなので、はじめは得点を競わずに行ってもよい。

※タブレット端末等を用いて、連携プレイやボールを持たないときの動きの撮影を待機している学習者に指示する。

2 メインゲーム（タイブレイク制ゲーム）の行い方

○ゲームのねらい

常に走者１・２塁の状態からスタートすることで、ゲーム状況に応じた進塁とその阻止により、得点を競い合うソフトボールの楽しさが味わえるゲームである。

【ルール】

・きょうだいチームで１チームを編成し、８～10人で行う。
・攻撃は常に走者１・２塁の状態からスタートする。
・守備者は、ボールを捕ったら走者より先のアウトゾーンにボールを送球する。
・味方が投げた（ピッチャー）ボールを打者が打つ。
・打者→１塁走者→２塁走者→待機者の順とし、スリーアウトで攻守交替とする。
・３イニングまたは10分で行い得点を競う。

場の設定

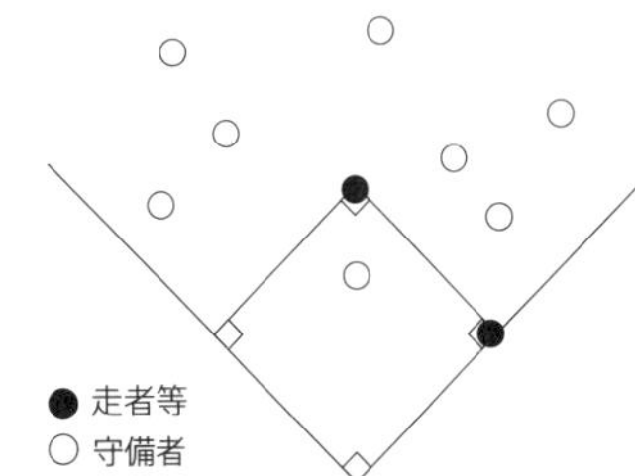

本時案

チームの特徴を生かしてリーグ戦を楽しもう

16-18/18

本時の目標

自己のチームや相手チームの特徴を踏まえた作戦を立てて、リーグ戦を楽しむことができる。

評価のポイント

相手に応じて作戦を立て、状況に応じた判断でゲームに取り組むことができたか。

中心活動における指導のポイント

point　本単元を通して使用する学習カードは、振り返りの場面で学習課題に対する実現状況を一人一台のタブレット端末等に入力させるものを想定している。これまで紙媒体が主だった学習カードをデジタル媒体として管理することで、一人一人の学びの記録をポートフォリオとしてデータ化し、効率的に観点別学習状況の評価の参考にすることができる。

本時の展開

	時	生徒の学習活動と指導上の留意点
はじめ	5分	**集合・あいさつ** ○本時の学習内容を知る。
リーグ戦の開始式		**リーグ戦の進め方を確認する** ○リーグ戦の運営や行い方等を確認する。 ○審判等の役割分担を決める。
準備運動	5分	**チームごとに準備運動をする** ○運動に必要な部位をしっかりとほぐすよう声をかける。
場の準備		**用具や練習場所の安全を確保する** ○目的に応じた場の設定を協力して行うよう声をかける。
リーグ戦	35分	**リーグ戦をする** **(1)ゲームをする** ○１ゲーム３イニングまたは10分で行う。 ○ルールやマナーを守り、セルフジャッジの判定に従う。 **(2)次の ゲームに向けての作戦を共有する** ○作戦ボードやタブレット端末等を活用して戦術の分析をする。 **(3)リーグ戦を継続する** ○１ゲーム３イニングまたは10分で行う。
整理運動		**使った部位をゆったりとほぐす**
まとめ	5分	**本時の学習について振り返る** ○タブレット端末等に単元を通しての成果と課題を入力し、ポートフォリオしていく。 ○次時の学習予定を知る。

1 リーグ戦の行い方

○ゲームのねらい

自己のチームや相手チームの特徴を踏まえた作戦を立てて、リーグ戦を楽しむことをねらいとした大会を設定している。

【ルール】

・きょうだいチームで１チームを編成し、８～10人で行う。
・実態を考慮し、可能な範囲でオフィシャルルールに近いルールを採用する。
・スリーアウトで攻守交替。
・３イニングまたは10分で行い得点を競う。

2 タブレット端末等で学習カードを管理する

○一人一台のタブレット端末等を活用し、これまで紙媒体の学習カードをデジタル媒体として管理する。これにより、各自の学びの記録をポートフォリオとしてデータ化することで、効率的に観点別学習状況の評価の参考にすることができる。

学習カード

ソフトボール

3年　　組　　番　氏名（　　　　　　）

回	指導項目	学習課題の達成状況	自己評価1	コメント	自己評価2
1	知①				
2	知②				
3	思①				
4	態③				
5	技③				

18 剣道

18時間

単元の目標

(1)次の運動について、技を高め勝敗を競う楽しさや喜びを味わい、伝統的な考え方、技の名称や見取り稽古の仕方、体力の高め方などを理解するとともに、基本動作や基本となる技を用いて攻防を展開することができるようにする。

単元計画（指導と評価の計画）

1時（導入）	2～5時（展開①）	6～11時（展開①）
単元の学習内容を知り、伝統的な考え方や安全に学習を進める上での留意事項を確認する。	相手の動きの変化に応じた基本動作を身に付ける。	自分の体力や技能に応じた基本となる技を身に付ける。
1　学習の進め方と伝統的な考え方を知ろう POINT：剣道の学習への見通しをもち、伝統的な考え方や安全上の留意事項を確認する。 **[主な学習活動]** ○集合・あいさつ ○単元の内容や学習の道筋の確認 ○安全に学習を進める上での留意事項の確認 ○伝統的な考え方 ○剣道の動きに慣れる運動 ○学習の振り返り	**2～5　相手の動きに応じた打ち方と受け方を身に付けよう** POINT：グループごとに相手の動きの変化に応じた基本動作の練習に取り組み、基本打突の打ち方と受け方をできるようにする。 **[主な学習活動]** ○集合・あいさつ ○本時の学習の流れの確認 ○準備運動 ○剣道の動きに慣れる運動 ○基本打突の打ち方と受け方の練習 ○基本打突の出来映えの判定試合 ○整理運動 ○学習の振り返り	**6～11　自分に合った攻め方と守り方を見付けよう** POINT：攻撃と防御を分離して行う攻防交代型の試合を行い、自分に合った攻め方や守り方を見付けることができるようにする。 **[主な学習活動]** ○集合・あいさつ ○本時の学習の流れの確認 ○準備運動 ○攻め方、守り方の練習 ○攻防交代型の試合 ○整理運動 ○学習の振り返り
[評価計画] 知①	**[評価計画]** 技①　態③	**[評価計画]** 知②　思①　態①

単元の評価規準

知識・技能	
○知識 ①武道を学習することは、自国の文化に誇りをもつことや、国際社会で生きていく上で有意義であることについて、言ったり書き出したりしている。 ②剣道の技の名称とそれぞれの技を身に付けるための動きのポイントがあることについて、学習した具体例を挙げている。 ③試合の行い方には、簡易な試合におけるルール、審判及び運営の仕方があることについて、学習した具体例を挙げている。	○技能 ①体さばきや竹刀操作を用いて打ったり受けたりすることができる。 ②自己の体力や技能の程度に応じた基本となる技ができる。 ③基本となる技を用いて簡易な試合ができる。 ※各技の評価規準は学習指導要領解説の例示を参照。

イ　剣道では、相手の動きの変化に応じた基本動作や基本となる技を用いて、相手の構えを崩し、しかけたり応じたりするなどの攻防をすることができるようにする。　**知識及び技能**

⑵攻防などの自己や仲間の課題を発見し、合理的な解決に向けて運動の取り組み方を工夫するとともに、自己の考えたことを他者に伝えることができるようにする。　**思考力、判断力、表現力等**

⑶武道に自主的に取り組むとともに、相手を尊重し、伝統的な行動の仕方を大切にしようとすること、自己や仲間の責任を果たそうとすること、一人一人の違いに応じた課題や挑戦を大切にしようとすることなどや、健康・安全を確保することができるようにする。　**学びに向かう力、人間性等**

12〜15時（展開②）	16〜18時（まとめ）
身に付けた技を用いて攻防に取り組む。	団体戦を行うとともに、学習のまとめをする。
12〜15　自分の課題を解決しよう POINT：身に付けた技を用いて試合を行う中で、グループの仲間の助言を参考にして、自分の課題を解決することができるようにする。 **［主な学習活動］** ○集合・あいさつ ○本時の学習の流れの確認 ○準備運動 ○基本となる技の練習（課題解決） ○自由練習、攻防一体型の試合 ○整理運動 ○学習の振り返り	**16〜18　団体戦と学習のまとめをしよう** POINT：グループで助言し合ったり励まし合ったりして団体戦に取り組み、剣道の学習を振り返ることができるようにする。 **［主な学習活動］** ○集合・あいさつ ○本時の学習の流れの確認 ○準備運動 ○技の練習 ○団体戦 ○整理運動 ○単元のまとめ
［評価計画］ 技② 思② 態②	**［評価計画］** 知③ 技③ 思③

思考・判断・表現	主体的に学習に取り組む態度
①合理的な動きと自己や仲間の動きを比較して、練習の成果や改善すべきポイントとその理由を仲間に伝えている。 ②自己や仲間の技術的な課題やその課題解決に有効な練習方法の選択について、自己の考えを伝えている。 ③体力や技能の程度、性別等の違いに配慮して、仲間とともに武道を楽しむための活動の方法や修正の仕方を見付けている。	①相手を尊重し、伝統的な行動の仕方を大切にしようとしている。 ②一人一人の違いに応じた課題や挑戦を大切にしようとしている。 ③健康・安全を確保している。

本時案

学習の進め方と伝統的な考え方を知ろう 1/18

本時の目標

単元の学習内容を知り、既習の学習を振り返るとともに、伝統的な考え方を理解することができる。

評価のポイント

武道を学習することは、自国の文化に誇りをもつことや、国際社会で生きていく上で有意義であることを理解することができたか。

中心活動における指導のポイント

point　第１学年では、柔道と剣道のいずれかを選択して履修している。第２学年では武道を履修していないので、剣道を選択した生徒は約１年ぶり、柔道を選択した生徒は初めて学習することとなる。そこで、本時では武道で学習したことを振り返りながら、武道の伝統的な考え方を確認するとともに、相手を崩すなどの類似の運動等に取り組ませる。

本時の展開

	時	生徒の学習活動と指導上の留意点
はじめ	5分	**集合・あいさつをする** ○単元の学習内容を知る。 ○安全に学習を進める上での留意点を確認する。◀1
伝統的な考え方	7分	**武道の伝統的な考え方について確認する** ◀2 ○第１学年の振り返りをしながら、武道を学ぶ意義や伝統的な考え方について確認する。
グループ編成	5分	**グループを編成する** ○第１学年に剣道を選択した生徒と柔道を選択した生徒が混在したグループをつくる。
剣道の動きになれる	22分	**剣道の動きに慣れる運動をする** ◀3 ○パートナーを探せ（大きな声を出す） ○剣道ジャンケン（相手の動きを予測する） ○バランス崩し（相手を崩す）
整理運動	3分	**使った部位をゆったりとほぐす** ○使った部位を中心にほぐす。
まとめ	8分	**本時の学習を振り返り、学習カードに記入する** ○学習カードの記入方法を知る。 ○本時の活動を振り返り、伝統的な考え方を理解した上で活動できたか、自己評価する。

1 単元を通した安全上の留意事項

○手と足の爪を点検する（長い場合は切る）。
○素足で行うので床の安全を確認する（体育館で行う場合には支柱の蓋を固定する）。
○竹刀の点検をする（「ささくれ」がないか、先皮が破れてないか、弦がゆるんでいないか）。
○竹刀を振り回さない。

2 伝統的な考え方

○武道は、相手を投げたり打ったりして練習や試合をするという特徴があるため、相手を尊重する態度を形に表す「礼」を重んじる考え方がある。単独で礼の仕方を学習させるのではなく、練習や試合をするときに、「礼」をする意味を理解させ、心を込めて「礼」をすることができるようにする。このような学習を通して、自国の文化に誇りをもつことや、国際社会で生きていく上で有意義であることを理解することができるようにする。

3 剣道の動きに慣れる運動の行い方

パートナーを探せ（大きな声を出す）

・ペアをつくる（10組～15組で行う）。
・剣道場では試合場を使う（体育館ではバレーボールコートの半面）。
・目隠しをしたパートナーを試合場の中央で外側を向いて立たせ、試合場の線上からパートナーの名前を呼んで自分の場所まで誘導する。
・目隠しをしている人は、両腕を前に出しながら声のする方へ移動する。
・早く手をつないだペアの勝ち。

剣道ジャンケン（相手の動きを予測する）

・ペアをつくり、先攻と後攻を決める。
・教師の「トントン」の合図に合わせて手拍子をする。
・その後、先攻は、面・小手・胴のいずれかの部位に手を置く。後攻は相手の動きを予測して、面・小手・胴のいずれかの部位に手を置く。
・後攻が先攻と違う場所に手を置いたら勝ち。

バランス崩し（相手を崩す）

・柔道の帯または手ぬぐいを使う。
・床についていない方の足の平を膝に付けて片足立ちになる。
・片手で帯を引き合う。その際、帯はややたるんだ状態にして始める。
・膝に付けていた足が離れた方が負け。
※相手を変えたり、支持足を変えたり、帯を2本にしたりして崩し方を理解させる。

本時案

相手の動きに応じた打ち方と受け方を身に付けよう

2-5/18

本時の目標

相手の動きの変化に応じた基本動作を身に付けることができる。

評価のポイント

体さばきや竹刀操作を用いて打ったり、応じ技へ発展するよう受けたりすることができているか。

中心活動における指導のポイント

point 第1学年で学習した生徒と第3学年で初めて学習する生徒が混在している。そのため、面打ち、胴打ち、小手打ちの打ち方と受け方の動きを習得させるとともに、どのような間合（距離）で、どのようなタイミングで打てば部位をとらえることができるか。また、受け方ではどのように間合（距離）を保ち、どのように竹刀を操作すれば相手の打ちを防御できるかを見付けさせるようにする。単に打ち方と受け方の動きを指導するのではなく、かけひきをさせながら習得させるようにする。

本時の展開

	時	生徒の学習活動と指導上の留意点
はじめ	5分	**集合・あいさつをする** ○本時の学習内容を知る。 ○爪と竹刀の点検をする。
準備運動		**本時の学習で使う部位をほぐす** ○剣道は肩関節を使うので、入念にストレッチ運動をする。
剣道の動きになれる	8分	**剣道の動きに慣れる運動をする** 1 ○胴タッチ剣道（足さばき） ○新聞紙切り（手首のスナップを効かせる）
剣道具のつけ方	5分	**剣道具をつける** ○簡易なつけ方で垂れと胴をつける：第2時から ○面（2人組で）と小手をつける：第3時から
基本打突の打ち方と受け方	17分	**基本打突の打ち方と受け方の練習をする** 2 ○小手打ちの打ち方と受け方 ○面打ちの打ち方と受け方 ○胴打ちの打ち方と受け方
基本打突の判定試合		**基本打突の出来映えの判定試合をする**（第3時から第5時） ○小手打ちの出来映えの判定試合 ○面打ちの出来映えの判定試合 ○胴打ちの出来映えの判定試合
剣道具のしまい方	5分	**剣道具を片付ける** ○垂れと胴を結んで1つにする
整理運動	10分	**使った部位をゆったりとほぐす** ○使った部位を中心にほぐす
まとめ		**本時の学習を振り返り、学習カードに記入する** ○本時の活動を振り返り、自己評価する。

1 剣道の動きになれる運動の行い方

胴タッチ剣道（足さばきを身に付ける）

・右手、右足を前に出し、左手は腰に置いて構える。
・はじめの合図で、足さばきを使って、相手の胴をタッチする。先にタッチした方が勝ち。

新聞紙切り（手首のスナップを効かせる）

・３人組になり新聞紙の下の部分が切る人の方に近付くようにやや斜めにして持つ。
・切る人は新聞紙の下半分を切る。
・次に、新聞紙の下半分を２か所切る。
・次に、新聞を上から切る。

2 基本打突の打ち方と受け方の練習の仕方

○段階的な練習の仕方

〈打ち方〉

・面をつけると指示が聞こえづらいので、最初の段階では、面はつけずに竹刀操作と足さばきの練習をする。
・竹刀操作は、「小さくから大きく」「ゆっくりから早く」の方が習得しやすいので、「小手打ち」からはじめ、慣れてきたら振りを大きくして「面打ち」をする。

〈受け方〉

・相手の打ちを十分に引きつけて、足さばきを使って受けるようにする。
・防御ができないと打ちに行きづらいので、打ち方と同じだけ受け方の練習をする（２人組で）。

片手での面打ち

・竹刀を短く持って片手で打つ。肩の力が抜けて力まずに打てるようになる。

3 基本打突の出来映えの試合の行い方

〈面打ちの出来映えの判定試合〉

・６人組を作り、４人が試合をし、２人が審判をする。
・２人組で交互に面を２本ずつ打ったり打たせたりする。
・次の基準をもとに４人がそれぞれ１つの基準を判定する。

〈判定基準〉
・大きな声が出ているか（審判①）。
・部位を正しく打っているか（審判②）。
・姿勢正しく打っているか（審判③）。
・体さばきがスムーズにできているか（審判④）。

※　胴打ち、小手打ちも同様の行い方

本時案

自分に合った攻め方と守り方を見付けよう

6-11/18

本時の目標

自己の体力や技能の程度に応じた基本となる技ができる。

評価のポイント

攻撃と防御を分離して行う攻防交代型の試合を行い、自分に合った打ち方と受け方ができたか。

中心活動における指導のポイント

point　剣道は、相手の打ちや動きを予測したり判断したりして攻撃や防御をする運動である。つまり、剣道は「いつ、どの部位をどのように打つのか」が学習の核となる。打突部位が面、小手、胴の３か所あるために判断が難しく、身に付けた技を試合で生かすことができないことが多く見られる。そこで、状況判断をしやすくするために、攻撃と防御を分離して行う「攻防交代型の試合」を行いながら、自分に合った攻め方や守り方を見付けることができるようにする。

本時の展開

	時	生徒の学習活動と指導上の留意点
はじめ	8分	**集合・あいさつをする** ○本時の学習内容を知る。○爪と竹刀の点検をする。
準備運動		**本時の学習で使う部位をほぐす** ○剣道は肩関節を使うので、入念にストレッチ運動をする。
垂れと胴をつける	2分	**垂れと胴のみをつける**
攻め方と守り方を考える	9分	**攻め方：どのようにして隙をつくり、隙ができた部位を打つかを考える** 1 ・フェイントをかけて打つ（面と打つと見せかけて胴　など） ・竹刀を払って隙ができた面を打つ　など **守り方：相手の打ちをどのようにして防御するかを考える** ・竹刀で受けたり、足さばきでかわしたりする ・反撃する（面抜き胴　など）
面と小手をつける	3分	**面と小手をつける** ○面（２人組で）と小手をつける。
攻防交代型の試合	18分	**攻防交代型の試合をする** 2 ○攻防交代型の試合の行い方（第６時） ○攻撃側は面のみ（第７時） ○攻撃側は面と胴の２か所（第８、９時） ○攻撃側は面、小手、胴の３か所（第10、11時）
剣道具の片付け	10分	**剣道具を片付ける** ○垂れと胴を結んで１つにする
まとめ		**本時の学習を振り返り、学習カードに記入する** ○本時の活動を振り返り、自己評価する。

1 攻め方と守り方

最初から技の動きを指導するのではなく、生徒に攻め方と守り方を考えさせる。学習が停滞したら例示を手がかりに指導するようにする。

○攻め方

（予想される動き①）

・フェイントをかけて打つ（面を打つと見せかけて胴、胴を打つと見せかけて面　など）

・竹刀を払って隙ができた面を打つ（払い面）　など

（学習が停滞したときの助言例①）

〈面―胴打ち〉
教師：面を打って相手が防御したらどこに隙ができる？
生徒：胴に隙ができる
教師：そうだね。面を防がれたら、続けて胴を打ってみよう。この技を「面―胴」っていうんだよ。

○守り方

（予想される動き②）

・竹刀で受けたり、足さばきでかわしたりする

（学習が停滞したときの助言例②）

〈面抜き胴〉
教師：相手が面を打ってきたときには、どこに隙ができる？
生徒：胴に隙ができる
教師：そうだね。相手の面をかわして胴を打ってみよう。この技を「面抜き胴」っていうんだよ。

2 攻防交代型の試合の行い方

○行い方①（攻撃は面のみ）

○攻撃側の打突部位は面のみ
○攻防を交代して試合をする
　・攻撃側は、竹刀を払ったりフェイントをしたりして面を打つ
　・防御側は相手の面打ちを防御するか、面打ちをかわして面抜き胴を打つ
○攻撃側の攻撃回数は３回まで。
○試合時間は30秒で、攻撃側が３回打った時点で終了
　これを交互に行う
○攻撃側が面の部位を打った場合は１点で、防御側が面抜き胴を打った場合は２点。合計点数が多い方が勝ち。

○行い方②（攻撃は面と、胴または小手の２か所）

上記の行い方で、攻撃側の打突部位を面と、胴または小手の２か所にする。

○行い方③（攻撃は面と胴と小手の３か所）

上記の行い方で、攻撃側の打突部位を面と胴と小手の３か所にする。

本時案

自分の課題を解決しよう

本時の目標

グループの仲間の助言を参考にして、自分の課題を解決することができるようにする。

評価のポイント

自己や仲間の技術的な課題やその課題解決に有効な練習方法の選択について、自己の考えを伝えているか。

中心活動における指導のポイント

point　前時までの「攻防交代型の試合」で見付けた「攻め方」や「守り方」における自己の課題を解決することをねらいとする。竹刀操作や足さばきなどの技術的課題を解決するだけでなく、「かけひき」や「相手の動きを予測すること」を併せて指導するようにする。また、学習が停滞した場合には、学習指導要領「解説」に示されている「例示」を手がかりに、攻めたり守ったりしたときの相手の状況を見て、打つことができるようにする。

本時の展開

	時	生徒の学習活動と指導上の留意点
はじめ	8分	**集合・あいさつをする** ○本時の学習内容を知る。○爪と竹刀の点検をする。
準備運動		**本時の学習で使う部位をほぐす** ○剣道は肩関節を使うので、入念にストレッチ運動をする。
垂れと胴をつける	2分	**垂れと胴をつける**
課題を解決する	10分	**攻め方と守り方の自己の課題を解決するための練習をする** 1 2 ○前時まで行った攻防交代型の試合で見付けた課題を解決するための練習をする。 ○竹刀操作や足さばきなどの技術的課題だけでなく、かけひきをしたり、相手の動きを予測したりしながら練習する。
面と小手をつける	2分	**面と小手をつける** ○面（2人組で）と小手をつける。
攻防一体型の自由練習及び試合	18分	**攻防一体型で自由練習をする** 3 **（第12、13時）** **攻防一体型の試合をする（第14、15時）** ○グループの仲間と、攻防一体型で自由練習や試合を行う中で、自分の考えた攻め方で打つことができるか、また、相手の打ちを防御したり反撃したりできるかを確認する。 ○攻防一体型の自由練習や試合では、相手が先に打ってきてしまい、練習したことを生かすことができない場合には、攻防交代型に変更して課題を解決できたかを確認する。
剣道具の片付け	10分	**剣道具を片付ける** ○垂れと胴を結んで1つにする。
まとめ		**本時の学習を振り返り、学習カードに記入する** ○本時の活動を振り返り、自己評価する。

1 課題を解決するための練習をする上での留意点

単に竹刀を小さく早く打ったり、素早く動いて打つなどの技術的な課題だけでなく、対人的なスポーツの醍醐味である「かけひき」や「よみ（相手の動きの予測）」をしながら、どのようにしたら攻めたり守ったりすることができるかを思考させながら、自己の課題を解決することができるようにする。

本時から「攻防一体型」形式の自由練習や試合を行うが、攻めと守りを一緒に行うと練習したことを自由練習や試合で生かすことができない状況になることが予想されるので、学習の状況に応じて、「攻防交代型」の自由練習に変更して、課題を解決できたかを確認しやすいようにする。

2 課題解決型の学習が停滞した場合の指導

自分や仲間で考えた攻め方では相手に防御されたり、相手の攻撃を反撃したりできない場合には、下表に示す「解説に示されている例示」をもとに技を紹介し、できそうな技に取り組ませるようにする。その際、相手の状況を見て打つことができるようにする。

しかけ技	小手ー面	○小手を打つ→●小手打ちを防ごうとして手元を上げる →●面に隙ができる→○すかさず続けて面を打つ
	面ー胴	○面を打つ→●面打ちを防ごうとして両腕を上げる →●胴に隙ができる→○胴を打つ
	面ー面	○面を打つ→●面打ちを防ごうとして両腕を上げる →●次の技を避けようとして後ろに引く→○続けて面を打つ
	払い面	○相手の竹刀を左下に払う→●構えが崩れ面に隙ができる →○右足から踏み込んで面を打つ
	出ばな面	○一歩前に進む→●攻め込み打とうとして竹刀が上下する →○素早く振りかぶって面を打つ
応じ技	面抜き胴	○一歩前へ進む→●面をねらって打ってくる →○右斜め前に足を移動する→○隙ができた胴を打つ
	小手抜き面	○半歩手元を上げながら前へ進む→●小手をねらって打つ →○両腕を上げながら相手の小手打ちをかわす→○隙ができた面を打つ

○印が打つ人の動き　●印が打たせる人の動き

3 自由練習の行い方

・２列の隊列を組む
・30秒間、試合のように攻防する
・打たれたと思ったら片手をあげる
・有効打突の多い方が勝ち
・試合の後、練習したことが試合で生かすことができたか振り返る。
・お互いに右へ移動し、対戦相手を替えて繰り返す。

本時案

団体戦と学習のまとめをしよう

本時の目標

グループで助言し合ったり励まし合ったりして団体戦に取り組み、剣道の学習を振り返ることができる。

評価のポイント

・基本となる技を用いて簡易な試合ができたか。
・仲間とともに楽しむための活動の方法を見付けることができたか。

中心活動における指導のポイント

point　団体戦を行う場合、経験者同士で試合をするなど技能差を考慮して対戦相手を決めるように配慮する。なお、攻防一体型の試合の場合には、相手が先に打ってくるなどして練習したことを試合で生かすことができない場合があるので、攻防交代型の試合に変更して練習の成果を確認できるようにする。学習を振り返る際、武道固有の学習内容である「相手を尊重する」態度で練習や試合に取り組むことができたかを確認する。

本時の展開

	時	生徒の学習活動と指導上の留意点
はじめ	8分	**集合・あいさつをする** ○本時の学習内容を知る。 ○爪と竹刀の点検をする。
準備運動		**本時の学習で使う部位をほぐす**
剣道具をつける	5分	**剣道具をつける** ○面は2人組で外れないようにつけているか確認させる。
団体戦に向けた練習	8分	**団体戦に向けて、攻め方と守り方の練習をする** ○グループの仲間とどのように攻めたり守ったりするか確認しながら練習する。
団体戦	20分	**団体戦をする** 1 **（第16・17時、※第18時は12分のみ）** ○練習したことを試合で生かすことができたか確認する。 ○攻防一体型の自由練習や試合では、練習したことを生かすことができない場合には、攻防交代型に変更して試合をする。
剣道具の片付け	3分	**剣道具を片付ける** ○垂れと胴を結んで1つにする。
まとめ	6分	**本時の学習を振り返り、学習カードに記入する** 2 ○本時の活動を振り返り、自己評価する（第16・17時）。 **第18時は単元の学習を振り返り、学習カードに記入する** 3 ○単元を振り返り、自己評価する（14分）。

1 団体戦の行い方

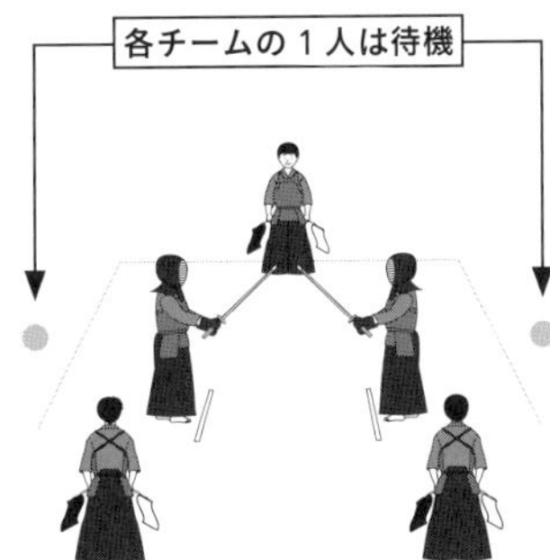

・６人１組のチームをつくる。
・６人を３人１組の２チームにする。
（きょうだいチームで、試合ごとに３人組のメンバーを替えてよい）
・３人１組の団体戦を行う。
・試合時間は１分一本勝負。
・勝敗が決まらない場合には引き分け。
・審判は３人で行う。

2 毎時間の振り返りカードの例

学習カード

毎時間の振り返りカード

3年　　組　　番　氏名（　　　　　　　）

月　日（　）	本時の目標：	
自己評価		感想・次時の課題など
相手を尊重し（礼など）練習や試合ができた	A　B　C	
安全に気を配り練習や試合ができた	A　B　C	
進んで練習や試合に取り組んだ	A　B　C	
取り組んだ基本動作や技ができた	A　B　C	

※　A：よくできた　B：できた　C：もう少し

3 単元の振り返りカードの例

学習カード

単元の振り返りカード

3年　　組　　番　氏名（　　　　　　　）

知識	剣道を学習することは、自国の文化に誇りをもつことや、国際社会で生きていく上で有意義であることが分かった。	A　B　C
	技の名称やそれぞれの技を身に付けるための動きのポイントが分かった。	A　B　C
	簡易な試合におけるルール、審判及び運営の仕方があることが分かった。	A　B　C
技能	体さばきや竹刀操作を用いて打ったり受けたりすることができた。	A　B　C
	自分の体力や技能の程度に合った技ができた。	A　B　C
	練習した技を用いて試合ができた。	A　B　C
思考判断表現	手本となる動きと自分や仲間の動きを比較して、練習の成果や改善すべきポイントと理由を仲間に伝えることができた。	A　B　C
	自分や仲間の課題に応じ練習方法について、自己の考えを伝えることができた。	A　B　C
	体力や技能の程度、性別等の違いを踏まえて、仲間とともに楽しむための試合の修正の仕方を見付けることができた。	A　B　C
主体的態度	相手を尊重し、心を込めて礼をすることができた。	A　B　C
	一人一人の違いに応じた練習や試合の仕方を認めることができた。	A　B　C
	安全上の留意事項を守って練習や試合ができた。	A　B　C
※　A：よくできた　B：できた　C：もう少し		

剣道を学習しての感想（上手くいったこと、いかなかったことなど）	
上手くいったこと	
上手くいかなかったこと	
全体を通しての感想	

編著者・執筆者紹介

[編著者]
高橋　修一
日本女子体育大学教授
山形県公立高等学校教員、山形県教育委員会を経て、2014年から文部科学省、スポーツ庁の教科調査官として学習指導要領及び解説作成編集を担当する。2019年から現職。専門は体育科教育で、日本体育・スポーツ・健康学会、日本体育科教育学会、日本スポーツ教育学会等に所属している。大学では、体育科教育法Ⅰ、教育実習、教職実践演習、女性と仕事等を担当し、保健体育科の教員養成に力を入れている。

森　　良一
東海大学教授
栃木県教員、栃木県教育委員会等を経て、2008年４月より文部科学省、スポーツ庁の教科調査官として学習指導要領及び解説作成編集を担当する。2018年４月より現職。専門は、保健科教育、健康教育で日本保健科教育学会、日本学校保健学会、日本体育・スポーツ・健康学会等に所属している。大学では保健体育科教育法１、保健体育科教材論等を担当し、保健体育の教員養成や研究者育成に力を入れている。

石川　泰成
埼玉大学教授
埼玉県公立中学校教員、埼玉大学教育学部附属中学校教諭、副校長、埼玉県教育委員会、文部科学省教科調査官、埼玉県公立小学校長、埼玉県教育委員会を経て、2022年４月より現職。専門は体育科教育、日本体育・スポーツ・健康学会、日本体育科教育学会、日本スポーツ教育学会等に所属している。大学では、中等保健体育科指導法、体つくり運動、教科指導の課題探求（大学院）等を担当し保健体育科の教員養成や教師教育に力を入れている。

[分野・領域担当編著者]

清田　美紀	広島県東広島市教育委員会指導主事	体つくり運動
三田部　勇	筑波大学准教授	体つくり運動
後藤　晃伸	中京大学准教授	体つくり運動
岩佐　知美	高槻市立阿武野中学校長	器械運動
日野　克博	愛媛大学教授	陸上競技
細越　淳二	国士舘大学教授	陸上競技
大越　正大	東海大学教授	水泳
須甲　理生	日本女子体育大学准教授	球技（ゴール型）
荻原　朋子	順天堂大学准教授	球技（ネット型）
千田　幸喜	二戸市立金田一中学校長	球技（ベースボール型）
與儀　幸朝	鹿児島大学講師	武道（柔道）
柴田　一浩	流通経済大学教授	武道（剣道）
栫　ちか子	鹿屋体育大学講師	ダンス
木原　慎介	東京国際大学准教授	体育理論
森　良一	東海大学教授	保健

[執筆者]

		[執筆箇所]
髙木　健	上峰町立上峰中学校教頭	単元 1
後藤　晃伸	中京大学准教授	単元 2
岩佐　知美	高槻市立阿武野中学校長	単元 3
本多　公則	高槻市立阿武野中学校教諭	単元 3
一安　晋太郎	熊本市立長嶺中学校教諭	単元 4
坪内　道広	愛媛大学教育学部附属中学校主幹教諭	単元 5
真田　州二郎	平塚市立金目中学校教諭	単元 6
髙橋　伸明	会津若松市立第一中学校長	単元 7
大越　正大	東海大学教授	単元 8
佐藤　若	山形県立上山明新館高等学校教頭	単元 8
枝　幹久	宇都宮市立上河内中学校教諭	単元 9
栫　ちか子	鹿屋体育大学講師	単元10
阿部　健作	埼玉大学教育学部附属中学校教諭	単元11
佐藤　秀昭	八千代市立大和田中学校教諭	単元12
木村　昌彦	横浜国立大学教授	単元13
上田　元司	京都市立双ヶ丘中学校長	単元14
高山　安弘	湯沢市立湯沢南中学校教諭	単元15
三枝　菜々	横浜国立大学教育学部附属横浜中学校教諭	単元16
山本　一典	水戸市立双葉台中学校教頭	単元17
柴田　一浩	流通経済大学教授	単元18

『イラストで見る全単元・全時間の授業のすべて　保健体育　中学校３年』付録資料について

本書の付録資料は、東洋館出版社ホームページ内にある「マイページ」からダウンロードすることができます。なお、本書のデータを入手する際には、会員登録および下記に記載しているユーザー名とパスワードが必要になります。入手の方法は以下の手順になります。

【東洋館出版社 HP】

URL https://www.toyokan.co.jp　東洋館出版社 検索

❶「東洋館出版社」で検索して、「東洋館出版社オンライン」へアクセス

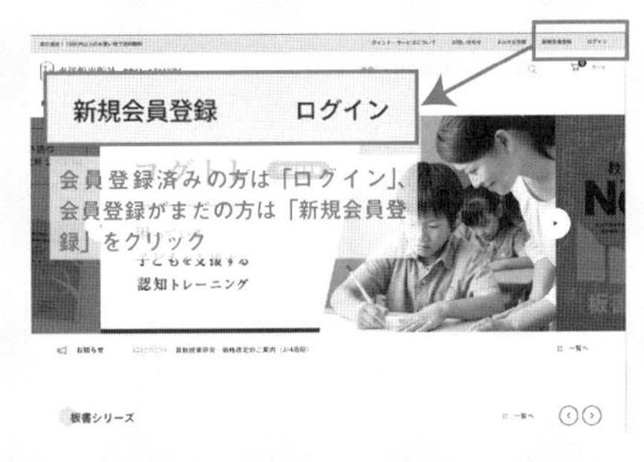

❷会員者はメールアドレスとパスワードを入力後「ログイン」。非会員者は必須項目を入力後「アカウント作成」をクリック

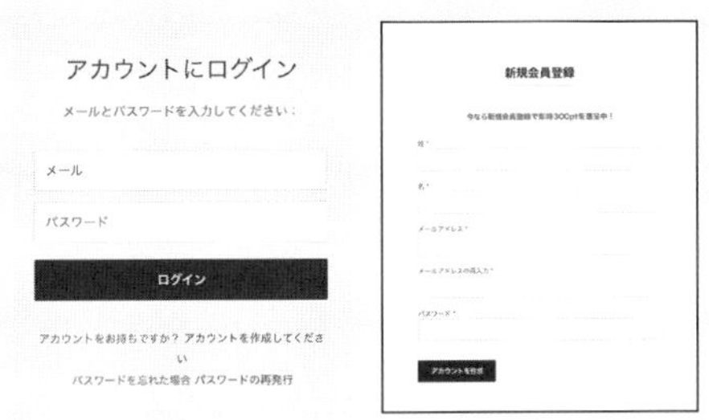

❸マイアカウントページにある「ダウンロードギャラリー」をクリック

クリック

❹対象の書籍をクリック。下記記載のユーザー名、パスワードを入力

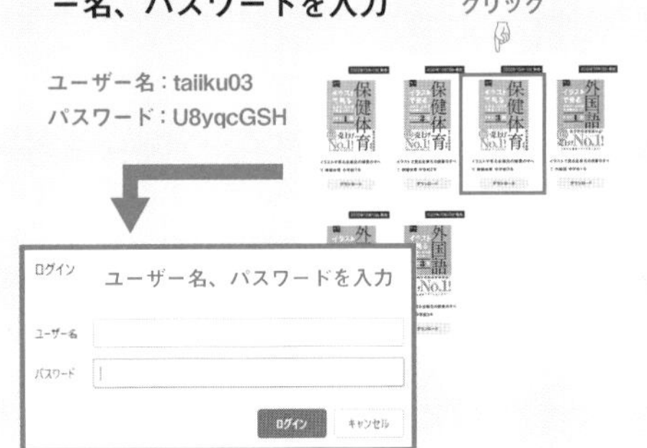

【使用上の注意点および著作権について】

- リンク先にはパソコンからアクセスしてください。スマートフォンではファイルが開けないおそれがあります。
- PDFファイルを開くためには、Adobe AcrobatまたはAdobe Readerがインストールされている必要があります。
- PDFファイルを拡大して使用すると、文字やイラスト等が不鮮明になったり、線にゆがみやギザギザが出たりする場合があります。あらかじめご了承ください。
- 収録されているファイルは、著作権法によって守られています。
- 著作権法での例外規定を除き、無断で複製することは法律で禁じられています。
- 収録されているファイルは、営利目的であるか否かにかかわらず、第三者への譲渡、貸与、販売、頒布、インターネット上での公開等を禁じます。
- ただし、購入者が学校での授業において、必要枚数を生徒に配付する場合は、この限りではありません。ご使用の際、クレジットの表示や個別の使用許諾申請、使用料のお支払い等の必要はありません。

【免責事項・お問い合わせについて】

- ファイル使用で生じた損害、障害、被害、その他いかなる事態についても弊社は一切の責任を負いかねます。
- お問い合わせは、次のメールアドレスでのみ受け付けます。tyk@toyokan.co.jp
- パソコンやアプリケーションソフトの操作方法については、各製造元にお問い合わせください。

イラストで見る　全単元・全時間の授業のすべて
保健体育 中学校３年
～令和３年度全面実施学習指導要領対応～

2022(令和４)年３月25日　初版第１刷発行
2023(令和５)年６月19日　初版第２刷発行

編 著 者：高橋修一・森良一・石川泰成
発 行 者：錦織　圭之介
発 行 所：株式会社東洋館出版社
〒101-0054　東京都千代田区神田錦町２丁目９番１号
コンフォール安田ビル２階
代　　表　電話 03-6778-4343　FAX 03-5281-8091
営 業 部　電話 03-6778-7278　FAX 03-5281-8092
振　　替　00180-7-96823
U　R　L　https://www.toyokan.co.jp

印刷・製本：藤原印刷株式会社

装丁デザイン：小口　翔平＋後藤　司（tobufune）
本文デザイン：藤原印刷株式会社
イラスト：今井佳世（株式会社オセロ）

ISBN978-4-491-04786-7　　Printed in Japan